马克思主义理论研究
和建设工程重点教材

U0750550

农村社会学

《农村社会学》编写组

主　编　钟涨宝

副主编　董磊明　陆益龙

主要成员

（以姓氏笔画为序）

万江红　田北海　狄金华

奂平清　林聚任　罗　峰

韩俊魁

高等教育出版社·北京

图书在版编目（CIP）数据

农村社会学／《农村社会学》编写组编. -- 北京：
高等教育出版社,2019.1(2025.5 重印)
马克思主义理论研究和建设工程重点教材
ISBN 978-7-04-050890-1

Ⅰ.①农…　Ⅱ.①农…　Ⅲ.①农村社会学-高等学校
-教材　Ⅳ.①C912.82

中国版本图书馆 CIP 数据核字（2018）第 245155 号

农村社会学

NONGCUN SHEHUIXUE

责任编辑	张婧涵	封面设计　王　鹏	版式设计　于　婕	责任校对　高　歌	
责任印制	刘思涵				

出版发行	高等教育出版社	网　　址	http://www.hep.edu.cn
社　　址	北京市西城区德外大街 4 号		http://www.hep.com.cn
邮政编码	100120	网上订购	http://www.hepmall.com.cn
印　　刷	高教社(天津)印务有限公司		http://www.hepmall.com
开　　本	787mm×1092mm　1/16		http://www.hepmall.cn
印　　张	18		
字　　数	320 千字	版　　次	2019 年 1 月第 1 版
购书热线	010-58581118	印　　次	2025 年 5 月第15次印刷
咨询电话	400-810-0598	定　　价	35.70 元

本书如有缺页、倒页、脱页等质量问题,请到所购图书销售部门联系调换
版权所有　侵权必究
物 料 号　50890-A0

目　录

绪 论

农村社会学作为社会学的一个重要分支学科，虽然与社会学其他分支学科之间存在诸多的共同性，但它仍然有自己的特性和独特的研究对象，而且也有自身较为独特的研究方法。学习和掌握农村社会学的相关知识，不仅有助于认识中国国情并深化对社会学一般理论的理解，而且具有重要的现实意义，能够为各级党政决策部门提供咨询，进而推进农村社会发展。

名词解释

第一节　农村社会学的研究对象与学科边界

一、农村社会学的研究对象

观点争鸣：农村社会学的研究对象

农村社会学作为一门独立学科，其研究对象是农村社会，即农村社会学是一门研究农村社会关系、社会结构及其演变规律的社会学分支学科。农村社会学是适应社会发展需要的产物，它植根于农村社会的现实场域，孕育于现代社会发展与变迁的历史背景。包括农村社会学在内的整个中国社会学是伴随着中国辗转曲折的现代历程而生的，中国近现代的几次重大变革既孕育了社会学的独特品质，社会学也以其独特的方式融入社会激变的大潮之中，确立了"上识国体、下察国情"的基本精神①。在此过程中，中国的社会学者也以立国化民为自己的学术使命，其研究的内容也一定程度上体现了特定时代的特征。由于不同国家或地区

---

① 应星、周飞舟、渠敬东编：《中国社会学文选（上册）》，中国人民大学出版社 2011 年版，第11 页。

在不同时期农村社会的发展状况、面临的社会问题不同，以及不同学者对农村社会研究的旨趣差异，以致不同时期、不同国家或地区的学者对农村社会研究的侧重点不同，对农村社会学的具体研究对象与研究内容的把握存在着区别。

（一）国外农村社会学研究对象的变化

农村社会学的研究对象随着时代的变化而变化，国外研究最为活跃的地区首当美国，其次是日本。国外农村社会学研究对象的变化大致可以分为两个阶段：在农村社会学初步形成和初步发展阶段，即第二次世界大战（简称"二战"）以前，主要以农村具体社会问题为研究对象；在农村社会学深入发展阶段，即"二战"以后，主要以农村整体社会结构的变化为研究对象。

1. "二战"前侧重于农村具体社会问题研究

"二战"以前的农村社会学发展是与农村社会急剧变迁的历史发展过程联系在一起的。19世纪末20世纪初，美国社会正经历由农村社会向城市社会的转型，这一转型引发了人口流动、贫穷、种族歧视等各种社会问题。对农村社会问题的研究和农村社会学学科的探讨是此一时期农村社会学研究的主流。

在此阶段，国外学者从农村社会问题出发展开农村社会学的研究。美国早期乡村社会学家威廉姆斯在其代表作《我们的农村社会》中，试图从社会心理的角度来研究和描述农村社会的生活，从而揭示农村社会的特征。这一研究对理解城市化背景下的农村社会变迁及其可能出现的社会问题具有重要帮助。美国农村社会学家吉勒特在其编著的两部《农村社会学》教科书中，主张农村社会学就是探讨农村社会的起源与发展，组织并解释农村社会的现象以及陈述改进农村生活的标准与方法。吉勒特的《农村社会学》第一次出版于1923年，是美国第一部由专业社会学家从社会学角度撰写的农村社会学著作。[①] 除了上述学者外，推动美国农村社会学发展的重要人物还有美籍俄裔社会学家索罗金和美国农村社会学家奇默尔曼，他们在1929年出版的《乡村—城市社会学原理》一书中认为，乡村社会学在自己的特殊研究范围（乡村社会）内的研究任务，实际上等同于普通社会学。[②]因此，他们把农村社会学的研究对象规定为：在与城市社会的比较中描述农村社会普遍和持久的各种社会关系，包括农村社会各部分之间、农村和城市之间、农村社会与自然环境之间的关系。他们第一次明确提出应在与城市的比较中研究乡

① M. Gillette, *Rural Sociology*, New York: Macmillan and Co., 1923.

② Sorokin, Pitirim Aleksandrovich and C. C. Zimmerman, *Principles of Rural-urban Sociology*, Holt, 1929.

村社会。

2. "二战"后侧重于农村整体社会结构变化研究

"二战"以后，农村社会学等分支社会学的发展成为战后社会学发展的重要特征。农村社会学的研究对象逐渐聚焦在农村社会结构的转型方面，它将农村社会作为一个整体进行研究，并揭示农村社会发展变化的主线。此一时期的农村社会学不再单纯地研究某一社会问题，而是从综合和整体层面对农村社会发展变迁规律、城市化背景下农村社会结构特征进行总结和阐释。

此时期的农村社会学以农村社会整体作为研究对象，它要求全面研究农村社会的各个方面及其相互关系。纳尔逊在 1948 年出版的《乡村社会学》中，把"描述与分析各类处于乡村环境的群体"作为农村社会学的研究对象[1]；而罗吉斯也在 20 世纪 60 年代出版的《乡村社会的社会变迁》一书中，把"处于群体关系中的人"作为研究对象，并强调要从乡村的社会变迁中去进行研究[2]。鲁米斯和比格尔强调对包括农村社会组织在内的农村社会体制或农村社会系统进行研究的重要性。他们在 1950 年合作出版了《乡村社会系统》[3] 一书，并于 1957 年合作出版了《乡村社会学——变迁的战略》[4]，他们在这两本书中将农村社会描绘成组织制度的体系。这两部著作的特点是用"社会系统"概念全面考察和分析了农村社会，它将农村社会分为若干子系统，并深入研究了农村社会系统的特性、要素、功能和变迁，使农村社会学的理论研究上升到系统观层面，提升了农村社会学研究的理论水平。

20 世纪 60 年代以后，美国农村进一步城市化，农业进一步现代化，农业人口减少与农村社会问题的逐渐解决，使得政府对农村问题研究的投入也大不如前。美国农村社会学传统研究领域日渐缩小，农村社会学家纷纷转行，许多研究者或将研究课题转向其他研究领域，或把研究对象从美国的农村社会转向其他国家的农村社会。这使得美国农村社会学由此衰落下来。然而，农村社会学在欧洲的传播使得农村社会学的研究得以进一步发展。欧洲农村社会学研究秉承了美国社会学的传统，重视对农村实际问题的研究，把主要精力放在各国战后所面临的农村

---

[1]　L. Nelson, *Rural Sociology. American Sociology Series*, New York: American Book Company, 1948.

[2]　Rogers, *Social Change in Rural Society: A Textbook in Rural Sociology*, Appleton-Century-Crofts, 1960.

[3]　Charles Price Loomis and J. A. Beegle, *Rural Social Systems*, Prentice-Hall, 1950.

[4]　Charles Price Loomis and J. A. Beegle, *Rural Sociology: The Strategy of Change*, Prentice-Hall, 1957.

社会问题和农业发展问题，此后它也将关注的对象转向发达国家的农业和农村出现的各种新问题。

日本农村社会学的发展始于 20 世纪 20 年代，它源自对美国社会学的引进。它从日本农村实际出发，运用社会学的基本概念、原理和方法分析村落共同体的社会结构和社会变迁。铃木荣太郎在 1940 年出版的《日本农村社会学原理》一书中，用"自然村"的概念揭示寄生地主制下日本农村的社会结构，借以说明以家族和村落为基础的日本农民的生活方式。① 战后日本农村社会学发展的主要代表人物是福武直，他分别于 1949 年和 1959 年出版了《日本农村社会性质》② 和《日本村落社会结构》③。书中他借助日本社会学关于家与村落的理论，把日本农村划分为东北的"同族结合型"和在"同族结合型"解体基础上产生的西南"讲组结合型"，创立了村落类型理论。战后日本农村社会学将村落作为研究对象，揭示村落的类型和特点，是从整体上研究农村社会的典范。日本农村社会学的发展对中国农村社会学的重建具有十分重要的启发意义。

（二）中国农村社会学研究对象的不同导向

从总体上来看，农村社会学最早以对农村社会的全面社会调查为开端，逐渐从资料的收集分析到理论的提炼总结，经历了一个积累和发展的过程。与此同时，各位研究者在吸收国外社会学理论成果的基础上，对农村社会学的本土化研究也取得了显著成绩。根据研究者的理论视野，中国早期的农村社会学研究在研究对象上存在一定的差异。20 世纪上半叶，中国社会学以农村社会发展为研究主题，研究者们形成了不同的研究导向。这些研究者秉持不同的研究理念，从不同侧面推动了中国农村社会学的发展。当时主要包括以下不同的研究导向：一是以陶孟和、李景汉为代表的社会调查研究导向；二是以梁漱溟和晏阳初为代表的乡村建设研究导向；三是以吴文藻和费孝通为代表的社区研究导向；四是以孙本文、杨开道等人为代表的"学院派"理论研究导向；五是以毛泽东为代表的马克思主义研究导向。

第一，社会调查导向的研究者注重对农村社会状况的调查，打破了从人文传统意义上分析农村社会的模式。他们的研究对象主要是农村人口和经济，因而他们对农村的研究集中在农户家庭生计、农村经济发展概况的调查和分析。其代表

---

① ［日］铃木荣太郎：《日本农村社会学原理》（铃木荣太郎著作I-Ⅲ），东京未来社 1940 年版。
② ［日］福武直：《日本農村の社会的性格》，东京大学出版会 1949 年版。
③ ［日］福武直：《日本村落の社会構造》，东京大学出版会 1959 年版。

人物是先后主持北平社会调查研究所和中央研究院社会科学研究所的陶孟和与主持中华平民教育促进会定县实验区社会调查工作的李景汉。社会调查研究导向的主要作品有陶孟和的《北平生活费之分析》（1928 年），金陵大学美籍学者卜凯的《中国农家经济》（1930 年）和《中国土地利用》（1937 年）。而较为著名的是李景汉的定县调查及其成果。李景汉主持了针对农村的调查和统计工作，先对定县全县情况进行调查，后展开分村调查，这是中国历史上首次以县为单位的实地社会调查。李景汉的调查内容涉及户口、土地、生产、赋税、集市、教育和风俗习惯等内容，其成果《定县社会概况调查》（1933 年）在国内外产生了较大的影响。

第二，乡村建设导向研究的突出特点是社会运动式乡村建设和社会调查，因此研究对象包括农村社会生活的方方面面，而尤以农村文化及农民组织为重点。20 世纪二三十年代，以梁漱溟和晏阳初为代表的乡村建设运动引发了广泛关注。梁漱溟以山东邹平为实验区，期望实现"政教富卫"合一的理想模式。梁漱溟认为中国农村社会的问题主要在于组织制度落后，因此通过制度创新来"重整乡村组织"是复兴乡村、建设乡村的必由之路。梁漱溟借鉴了西方企业组织的基本架构，将乡村建设设计成为一个集政治、经济、文化、教育等制度于一体的系统工程。但是梁漱溟认为中国农村社会与西方社会存在根本的不同，西方社会是"个体本位、阶级对立"的社会，中国是一个"伦理本位、职业分化"的社会，因此农村社会组织构造的核心在于"创造新文化，救活旧农村"，进行乡村建设事业。而要重建新的社会组织构造，必须坚持两个原则，即"一是从理性求组织，一是从乡村入手"。"从理性求组织"就是既要"以伦理情谊为本原，以人心向上为目的"，又要充分容纳"西洋人的长处"。晏阳初则选定河北省定县为平民教育实验区，他认为农村社会存在的问题主要是农民愚、穷、弱、私的问题，希望通过开展文艺教育、生计教育、卫生教育和公民教育来解决这些问题。梁漱溟和晏阳初的乡村建设理论在一定程度上体现了当时中国改良知识分子对中国前途和命运的深切关怀，虽然他们的乡村建设实验因各种原因而未实现预期的目标，但他们以文化和组织再造为主的实践，依然对当今农村社会学研究农村发展问题具有一定的启发意义。

第三，社区研究导向的研究者秉持社会学从整体考察社会的传统，将农村社区作为研究农村社会、把握农村社会的主要研究对象，并致力于农村社会结构研究。吴文藻、费孝通等人是其中的代表人物。吴文藻借鉴芝加哥大学的社区调查和美国文化人类学功能学派的研究方法，带领和指导学生在中国农村开展了社区研究的多项实践活动，为整体性地研究农村社会提供了一套行之有效的方法。费孝通认为，社区研究可以很好地达到分析"全盘社会结构的格式"的目的：以全盘社会结构的格式作为研究对象，这对象并不能是概然性的，必须是具体的社区，因为联系着各个社会制度的是人们的生活，人们的生活有时空的坐落，这就是社区。每一个社区有它一套社会结构，各制度配合的方式。因之，现代社会学的一个趋势就是社区研究，也称作社区分析。① "农村是中国文化和社会的基础，也可以说是中国基层社区。……必须进入从这基层社区所发展出来的多层次的社区，进行实证的调查研究，才能把包括基层在内的多层次相互联系的各种社区综合起来，才能概括地认识'中国文化和社会'这个庞大的社会文化实体。"② 费孝通在著名人类学家马林诺夫斯基指导下完成的博士论文《江村经济》（原名为 *Peasant Life in China*）在英国伦敦出版后，被视为中国农村社区研究的经典之作。

费孝通关于"社区分析"的原文论述

第四，中国早期社会学教研机构的大多数学者都有留学欧美的经历，他们对农村社会的研究侧重于对社会学一般原理的研究，认为农村社会学是社会学的应用学科，因此被称为"学院派"。"学院派"的主要代表人物是孙本文和杨开道。孙本文认为，社会分析必须从构成社会交互性和群体性的诸因素起步，找到起连带责任的结构和机制的本质。在《社会学原理》一书中，孙本文指出，社会上有无数的行为规则及制度，去约束人类的行为。此类行为规则及制度的总体，具有相当交互与一致的关系者，通常谓之社会组织。因此，社会组织的运作逻辑不仅仅限于制度的框架，也与社会的总体文化价值发生联系，要考察社会诸因素的综合效果。孙本文强调，社会学一般原理的讨论，其目的在于"社会建设"，即依据社会环境需要和人民愿望从事各种社会事业。杨开道是中国获得农村社会学博士学位的第一人，其赴美留学期间的导师 H. B. 霍索思和 K. L. 巴特菲尔德均是农村社会学整体论的代表者，这二人均认为初期的农村社会学是以改造不健康的农村生活为动因，通过社会化认识农村社区，倡导农村生活运动，其研究涵盖了农村生活的方方面面。杨开道从美国归来后，首先引入了西方社会学研究农村社会的核心概念"community"，杨开道将其翻译为"地方共同社会"而不是"社区"。在

① 费孝通：《社会调查自白——怎样做社会研究》，上海人民出版社 2009 年版，第 210 页。
② 费孝通：《重读〈江村经济·序言〉》，《北京大学学报（哲学社会科学版）》1996 年第 4 期。

他看来，中国农村不同于一般的"共同社会"，它是一种以农业为主要职业的"农村地方社会"。农村地方社会与其上的"乡镇共同社会"和其下的"邻里区域"共同组成农村社会的三层结构。杨开道在 1929 年编著的《农村社会学》中提出，农村社会学不是研究农村社会问题的，农村社会问题只是农村社会的变态和局部，而农村社会学所研究的是农村社会生活的全体、农村社会生活的基础，是去谋求农村社会整体的发达，农村人民的全体幸福。由此可见，"学院派"始终秉持社会学的学科特色，以社会学基本理论和原理去分析农村社会，关注的研究对象也集中在社会文化、社会组织、社会结构等层面。

第五，马克思主义指导下的中国农村研究以农村社会调查为基础，侧重于分析农村中的生产关系，研究对象主要是农村社会各阶级及其阶级之间的关系。中国共产党人毛泽东进行了一系列的社会调查，并在此基础上形成了大量的调查报告和一些极具理论价值的文章。毛泽东所著的调查报告包括《湖南农民运动考察报告》（1927 年）、《寻乌调查》（1930 年）、《兴国调查》（1931 年）、《长冈乡调查》（1933 年）、《才溪乡调查》（1933 年）等，这些调查报告详细反映了当时农村社会的状况和问题。与此同时，毛泽东对农村社会进行了深刻的剖析，提出了一些重要的理论思想，形成的理论性文章主要有《中国社会各阶级的分析》（1925 年）、《国民革命与农民运动》（1926 年）、《怎样分析农村阶级》（1933 年）等。

新中国成立后特别是社会学恢复重建以来，农村社会学得到了新的发展并形成了一些有特色的理论成果。学者们比较一致地认为农村社会学的研究对象就是农村社会，任务就是揭示农村社会发展变迁的客观规律。但由于各学者研究的旨趣差异，对农村社会研究侧重不同，以至于农村社会学呈现出不同的具体研究对象。虽然不同的学者对农村社会学的具体研究对象的认识存在差异，但各学者无不关注农村社会变迁中的重大问题。改革开放后的三十多年间，中国农村社会学的具体研究对象和内容更加多元化，但均与中国农村社会发展的重大问题有关，延续了社会学本土化的学术取向。

首先是费孝通所倡导的社区研究得以发展，小城镇被纳入农村社会学者的研究视野中。费孝通教授 1980 年底至 1981 年四访江村后提出小城镇问题，这一问题关系我国生产力和人口分布、城乡结构和农村现代化、城镇化等社会主义建设的重大领域。随着 20 世纪 80 年代小城镇的发展及乡镇企业的蓬勃兴起，中国社会学界掀起了一股对小城镇及乡镇企业研究的热潮。其次，受人类学影响的农村社会学研究在对家族和宗族等组织现象进行分析时，深入探讨了这些现象背后的结构性与功能性需求，此一主题的研究同时涵盖了心理、文化、历史与制度等众多领域。最后则是受政治学影响的农村社会学研究，这些研究主要是关注宏观制度（如财税制度、行政体制改革）背景下的乡村基层治理实践，如村民自治、农民政治参与、乡镇及村庄的关系等。

根据上述对中外农村社会学研究对象和内容的梳理，我们认为农村社会学作为社会学的分支学科，是通过农村社会中个体与社会的关系来研究农村静态的社会结构、特征及均衡机制和农村动态的社会变迁特点及规律的科学。具体包括以下三个方面的研究：农民、农村家庭与家族、农村社区、农村社会组织等结构性要素及其特征研究；农村社会分层与流动、农村社会治理、农村公共物品需求与供给等农村社会整体性结构及其均衡机制研究；农村城镇化、农村社会现代化、新农村建设等农村社会变迁与发展方向、路径等研究。进入 21 世纪以来，中国社会经济的进一步发展和国家对农村改革发展指导思想的变化，带来了农村政策和制度的一系列调整，从而引发了农村新一轮的经济社会变迁，这为农村社会学提供了新的素材和研究领域。新型城镇化、城乡社会变迁、城乡关系调整已经成为农村社会发展的新现象和新问题。这些都为农村社会学研究提供了前所未有的空间。新时期农村社会学研究的推进与发展不再是"西学东渐"的适应过程，而是要将"中国经验"或"本土经验"置于世界视野中加以总结，实现本土性与国际性结合。在此格局下，中国农村社会学的经验研究和理论创新都有待新的突破和发展。

二、农村社会学与社会学及相关学科的关系

从事农村社会学研究，必然要与许多学科发生关系，其中关系最为密切或直接的学科，主要有社会学、农业经济学、人类学等学科。厘清农村社会学与这些学科间的关系，不仅可以进一步明晰农村社会学的研究内容和范畴，而且还可以帮助我们从不同角度了解农村社会学的学科性质、作用和特征。

（一）农村社会学与社会学的关系

农村社会学是社会学的一个分支学科，在理论与方法上均从社会学中吸取营养，它与社会学有着天然的、密切的联系。同时，农村社会学又是一门独立的学科，有其独特的研究对象和内容，并在研究方法上有其侧重。具体而言，农村社会学与社会学的联系主要体现在以下两个方面：

第一，从二者的产生来看，社会学先于农村社会学。社会学产生于 19 世纪三四十年代的欧洲，而农村社会学产生于 19 世纪末 20 世纪初的美国。在农村社会学作为一门独立的学科出现以前，有关农村社会学的思想、观点和研究都归在社会

学这个大范畴之内。但是,随着社会的发展,社会学逐步壮大,出现诸多分支学科,农村社会学便逐渐从社会学中分化出来,形成一门相对独立的分支社会学。因此,农村社会学的产生是社会学不断发展、分化的结果。

第二,从发展过程来看,它们在发展过程中相互作用、相互影响,体现了两者之间的紧密联系。一方面,农村社会学作为社会学的一个分支,也像其他许多分支学科一样,受社会学一般原理、方法和基本理论的规定和指导。虽然很多古典思想家都对农村社会有精彩的论述,但均不足以构成农村社会学意义上的专门研究。只有在社会学学科发展成型以后,在其一般原理和方法的指导下,农村社会学作为一门学科才得以产生。另一方面,农村社会学的研究反过来也不断丰富社会学的研究内容,推动社会学的发展。农村社会学研究农村社会发展变迁,而农村社会发展变迁是与整个社会的发展变迁相联系的,研究农村社会的结构及其变化显然可以推动关于整个社会转型的认识和研究,从而有利于社会学学科的发展。而社会学的很多理论及研究方法的进展对于开展农村社会研究都具有指导性意义。这种相互影响、相互作用贯穿于农村社会学发展的始终,同时也推动了整个社会学学科的发展。

农村社会学纵使是社会学的分支学科,但作为一门独立的学科,也有其特定的研究对象、内容及研究方法。农村社会学与社会学之间的区别主要体现在:

第一,从研究对象上看,农村社会学与社会学存在重合与交叉,但又不能相互替代。社会学以整个社会为研究对象,其中当然也包括农村社会。但是,这并不说明两者是等同的。社会学从社会整体出发,研究各种社会现象中具有普遍性质的理论和原理,而农村社会学则是以整体社会中的一个组成部分——农村社会为研究对象。即使涉及农村社会之外的领域,也仍然以农村社会为中心和焦点。进一步讲,即使是研究农村这一特定的社会,社会学与农村社会学的研究也是不同的,一般而言,社会学的研究比较宽泛和概括,而农村社会学的研究则相对具体和深入。所以,以社会整体为研究对象的社会学和以农村社会为研究对象的农村社会学,各有侧重,均有必要,尽管存在诸多重合和交叉,但并不能相互替代。

第二,从研究方法上看,农村社会学的研究有其自身的研究传统和鲜明特色。这主要表现在对农村社区的研究中。由于农村社会学的研究通常是以农村社区为单位来开展,侧重关注社区的整体性发展,秉持整体论的理论观,分析社区中各部分的功能及其在外部环境下的功能变迁,强调各部分之间的联系而不是单纯地将某一部分抽离出来进行研究,从而形成了以问题和总结社区类型为导向的社区研究传统。而在社会学的研究中,由于关注的研究范围比较广泛,则不能始终保持这种整体主义的方法论。

总的来说，农村社会学由于其分支学科的属性，无论从理论基础还是研究方法上均离不开社会学的指导。同时，农村社会学的发展也会促进社会学学科发展。而由于农村社会学在研究对象上的特殊性，其在理论和研究方法上亦有自身的侧重点，这就构成了其作为一门学科的独特传统。

（二）农村社会学与农业经济学的关系

农村社会学与农业经济学既相互联系又相互区别。农村社会学与农业经济学的联系主要体现在以下两个方面：

第一，农村社会学要全面地认识农村社会的本质，必须要借鉴农业经济学的研究成果，了解农村社会的经济发展状况以及其中蕴含的经济关系和经济规律。所以，农村社会学者需要借鉴农业经济学以建构自己的知识体系，完全不懂农业经济学，是不可能学好农村社会学的。

第二，农业经济学要全面阐明农业经济问题，也必须借助于农村社会学，以便从整体上把握农业经济活动，理解农业经济活动所嵌入的农村社会结构大背景。因此，农业经济学只有吸收农村社会学的研究成果，把经济问题放在农村社会整体中进行研究，方可深刻认识农业经济的特殊性。

农村社会学与农业经济学都是关注农村发展的学科，在以农村为研究对象的学科中，它们也存在明显的区别。

第一，从学科性质来看，农村社会学是社会学的分支，属于社会学学科，而农业经济学是以农业经济为研究对象，探索农业各经济要素和经济活动之间的相互关系，揭示农业经济的运行机制以及农业经济发展的性质和规律，属于经济学的范畴，这就决定了两者研究视野不同。农业经济学以农业的经济过程为中心展开研究，目的在于通过对这一过程的分析找出其中蕴含的经济规律，而对于农业经济活动以外的事情基本不作研究。农村社会学既要研究农村的各种经济现象，又将众多的非经济现象纳入自己的研究视野，例如农民的社会生活、农村结构等，它更强调农村社会这个整体与其各要素之间的关系。

第二，从学科的研究方法来看，农村社会学与农业经济学都遵循科学研究方法，强调研究的理论指导性和研究设计的科学严密性。但是它们在具体的方法选择上存在差异。农村社会学的主要研究方法有定性研究、定量研究和文献研究，而农业经济学虽然也会采用问卷调查、案例研究等多种定量与定性研究方法，但其更加依赖农业经济方面的统计资料，重视农业经济发展的全国数据库建设。

（三）农村社会学与人类学的关系

农村社会学与人类学之间有着紧密的联系。社会学与人类学是两门在研究对象与研究方法上均有自身特质的不同学科，但是，近年来由于研究对象的重合和研究方法的互相借鉴而出现融合的趋势。

第一，从研究对象来看，社会学主要以现代社会为研究对象，而农村社会学也是以现代社会或处于向现代社会转型之中的农村社会为研究对象。人类学最初以原始群落为研究对象，后来也慢慢扩展到农村社会和现代社会。费孝通的《江村经济》一书正是因为将人类学的田野调查方法创造性地运用于对农村社区的研究，而受到了人类学大师马林诺夫斯基的赞赏。

第二，从研究方法来看，人类学注重长期的田野调查和整体主义的方法论，这些方法与社会学中的社区研究传统结合在一起应用到农村社会学的研究之中，共同开创了以吴文藻、费孝通为代表的农村社区研究传统。

尽管如此，农村社会学与人类学仍然存在很大的差别。主要表现在：

第一，二者在研究对象上有差异。农村社会学是以农村社会整体为研究对象，通过研究农村居民的社会关系和社会行为来考察农村社会的结构、功能发生、发展规律的社会学分支学科；而人类学则侧重对农村社会中的人和文化现象的研究。

第二，二者在研究方法上也有差异。农村社会学虽然受到了人类学田野调查方法的影响，但同时社会学的定量研究方法也越来越广泛地应用在农村社会学研究之中；而人类学仍然侧重人文主义的定性研究传统，侧重深度阐释理解，而非定量统计。

第二节　农村社会学的研究方法

农村社会学从农村社会实际出发，以农村社会实地调查研究为开端，从一开始就形成了实证研究之风，并且将理论与实际相结合，逐步形成了一套完整的农村社会研究体系。学习农村社会学，既要掌握基本概念、理论知识，也要重视科学的研究方法，并将其正确地运用于农村社会研究的实践活动。

一、农村社会学研究的方法论

农村社会学研究方法论是对农村社会学研究如何进行的思维方式讨论，它为农村社会学研究提供了最一般的理论和方法指导，规定了研究所遵循的基本原则，是农村社会学研究方式和具体研究方法的逻辑基础。具体而言，农村社会学研究的方法论首先要遵循马克思主义历史唯物主义与辩证唯物主义的方法论，它给我们提供生活在其中的整个世界的根本观点。其次，在历史唯物主义与辩证唯物主义方法论的指引下，农村社会学研究还必须遵循自身的一些基本原则。

（一）历史唯物主义与辩证唯物主义的方法论

历史唯物主义是考察整个社会的具有普遍意义的世界观和方法论。马克思在《政治经济学批判》序言里所谈的关于历史唯物主义的基本思想便是指导我们从事农村社会学研究的哲学方法论。马克思指出："人们在自己生活的社会生产中发生一定的、必然的、不以他们的意志为转移的关系，即同他们的物质生产力的一定发展阶段相适合的生产关系。这些生产关系的总和构成社会的经济结构，即有法律的和政治的上层建筑竖立其上并有一定的社会意识形式与之相适应的现实基础。物质生活的生产方式制约着整个社会生活、政治生活和精神生活的过程。不是人们的意识决定人们的存在，相反，是人们的社会存在决定人们的意识。社会的物质生产力发展到一定阶段，便同它们一直在其中运动的现存生产关系或财产关系（这只是生产关系的法律用语）发生矛盾。于是这些关系便由生产力的发展形式变成生产力的桎梏。那时社会革命的时代就到来了。随着经济基础的变更，全部庞大的上层建筑也或慢或快地发生变革。在考察这些变革时，必须时刻把下面两者区别开来：一种是生产的经济条件方面所发生的物质的、可以用自然科学的精确性指明的变革，一种是人们借以意识到这个冲突并力求把它克服的那些法律的、政治的、宗教的、艺术的或哲学的，简言之，意识形态的形式。我们判断一个人不能以他对自己的看法为根据，同样，我们判断这样一个变革时代也不能以它的意识为根据；相反，这个意识必须从物质生活的矛盾中，从社会生产力和生产关系之间的现存冲突中去解释。"① 马克思主义唯物史观可概括为以下四点：其一，人的社会存在决定社会意识；其二，社会运动是一个自然历史过程，有其自身的规律；其三，社会是处于经常发展中的动态有机体；其四，研究社会的根本方法是分析基本社会矛盾，即生产力和生产关系的矛盾。上述马克思的论述亦构成农村社会学研究的哲学方法论，从宏观上指导农村社会学研究的开展。正是依据这些哲学方法论的指导，农村社会学确定了本学科研究的基本原则。

马克思主义的唯物辩证法是人们认识世界和改造世界的根本方法，它既揭示了客观世界联系与发展的本质和规律，也揭示了人类实践活动中思维发展的规律。

---

① 《马克思恩格斯文集》第 2 卷，人民出版社 2009 年版，第 591—592 页。

唯物辩证法是客观辩证法与主观辩证法的统一。客观辩证法是指客观事物或客观存在的辩证法，即客观事物以相互作用、相互联系的形式呈现出的各种物质形态的辩证运动和发展规律；主观辩证法是指人类认识和思维运动的辩证法，即以概念作为思维细胞的辩证思维运动和发展的规律。主观辩证法是客观辩证法的反映，客观辩证法与主观辩证法在本质上是统一的，但在表现形式上却是不同的。在马克思主义的世界观和方法论中，唯物辩证法是其核心内容。唯物辩证法的科学体系既包括揭示事物联系发展的基本规律，又包括揭示事物发展的基本范畴。原因与结果、必然性与偶然性、可能性与现实性、现象与本质、内容与形式等唯物辩证法基本范畴，都具有重要的方法论意义，都蕴涵着矛盾分析方法的展开。马克思主义的唯物辩证法对农村社会学研究具有重要的指导价值。在农村社会学研究过程中，研究者不仅要把对农村社会的静态考察与动态考察、整体考察与局部考察、历史传统考察与现实变化考察结合起来，而且要把对农村社会的学术研究与政策研究、结构研究与机制研究、社区研究与区域差异研究统一起来。形而上学的研究方式是农村社会学的大忌，离开了唯物辩证法的指导，农村社会学研究就不可能具有实效性和说服力。

（二）农村社会学研究的基本方法原则

农村社会学研究对象的特殊性决定了其研究要重视以下基本原则：理论研究与应用研究相结合、结构分析与机制分析相结合、社区研究与区域差异研究相结合。

1. 理论研究与应用研究相结合

农村社会学不仅要对农村社会这一整体进行研究，要求学者从理论上概括农村社会的特点、性质、规律，而且要探讨和研究农村社会的各种问题，提出建设性方案，因此，必须做到理论研究和应用研究相结合。应用于实践是理论研究的意义所在，而实践基础上的理论创新是社会发展和变革的先导；理论研究是应用研究的基础，应用研究要以对农村社会的本质认识为前提，在正确的理论指导下进行。农村社会学研究必须坚持二者的有机结合。

通过理论研究和应用研究的结合，农村社会学应该明确当今农村社会事实的分类，即根据目前农村社会的发展状况和现有研究的手段与水平，对农村社会的事实进行分类，并且明确哪一类是可以测量的，哪一类在目前研究水平下尚是不可以测量的。社会事实的提炼和类型化需建立在理论研究的基础上，理论研究可以为社会事实的分析提供有效的概念工具和分析框架。而社会事实的发展并不按照已有的理论推演展开，经验现象本身有其自身的演绎逻辑，因此经验的展开经常呈现"意外的后果",这种"意外"恰恰是理论创新的源泉所在。因此农村社会学的研究既要有深厚的理论基础和丰富的理论研究经验,又要有具体分析农村社会事实的应用研究能力,理论研究与应用研究的结合是农村社会学方法论应该坚持的一个基本原则。

2. 结构分析与机制分析相结合

农村社会学在研究方法上要求结构分析与机制分析相结合。社会学家要勇于面对现代中国社会转型与重建过程中的大问题,即总体性问题。经典社会学家马克思、涂尔干和韦伯所代表的三大传统的兴起,无不应对的是社会总体结构问题。农村社会学研究同社会学研究一样,在对这一问题的思考上要始终坚持结构分析和机制分析的方法。结构分析强调分析的总体性,即一个社会每个生产生活的片段,都应回归到社会总体结构的基本特性上去强调构成结构的每个环节的特性,着力寻找总体结构的每个位点的分布及其相关特征。机制分析则是通过系统的思路或过程的思路来考察一个现象或一件事情的来龙去脉,看看它究竟是通过一种什么样的逻辑转化到另一种逻辑那里去,或从哪个点出发逐步过渡到其他的方向上去。只有通过机制分析,社会学家才能找到社会分析的最独特之处,才能提出最切实可行的方案为社会建设服务。坚持结构分析与机制分析相结合实际上要求既研究事物总体局势,也研究事物发生逻辑,是平面与纵深的结合。

坚持结构分析与机制分析相结合是对已存在的社会制度及其运行机制的充分尊重和认识,这种尊重和认识是理解中国经验的必要途径。坚持结构分析与机制分析相结合实际上是坚持静态分析与动态分析的统一,静态的结构分析是总体上把握事物特征分布的一种路径,而动态的过程分析则有助于理解事物内在的发展机制,结合结构分析和机制分析才能更好地理解事物发展趋势,对分析转型期中国农村的诸多社会问题和发展经验都有重要的意义。

3. 社区研究与区域差异研究相结合

费孝通认为社区研究是和比较研究联系在一起的,单个社区研究的主要意义在于建立一种"地方类型",通过积累众多的"类型",可以达到反映中国社会结构的总体形态的目标。他说:"社区分析的初步工作是在一定时空坐落中去描画出一地方人民所赖以生活的社会结构。……社区分析的第二步是比较研究,在比较不同社区的社会结构时,常发现每个社会结构有它配合的原则,原则不同,表现出来结构的形式也不一样。于是产生了'格式'的概念。"① 比较研究可以深化对

---

① 费孝通:《社会调查自白——怎样做社会研究》,上海人民出版社 2009 年版,第 210 页。

某个类型的理解。区域差异是中国农村存在的普遍现实，在社区研究的基础上开展区域差异研究，可以更深刻地理解农村社会结构差异及其带来的农民行为逻辑的差异，因此区域差异研究反过来可以深化社区研究，并且有助于形成研究农村社会结构的操作化指标体系。

区域差异研究不仅有助于构建一个关于理解中国农村社会性质的中层理论，也为农村社会学研究提供了有效的方法。如不少学者认为中国不同地区农村内部的社会关系和结构存在差异，因此可以划分出不同的村庄类型，形成了中国农村区域差异研究。

二、农村社会学研究的具体方法

农村社会学研究的具体方法是指研究农村社会的具体途径和方式，主要包括定性研究法、定量研究法和文献研究法。

（一）定性研究法

定性研究法主要指通过非结构式访谈、半结构式访谈和参与观察收集资料的田野调查研究。它在农村社会调查中，适用于小规模的农村群体或微观的农村社会现象，不强调对总体状况进行代表性分析，而是深入地挖掘某一特定社会现象是如何发生和发展变化的。定性研究是通过深入研究对象的生活背景中，以参与观察和非结构式访谈的方式收集资料，并通过对这些资料的分析来理解和解释现象的社会研究方式。这种方法一般要求研究者与研究对象在相当长的一段时间内共同生活在一起，以使研究者可以比较全面、深入地熟悉和了解研究对象的实际生活，并理解他们社会文化生活背后所蕴含的文化意义。

定性研究方法强调深入农村社区的生活情境中去，靠观察、体验和领悟来理解农民生活。具体包括选点、进入、观察和访谈、整理和分析资料四个步骤。

步骤一：选点。研究地点的选择对研究能否成功至关重要。通常而言，选点具体需要注意三个方面的问题：首先，所选地点信息量是否足够饱和、能否满足研究需要。通常，研究者会选择那些在政治、经济、文化等较有代表性的地方作为研究地点，比如当地具有悠久的历史文化传统、错综复杂的关系网络、多种形式的经济和社会活动等。其次，研究者对所选地点的熟悉程度。刚开始从事定性研究的研究者应该选择自己不太熟悉的地点，这样研究者对自己深入的这个农村社会情境便没有先入为主的经验与假设，更容易透视其中的文化事件和社会关系。在自己熟悉的环境中进行研究虽然有很多便利，实际上更不容易，因为研究者容易被熟悉的事物所蒙蔽、先入为主。最后，就是可行性和可操作性。在选出可能的地点之后，研究者还必须考虑一些实际情况，如研究者个人素质、研究时间和经费、实地环境中的人物是否有重大冲突以及进入研究地点各个部分的途径等。总之，在实施调研之前，要充分考虑所选研究地点的方方面面，为进入调研地点做好充分准备。

步骤二：进入。研究地点选择后，需要采取灵活的策略或行动计划进入所要调查的地点。进入的过程，与研究者的常识判断和社交能力有直接的关系。研究地的情况通常错综复杂，可能会分出不同层级或领域，需要研究者层层递进，刚开始可以进入一些公开的情境，随着调查的深入和信任的获得，可以逐渐进入一些较为敏感或特定的情境，直到拨开云雾见青天，找到研究者希望的研究情境。进入的具体方式方法很多，如研究者可以使用与他人的关系或网络，通过一个被调查者联系另一个被调查者；或者通过比较专业的身份进入，取得当地政府和相关部门的配合；也可以扮演低调、无足轻重的角色向当地居民呈现出自己的友善，从而获得当地人的信任等。而且具体采取何种方法，研究者可以依据实际情况灵活处理。

步骤三：观察和访谈。进入调查地点后，研究者便要着手进行调查资料的收集工作了，这里介绍的主要方式是观察法和访谈法。首先是观察法，观察法主要是带着明确的目的，用自己的感官和辅助工具去直接地、有针对性地了解正在发生、发展和变化着的现象。根据观察中研究者所采取的位置或角色，观察法又分为局外观察和参与观察。局外观察是指观察者在被观察的群体或现象之外，完全不参与其活动，尽可能地不对群体或环境产生影响。在一项研究的最初阶段，人们有时采用这种观察法去了解最基本的情况，以帮助形成问题的焦点或者研究的假设。参与观察是指研究者深入到研究对象的生活背景中，在实际参与研究对象日常社会生活的过程中所进行的观察。参与观察法是田野研究中比较常用的观察法。如英国著名人类学家马林诺夫斯基在新几内亚附近的特罗布里恩群岛进行考察时，就生活在土著人中间，参与当地人的活动，并用敏锐而客观的眼光观察当地人的各种反应。通过这种参与研究，他获得了大量的信息并且提出了社会人类学发展中具有重要意义的各种理论性见解。其次是访谈法，定性研究中的访谈法主要是非结构式访谈和半结构式访谈，主要目的在于通过深入细致的访谈获得丰富生动的定性资料。半结构式访谈是事先有计划、有安排、有准备的访谈。非结构式访谈是指研究者与研究对象围绕访谈的主题，灵活地询问和交谈，访谈更具有开放性和深度。

步骤四：整理和分析资料。田野调查中所收集到的资料最好当天进行整理。

在调查中，研究者需要每天对调研过程中形成的笔记进行信息补充，这些信息具体包括地图、图标、照片、访问记录、总结以及其他有助于研究的东西。笔记的内容包括从记忆中抽取的大量描述性细节。研究者在整理资料时，对重点内容要尽可能记得具体、完整和详尽，最好能记下原话，同时还可以简要记下被研究者的情绪变化和自己的情绪反应、变化。这些资料的整理要做到准确、简洁和有条理，以便日后查阅。研究者还可以运用录像和录音等器材作为记忆的补充，它们有助于研究者回想发生了什么事件、未发生什么事件或无回答等这类容易遗漏的状况；但使用这些工具可能会造成一定的干扰，因此其只能作为辅助工具。

定性调查资料的分析是一个对资料进行分类、描述、综合、归纳的过程。定性资料的分析途径主要有两条：一是寻找资料中的相似性，二是寻找资料中的相异性。相似性可以分析不同个案所表现出的某种共同的行为模式及其成因、功能等方面的内容；相异性可以通过比较分析的方法寻找个案间差异的成因，比较分析是各种资料分析的中心过程。这种比较分析的方法根据具体的比较方式的不同，可以分为一致性比较法和差异性比较法两种类型。其中，一致性比较法的基本思想是：研究者先聚焦于各个不同案例间所具有的某种共同的作为结果的特性，然后比较各种可能的作为原因的特性。如果某种特性不是所有案例共同结果所具有的原因特征，那么研究者则应该将这一特征从分析中进行排除，以此类推，最终将那些为所有案例共同具有的特性筛选出来，这些共同的特征则可能是所有案例结果的共同原因。差异性比较法的基本思想则是：研究者先寻找一些诸多方面存在相似性但在少数部分存在差异的案例，然后寻找使得这些案例具有相同的原因和结果的特性，同时找出另一组在这种结果上与此不同的个案，通过两组案例的比较，寻找那些在不出现结果特征的个案中，也没有出现的原因特征。这种没有出现的特征便是导致结果发生的原因。

定性研究虽能揭示研究对象"质"的方面，但它是研究者凭直觉、经验，主要依据研究对象过去和现在的延续状况分析，对其性质、特点、发展变化状况做出判断的一种方法，其结论往往在量上缺乏精准性。定性研究与定量研究相辅相成，互为补充。定性研究虽能阐明问题性质，为定量研究指明大的方向，但不能量化；定量研究则更关注整体性和普遍性，可使研究结论更精准、科学，并为定性研究得出更广泛的结论提供依据。

（二）定量研究法

定量研究法实质上是通过对社会现象的数量特征、数量关系与数量变化的分析来认识社会现象及其统计规律的研究方法。用作定量研究的数据资料，既可是现存的历史数据资料，也可是通过问卷调查法收集的一手数据资料。

问卷调查法指的是一种以调查问卷为工具，系统地、直接地从一个取自某种社会群体的样本那里收集资料，并通过对资料的统计分析来认识社会现象及其统计规律的研究方法。问卷调查法的特点是：事先把问题标准化，设计成表格或问卷，然后用准备好的表格或问卷，请被调查者回答或选择回答。调查问卷的设计既要涵盖研究的主要内容，也要便于被调查者回答。调查样本的选择要体现代表性和随机性，特别要注意农村不同经济区位、村庄的不同经济类型以及样本的多样性等因素对特定研究的影响。问卷调查法由于问卷调查的涉及面广、调查对象多，可以取得大量的目标数据，因此，与非结构式访谈、半结构式访谈和通过参与观察来收集资料的田野调查研究相比，更能反映农村的共性问题。

问卷调查法依据填答和使用方式的不同可分为自填问卷调查法、访问问卷调查法（结构式访问）。自填问卷调查法就是通过邮寄或现场发放问卷，让被调查者自己填写问卷来收集资料的方法。访问问卷调查法，就是调查员通过与被调查者访谈，依据被调查者对调查问卷中问题的回答，由调查员填写问卷来收集资料的方法。访谈中提出的问题、提问的方式和顺序以及对被调查者访谈回答的记录方式都是统一的，提问时所呈现的语气、态度也必须保持一致。与自填问卷相比，它的最大优点是能够对调查过程进行充分把握，从而保证调查结果的可靠性。同时，访问问卷调查法也是在目前我国多数农民文化程度有限的情况下通常使用的一种问卷调查方法。

问卷调查法一般要遵循以下几个基本步骤：

步骤一：问卷设计。设计一份高质量的问卷是问卷调查的关键所在。要保证问卷设计的质量，需要做好前期准备工作，主要是通过文献阅读或者实地考察等方式对即将研究的问题加以明确化，对已有的思路、想法和体会进行分析，明确研究主题的维度。维度确定后就要将其操作化为具体的问题。问题的语言要尽量简单，陈述尽可能精确，避免带有双重或多重含义及有倾向性的问题。问题的答案应该具有穷尽性和互斥性。穷尽性指的是答案包含了所有可能的情况。对于任何一个被调查者来说，问题的答案总有一个符合他的情况。互斥性指的是答案之间不能相互包含或重叠。

步骤二：预调查。预调查的主要目的是对所设计的问卷进行错误或不当之处的查找，以方便修改。预调查通常是对调查对象随机抽取一个小样本，使用设计的问卷进行调查，在回收问卷后，从回收率、有效回收率、填答错误和填答不全四个方面对问卷的具体内容进行检查。

步骤三：调查员的培训和调查的实施。调查访问往往要求调查者具有听众、指导者、记录者三种角色，以便获得被调查者的支持，明确地提出问题并且详细地记录收集到的资料。调查的实施主要是指在通过科学抽样的方式确定调查样本的基础上，联系被调查者，让调查队伍顺利进入并展开调查以及对调查进行实时监控。联系被调查者的方式一般有几种途径：一是通过政府部门，得到政府部门的支持往往是中国开展农村调查最常用的联系被调查者的方式；二是通过私人关系，如朋友、同学、亲戚等，通过私人关系开展调查可以间接地与被调查者建立信任关系；三是直接与被调查者联系。第三种情况一般在上述两种情况行不通的情况下使用。问卷调查过程中的管理和监控要求研究者积极主动地从各个方面了解每一位调查员的工作情况，及时解决他们所遇到的各种问题。对调查员所返回的问卷进行实地审核，发现问题后及时回访核实。

步骤四：问卷资料的整理和分析。问卷资料的整理就是对收集到的原始资料进行核对、分类和简化，使之系统化、条理化，为进一步的统计分析做好准备。常用的方法是通过 SPSS 等统计软件将问卷内容转化成计算机能够识别的数字形式，即编码。编码能够将大量的文字信息转化成一份数据文件，以便对数据进行统计分析。编码后进行数据录入，生成数据文件，可以运用多种统计分析方法进行数据分析。

（三）文献研究法

文献研究法，即通过收集和分析现存的以文字、数字、符号、画面等信息形式出现的文献资料，探讨和分析社会行为、社会关系及社会现象的研究方法。文献研究既可以是定性取向，也可以是定量取向。

文献研究是农村社会学研究中一种必不可少的方法，具体可分为内容分析、二次分析和现存统计资料分析三类。内容分析主要用于分析大众传媒信息，尤其是报纸、杂志、广播、电视、网络的媒体信息，适用面较为宽泛；二次分析是对先前的研究者所收集的数据资料进行再次分析和研究，前提条件是存在大量的数据资料，并且研究者可以获取这些数据资料；现存统计资料分析是对国家和各级政府部门所编制的统计数据进行分析。

文献研究的优势主要表现在：一是文献研究具有无反应的优点。由于各种形式的文献研究都不需要直接同人打交道，而只是研究那些业已存在的文字、数据以及其他形式的信息材料，研究过程中研究对象不会受到研究者的影响而发生变化。二是文献研究可以研究那些无法直接接触的对象。如研究某一历史时期中的人物或事件，而他们早已离开人世，事件也早已成为历史。此时要采用其他的研究方法，显然是不可能的，而文献研究可以帮助研究者达到这一目的。三是文献研究适于作纵观分析。由于调查、观察等方法所研究的都是现时的情景，往往难以用来进行纵观研究或趋势分析，而文献研究在这方面则显示其独特的优势。因为各个不同历史时期的社会现象和社会生活，或多或少会以不同的文献形式被记录下来，这就为进行文献研究提供了基础。四是文献研究的费用较低、省时省钱，可以在较短时间内较为经济地获得大量有益资料。

第三节　学习农村社会学的意义

农村社会学既具体研究农村社会结构、社会关系及农村社会问题等内容，也整体研究农村社会变迁与发展的一般规律。它从社会学学科特有的视角，将农村的社会现象与社会过程中所呈现出的规律性提升到理论的高度，因此，无论从认知层面还是从实践层面来讲，学习农村社会学均具有重要意义。

一、学习农村社会学的理论意义

人们关于自身以及生活于其中的社会的认识，主要来自日常生活中的实践。正是这种实践的经验知识形成了我们认识世界的基础。经验知识来自实践无疑是真实的，但经验知识有其重要的局限，即它不能有效把握事物现象背后起支配作用的本质规律。所以我们要不断地将这些经验知识加以提炼，发展出更稳定、深刻的理论，更好地指导实践活动。学习农村社会学有助于认识中国国情及深化对社会学一般理论的理解。

农村社会学可以帮助我们科学地认识中国的国情及面临的社会转型，深化对所处时代的认识。一个国家的国情和社情是其社会变迁和发展的基础，也是认识一个国家在一定历史发展阶段上的基本特征，制定其经济、社会发展战略的基础。费孝通在谈到中国国情时曾说过："中国社会的一个基本特点就是大量人口集中居住在土地不太广阔的宜耕地区……集约种植五谷作物的农民构成了中国大多数的人口，他们是中国文化源远流长的深厚基础。要认识中国社会，认识中国人，不认识农民生活，不认识农村经济是不行的。"[①] 在现代城镇化的进程中，农村人口依旧占全国总人口的绝大多数，这意味着在一个可以预见的相当长时期内，农民

---

① 费孝通：《走出江村》，人民日报出版社 1997 年版，第 47 页。

仍然是中国社会的主体。也正是在这个意义上，可以说不了解农民、农村，就不了解中国。农村问题和农民问题不仅是中国革命和建设的基本问题，也是改革的根本问题。实践证明，中国社会的进步，很大程度上取决于农村的进步；中国社会的转型主要体现为农村社会的转型，即由农业社会向工业社会的转型；没有农业的现代化，就不会有整个经济的现代化，同样，没有农村的现代化，就没有整个社会的现代化。从农村社会学的视角来研究农村社会变迁和发展的特殊规律性，就是研究中国农村社会如何逐步地由传统"乡土社会"转变为现代社会的过程。

学习农村社会学可以帮助我们深化对社会学一般理论的理解，丰富社会学理论的概念内涵，有助于社会学理论的创新。社会学是研究人与人之间关系的科学，从本体论的角度来讲就是研究个人与社会之间的关系问题。在社会学看来，人是社会的主体，人的发展是社会发展的中心，社会发展最终是为了人类的解放和人本身的全面发展。农村社会学是社会学的分支学科，学习农村社会学有助于理解中国的农民问题，从角色、地位到社会结构，从家庭、组织到与国家的关系，"农民"将在宏观社会转型背景中被理解，也在个体选择和理性行动层面被理解，无疑这些都会促进我们更深刻地理解社会学的一般理论。农村社会学在理解"农民行动逻辑"的基础上，进一步对农村社会组织、农村社会治理等问题展开研究，这些问题可以直接推动社会学组织理论、社会学冲突理论等方面的研究，深化和丰富社会学理论的概念内涵。另外，农村社会学研究农村社会发展变迁，揭示社会转型中的重大社会问题，尤其是社会转型带来的社会失范问题，构成了社会学理论发展的基础。农村社会学的研究在深化社会学理论发展的同时，也为构建正常的社会秩序提供理论思路。

二、学习农村社会学的实践意义

农村社会学的学习有助于加深对农村社会发展的研究，并为各级党政部门决策提供咨询，有效地推进农村社会发展。美国社会学家罗吉斯在《乡村社会变迁》中谈到发展中国家农村发展的教训时指出，对农民缺乏了解造成了很多发展规划的失败，规划者把失败的原因归于农民的不合作，他们对农民很失望。尽管在概念上我们很容易区分出农民，但我们缺乏对农民的整体的、科学的、可靠的理解。一个国家要发展，必须研究农民。对于具有特殊国情的中国来说，在社会学的视角下深入开展农民、农村研究对促进农村社会的发展将具有重大的现实意义。

农村社会学的学习有助于树立科学的发展观，把握农村社会诸系统之间的联系，对正确开展农村社会改革实践具有重要意义。任何关于农村社会的深入研究对于农村发展都是有益的，但是农村社会学的研究具有特殊的重要性。一般学科的农村研究，只是对农村社会某个特定方面或是局部现象的研究，这样就不免会出现"头痛医头"的片面性，忽视研究对象与整体的关系，不能正确把握其在农村整体以及更大社会系统中的地位和作用。如长期以来人们在农村建设时存在一个理论误区，即农村的发展就是农业或农村经济的绝对增长，结果忽视了社会、经济和生态环境之间协调发展，最终使农民的利益受损，农村发展停滞甚至是倒退。农村社会学以整个农村社会为研究对象，在具体研究过程中，虽然也要研究具体的各种农村问题，但始终坚持一种整体视野，把农村视为整体系统进行研究，也注重将农村放进更大的社会系统来考察，农村社会学将引导人们全面、系统、综合地看待农村社会的协调发展，实现优化整合，从而加速实现农村社会的现代化，达到"辨证施治"的功效。这种整体主义取向的学科视角和研究路径在一定程度上，可以避免局部性研究的狭隘性与片面性，引导人们树立以人为本的全面、协调、可持续的发展观，促进农村社会和农民的全面发展。

农村社会学可以为农村的改革、发展和社会治理提供理论支持，为制定农村政策、农村发展规划提供科学依据，有助于推进社会的良性运行。当今中国农村的改革和发展取得了巨大成就，但是仍面临着发展瓶颈和许多棘手的问题。这些问题用何种方式解决不仅关系到中国农村自身的改革、建设和发展，而且也关系到整个国家的现代化进程。这些问题的解决必然要在了解农村实际、理解农民的基础上才可进行。学习农村社会学可以通过调查和分析农村社会问题，为制定正确的农村政策提供参考，对农村政策的实行效果进行评估。此外，农村社会学就农村存在的各种社会问题进行研究，对农村的社会越轨和矛盾及时地加以关注，能防止大规模的、根本性的社会冲突发生，进而推进农村社会的和谐发展。总之，农村社会学不仅可以运用社会运行理论、社会冲突论、结构功能论、符号互动论等多种社会学理论资源，为分析和揭示农村社会问题的性质提供有力的概念工具；同时，农村社会学也向人们提供了认识问题、解决问题的有效方法，如通过问卷调查收集资料，科学有效地预测总体发展趋势，通过田野观察正确地揭示农村社会运行的内在机制等。

三、学习农村社会学的学科意义

农村社会学是社会学的重要分支，在中国社会学成长和成熟的过程中，农村社会学作出了重要的贡献。主要体现在：一方面，农村社会学拓展了社会学的研究空间；另一方面，农村社会学为中国社会学的本土化积累了重要的经验，形成了一些有意义的理论研究成果。

农村社会学有效地拓展了社会学的研究空间，在深化社会学的研究领域中有着重要地位。社会学是伴随着现代化而产生的一门学科，其研究内容也必将随着社会发展而不断拓展。社会发展中出现的新现象、新问题也必将纳入社会学的研究视野。对中国这样一个农村居民占全国人口大多数的国家而言，农村社会研究无疑具有特殊地位。更重要的是，中国正处于转型时期，即由传统社会向现代社会转型，由计划经济体制向市场经济体制转轨，关注秩序和进步的社会学也因此具有了更大的研究空间。尤其是中国农村所特有的社会结构和社会文化正经历着深刻的变迁、农村社会转型模式的创新层出不穷，这一切都是可以作为社会学研究的巨大宝藏，为中国本土社会学的研究提供了原创空间。在我国农村改革发展的过程中，农村社会学将在一些基本问题上继续深化社会学的研究，这些基本问题领域包括：一是家庭作为农业经营形式的适应条件和范围以及进一步的变化趋势；二是我国农村劳动力的转移和流动问题及其对城市可能带来的影响；三是我国农村居民当前和今后出现的社会分化、社会分层以及由此而产生的社会后果；四是我国目前农村社会制度和社会组织的改革与创新；五是对乡村社会治理体系及其转型的研究；六是对农村公共物品需求与供给的研究；七是对农村的家庭、亲属群体、宗族等基本结构单元及其发展趋势的研究；八是对现已出现和可能出现的各种社会问题（如贫困、青少年犯罪、环境污染等）的专门研究。

农村社会学为中国社会学的本土化作出了重要的贡献，有利于构建中国特色的社会学学科体系。学习农村社会学既要理解农村社会发展转型的一般规律，又要对中国农村社会结构有清晰的认识。在市场经济转型的大背景下，在中国农村社会变迁过程中，有很多需要总结的经验，有很多需要研究的重大议题，如农村的现代化、农民的职业化、农业的现代化、农村社会分层、城乡关系等，这都有待于我们在本土经验的基础上进行总结和提炼，以形成中国农村社会转型的重大理论。因而，农村社会学对于实现文化自觉、理论自觉具有重要意义。在文化自觉、理论自觉的基础上，进行本土化与国际化的结合，不仅有利于进一步甄别西方知识体系和话语体系背后的意涵，打破西方社会学的话语支配地位，更有利于建设中国社会学的主体性，形成自己的学科话语体系，迎来社会学在国际社会中的另一个"中国学派"。当前，中国的社会结构正在经历重大的变迁，对转型中重大社会"问题"的研究对于社会学中国化、本土化具有十分重要的意义。

小 结

　　农村社会学作为社会学的一门分支学科，以农村社会为研究对象，既研究农村社会整体，如农村社会的各个方面及其相互关系，也研究农村社会具体、特殊的问题，如农村社会整体中的某一特定领域。农村社会学的研究对象与社会变迁的时代背景有关。农村社会学与社会学及其分支学科、农业经济学等学科都有一定的联系。农村社会学是以马克思主义历史唯物主义和辩证唯物主义为哲学方法论，具体研究方法则包括定性研究、定量研究和文献研究。学习农村社会学有助于认识中国国情并深化对社会学一般理论的理解，为各级党政决策部门提供咨询，进而推进农村社会发展；有利于拓展社会学的研究空间，也有利于中国社会学的本土化。

思考题

1. 农村社会学学科有何特点？
2. 农村社会学的研究对象是什么？
3. 农村社会学主要有哪些具体的研究方法？
4. 农村社会学与社会学、农业经济学、人类学的关系。
5. 学习农村社会学有何意义？

思考题要点

第一章　农村社会学的产生与发展

农村社会学作为社会学的一门分支学科，虽然它的发展受到社会学学科的影响与约束，但它的产生与发展逻辑同社会学学科本身的发展却存在一定的差异。了解农村社会学的产生，特别是马克思主义经典作家关于农村社会的论述，将有助于清晰地把握农村社会学的发展脉络。本章将在介绍农村社会学的产生与早期发展的基础上，介绍新中国成立前中国共产党人的农村社会学调查研究以及当代中国农村社会学的发展。

名词解释

第一节　农村社会学的产生与早期发展

一、农村社会学的产生

学术界普遍认为，农村社会学产生于 19 世纪末 20 世纪初的美国。农村社会学在美国产生是当时美国社会发展的产物，也是社会学发展的必然结果。

南北战争（1861—1865 年）中，北方的工业势力战胜了南方的庄园奴隶主，促进了资本主义在美国的发展。到了 19 世纪末，资本主义的发展扩展到了农业领域，导致了农民之间的分化，农民破产也日益增多，其中一部分随着城市化的进程进入城市成为雇佣工人，还有很大一部分沦为了租地农户或农业雇佣工人。据统计，1880 年美国全国租地农户占总农户的 25.5%，1890 年升至 28.4%，1900 年增至 35.3%。1900 年失去土地和不完全拥有土地的农户占全美总农户的 50% 以上，而农业雇佣工人约 200 万人，相当于当时美国农场户总人数的 35.5%。[①] 另外，整个农业领域中的大部分利润被流通环节的中间商人和垄断性的铁路公司侵吞，而生产环节的利润却越来越小，农民的生存处境日益艰难。农民为了捍卫自己的利益，1867 年建立了表达农民愿望和要求的秘密组织——格兰其，1880 年建立了全

[①] 袁亚愚编著：《新修乡村社会学》，四川大学出版社 1999 年版，第 4 页。

国性的全美农民协会。

鉴于农村问题的严重性，1908 年，美国总统西奥多·罗斯福下令成立以贝利为首的农村生活委员会专门对农村问题进行调查研究。贝利在主持农村生活委员会时，组织人员设计了一份面向全国的调查问卷，通过邮寄等形式发放了 55 万份，并于 1911 年向国会提交了一份包括教育、土地保护、劳动力、技术、妇女负担等内容的调查报告，提出改善农村状况的政策建议。这个报告被一些学者认为是农村社会学的纲领性文件，是农村社会学在美国诞生的里程碑。另外，早在 1902 年，美国农村社会学会第一任主席巴特菲尔德在墨西哥大学任教时，编写了农村社会学讲义；翌年，发表《美国农业教育之未垦领域》，强调与农业有关的学生需要研究农村社会，同时也阐述了农村社会学的定义和内容，他认为农村社会学的任务在于进行农村调查研究，促进农村进步。1904 年，巴特菲尔德担任路德岛农工大学校长，首次在农业大学开设农村社会学课程。贝利和巴特菲尔德对农村的调查研究侧重实际效用层面，旨在促进农村社会的发展和进步，而与此同时，社会学在美国的迅速传播和发展则为农村社会学的发展奠定了坚实的理论基础。

1876 年，萨姆纳在耶鲁大学讲授社会学，标志着社会学在美国的诞生。与萨姆纳同时代的沃德主张把社会学分为理论社会学和应用社会学，为分支社会学的创建奠定了基础。1883 年，斯莫尔建立了著名的芝加哥大学社会学系，创办了美国社会学最早的杂志——《美国社会学刊》，尔后又与文森特合编了美国历史上第一本社会学导论教科书——《社会学研究导论》。1901 年，美国已有 169 所大学和学院开设了社会学课程，许多大学还建立了社会学系。1905 年，成立了以沃德为主席的美国社会学协会。

在社会学发展的基础上，社会学者开始从社会学专业理论和方法的角度对农村社会展开研究。1894 年，芝加哥大学社会学系副教授亨德森以"美国农村生活的社会环境"为名，开设世界上最早的农村社会学课程，随后他又编写《农村社区》讲义。1906—1912 年，哥伦比亚大学社会学教授吉丁斯指导其学生进行农村社区研究，出版了美国第一本关于农村社区研究的调查研究专著，该书采用统计法、历史法、现场访谈法等方法从社会学角度研究农村社区，被一些学者视为真正的、科学的农村社会学研究的开始。1912 年，美国社会学协会（American Sociological Association）举行以农村社会学为讨论主题的年会。1913 年，北达科他州立大学的吉勒特出版《农村社会学》，这是世界上第一部由专业社会学家从社会学学科的角度撰写的系统化的农村社会学著作。1915 年，任教于威斯康星州立大学的查尔斯·葛尔宾发表《一个农业社区的社会解剖》研究报告，运用社区分析的方法，测定农村社区的界限，使农村社区的经验研究成为可能。1916 年，美国社会学协会（American Sociologial Association）主席文森特以"美国农村生活"为题在年会发表演讲，引起较大反响。农村社会学逐渐成为美国社会学重要的研究领域之一。

此外，作为社会学的发源地，欧洲也有自己的农村社会学研究传统。早期的社会学经典作家如韦伯、滕尼斯等人就提出了很多关于农村社会的论述。韦伯在其早期对德国农业的研究中，就注意到了资本主义因素的渗入所促发的农业转型过程。而滕尼斯在其名著《共同体与社会》中就把农村作为共同体的典型来论述。总的来看，"二战"之前，欧洲农村社会学的发展较为缓慢，人们专注于农业技术及农村经济的研究，对农村生活的其他方面很少涉及。"二战"以后，欧洲因战争的破坏而面临重建问题，客观上促进了农村社会学的发展。在此背景下，涌现出了一批优秀的研究成果，如法国社会学家孟德拉斯 1964 年出版的《农民的终结》对小农在现代社会中的历史命运的研究；英国社会学家威廉斯的《英国戈斯福村的社会学》和《一个西方国家的村落：阿斯沃斯》两个报告对村落的研究等，都是农村社会学研究的经典之作。

二、马克思主义经典作家关于农村社会的论述

（一）马克思和恩格斯关于农村社会的论述

马克思、恩格斯运用辩证唯物主义和历史唯物主义的科学方法，以消灭阶级压迫与剥削、实现人的全面而自由发展作为人类社会发展的共同目标，通过对西方国家和东方国家特别是对英、法、德、美等西方国家的现代化（包括农业现代化）历程的考察，研究了资本主义社会的产生与发展规律。他们在揭示剩余价值规律与资本主义经济发展规律的同时，对农村社会的发展从农业、农村和农民三个方面进行了论述。

对于农业问题，马克思和恩格斯强调了农业的基础地位和作用，揭示了影响农业劳动生产率的因素，还考察了近代以来欧美国家的农业发展和农业现代化道路，同时对农业发展的未来社会主义前景做了展望。马克思和恩格斯首先强调了农业的基础地位和作用，指出"超过劳动者个人需要的农业劳动生产率，是全部社会的基础。"[①] 其具体体现在两个方面：其一，指出"食物生产是直接生产者的

---

① 《马克思恩格斯文集》第 7 卷，人民出版社 2009 年版，第 888 页。

生存和一切生产的首要的条件。"① "一切劳动首先并且最初是以占有和生产食物为目的的。"② 农业生产为人类生存提供了最基本的生活资料，在此基础上人类才能完成自身的再生产。其二，从剩余劳动和农业社会分工的角度强调农业对于工业发展的基础地位。马克思指出农业有了剩余劳动力，才从农业生产中分离出一部分劳动者，来从事非农生产活动。"社会上的一部分人用在农业上的全部劳动——必要劳动和剩余劳动——必须足以为整个社会，从而也为非农业劳动者生产必要的食物；也就是使从事农业的人和从事工业的人有实行这种巨大分工的可能，并且也使生产食物的农民和生产原料的农民有实行分工的可能。"③ 在此基础上，马克思和恩格斯进一步指出了影响农业劳动生产率的因素，具体包括劳动者的体能和技能等个人因素、土地的肥沃程度和气候等自然条件以及技术进步和生产资料的集中等社会条件的改进。马克思和恩格斯通过对英国和其他西方国家从农业社会向工业社会转型过程的实证分析，形成了工业化背景下农业发展和农业现代化的思想。他们认为，农业中商品经济的发展打破了传统自给自足的自然经济，在商品经济的背景下，农业生产的逻辑发生了转换，从为满足家庭消费转向为利润而进行生产，这导致了土地产权、资本和劳动力等生产要素的自由流动和集中，在英国，这种集中形成了农业企业家这个新阶级，他们将工业的生产逻辑应用到了农业领域，通过预付资本投资、技术改进和雇佣劳动等手段实现了对农业的企业化经营，通过提高劳动生产率追求利润的最大化。在马克思和恩格斯看来，农业中商品经济替代自然经济是一个巨大的历史进步，它促进了农业生产要素的自由流动和优化配置，促进了农业劳动生产率的提升和农产品产量的增长，某种程度上可以说农业现代化过程就是农业商品化过程。农业现代化的过程同时是一个排挤传统小农的过程：一方面，土地、资本等重要的农业生产要素逐步向农业企业主集中，农业生产逐步企业化；另一方面，丧失了土地的农民成了无产阶级，只能靠出卖自己的劳动力维生，马克思和恩格斯认为这是资本主义社会中农业发展的必然趋势。在此基础上，马克思和恩格斯认为在革命成功后的未来社会，土地资源将由国家所有，农业生产者通过合作社的形式实现劳动的自由联合，并将科学技术运用于大规模的农业生产上，实现社会主义的农业现代化。

关于农村问题，马克思和恩格斯分析了资本主义农业现代化过程中产生的城

① 《马克思恩格斯文集》第 7 卷，人民出版社 2009 年版，第 715 页。
② 《马克思恩格斯文集》第 7 卷，人民出版社 2009 年版，第 713 页。
③ 《马克思恩格斯文集》第 7 卷，人民出版社 2009 年版，第 716 页。

乡差别和工农业差别，探讨了这些差别产生的原因及缩小这些差别的途径。他们认为，在特定的历史阶段，社会分工和商品经济的发展使工商业劳动与农业劳动发生分离，这种变化相应地引起了城与乡的分离及城乡利益的对立。对于这种对立形成的原因，他们分析认为，由于工业化在城市里的工业部门率先展开，现代科学技术的应用极大地提高了劳动生产率，使得工业的收益比农业多，而商业的收益又比工业多。同时城市居民由于受到城市文明和工业文明的熏陶，其文明程度要高于农村居民。马克思和恩格斯在考察英、法、德、美等主要西方国家农业现代化历程时，发现城乡差别和工农差别在工业化和城市化过程中呈现出逐步缩小的趋势，他们预见性地提出，"把农业和工业结合起来，促使城乡对立逐步消灭。"① 他们进而指出了导致城乡差别和工农业差别缩小的一些基本因素，它们包括乡村工业化与劳动力的非农化、人口的自由迁移与全面流动、农村人口的城市化、地产的自由贸易和地产的集中、资本的自由竞争和自由转移促使城市工商业资本流向农村和农业、农村居民组织起来维护自己的利益、国家的帮助等。

对于农民问题，马克思和恩格斯的研究具体涉及农民阶级的内部分化和小农的贫困化，农民阶级与工人阶级及其政党的基本关系等问题。马克思和恩格斯指出，资产阶级革命把封建社会中的农奴和依附农从封建地主的控制下解放了出来，变成了拥有自己土地的小农；然而，工业化、城市化和市场经济的发展使得农民阶级内部开始发生较大的分化，在此过程中农民阶级发展的总趋势便是农场主阶级及其所雇佣的农业工人阶级或农业无产阶级逐步取代小农阶级而成为农业生产经营的主体；与此同时，小规模土地所有制和小农业也逐渐为地产的集中和大中农场的企业化经营所代替，从事农业生产的农民逐渐转变成为城市和工业的人口，而农民阶级则在这一现代化的过程中日渐趋于消亡或终结。恩格斯指出，"我们的小农，同过了时的生产方式的任何残余一样，在不可挽回地走向灭亡。他们是未来的无产者。"② 马克思和恩格斯认为，伴随着农业工人逐渐成为农民阶级的主体，工人阶级和农民阶级的根本利益将越来越一致，因而农民阶级是工人阶级最忠实的政治盟友。

（二）列宁关于农村社会的论述

列宁在继承马克思和恩格斯对农村社会的基本观点基础上，结合当时俄国的实际国情和革命实践，进一步发展了马克思和恩格斯的相关观点，使之更为完善，

---

① 《马克思恩格斯文集》第 2 卷，人民出版社 2009 年版，第 53 页。
② 《马克思恩格斯文集》第 4 卷，人民出版社 2009 年版，第 513 页。

也更符合俄国的实际。在农业问题上,列宁着重强调农业在国民经济中的基础地位和提高农业劳动生产率的重要性,并对资本主义农业发展和社会主义大农业发展进行了论述。他认为"农业是俄国国民经济的基础"①,一方面农业为工业发展供给粮食和原料,另一方面,农业也是吸收工业产品的重要市场,因此列宁认为,"一切政治问题就都集中到了一个方面,就是无论如何要提高农业生产率。农业生产率的提高必定带来工业情况的改善,因而也会改善对农民经济的供应——日用品和生产工具、机器的供应,没有这些,工农群众的生活就不可能有保障。"② 苏维埃政府成立后,列宁就提出了农业社会主义改造的方向与途径,即正确处理好工业与农业的关系,通过把小农联合起来,实现集体耕种制,在此基础上,发展农业机械,建设电气化大农庄,进而把集体农庄所有制发展为全民所有制。

在农村问题上,列宁也强调了城乡差别和工农业差别形成的原因及缩小这些差别的途径。列宁认为,导致城乡差别和工农业差别形成的原因有:一是工业和其他非农产业不像农业那样局限于土地,不可移动,工业中的土地只是作为地基和场地,可以在地域之间流动,享受经济上的规模效应和集聚效应。农业中的土地是作为生产工具而起作用的,具有不可移动性,因而决定了农业具有"地方的闭塞性和狭隘性"。③ 二是工业部门和原料加工业随着商品经济的发展逐渐脱离农业而独立,在这个过程中,农业人口逐渐向非农转移、城市迅速发展、新的大工业中心快速形成,等等,这些因素都导致工农差别。列宁指出,伴随资本主义的发展,农业不仅落后于商业和工业,且始终无法摆脱从属于它们并受它们剥削的命运,只是在晚近才被它们引上资本主义生产的途径。列宁认为,城乡分离、城乡对立、城市剥削乡村是"商业财富"比"土地财富"占优势的必然产物。因此,"如果城市必然使自己处于特权地位,使乡村处于从属的、不发达的、无助的、闭塞的状态,那么,只有农村居民流入城市,只有农业人口和非农业人口混合和融合起来,才能使农村居民摆脱孤立无援的地位。因此……正是农业人口和非农业人口的生活条件接近才创造了消灭城乡对立的条件。"④

农民问题不仅是列宁在革命前最优先考虑的中心问题,而且在革命后,特别是1921年实行新经济政策之后,被列宁视为建设社会主义路线的核心问题。列宁在农民问题上关注的主要是土地问题、对小农的社会主义改造、工农联盟等。

---

① 《列宁全集》第 14 卷,人民出版社 1988 年版,第 177 页。
② 《列宁全集》第 42 卷,人民出版社 1987 年版,第 284 页。
③ 《列宁全集》第 3 卷,人民出版社 1984 年版,第 282 页。
④ 《列宁全集》第 2 卷,人民出版社 1984 年版,第 196—197 页。

列宁认为，"土地问题是俄国资产阶级革命的根本问题，它决定了这场革命的民族特点。这个问题的实质，是农民为了消灭地主土地占有制，为了消灭俄国农业制度中以至俄国整个社会政治制度中的农奴制残余而进行斗争。"[①] "俄国革命只有作为农民土地革命才能获得胜利，而土地革命不实行土地国有化是不能全部完成其历史使命的。"[②] 在对小农的社会主义改造上，一方面，列宁强调要尊重小生产者的利益和经济特点，从小生产占优势的国家过渡到社会主义需要经过一系列中间环节，共耕制需要经过长期的努力才能达到；另一方面，他也强调共耕制提高劳动生产率和节约劳动的作用，提出共耕制能够克服小农生产的弊端，是农业发展的必然趋势。列宁也强调工农联盟的重要性，"农民只有同觉悟工人携手并进，才能获得土地和自由。"[③] 并且特别指出了争取中农的重要意义，他认为应该把中农同富农和资产阶级区分开来，努力帮助他们改善生产生活条件，以争取他们对苏维埃政权的支持。

三、农村社会学在中国的早期发展

20 世纪 20 年代初，农村社会学由美国传入中国。起初，中国的农村社会学研究和实践基本是简单地引进和模仿美国的农村社会学，直至 20 世纪 20 年代后半期到 40 年代末，中国的农村社会学界才开始了一系列本土化研究和实践运动，涌现了一大批立足中国本土经验的农村社会学研究者和实践者。

（一）职业社会学者的农村社会学贡献

职业社会学者主要指新中国成立前在当时的高等院校、科研机关专门从事社会学教学和研究工作的学者，例如我国老一辈的社会学家李景汉、杨开道、吴文藻、费孝通等。他们致力于中国本土农村社会的调查，编撰农村社会学的教材和专著、讲授农村社会学课程，为这一时期中国农村社会学的发展作出了重要贡献。

1. 李景汉在农村社会调查方面的突出贡献

李景汉（1895—1986），北京通州人，1917 年赴美留学，主修社会学及社会调查研究方法，先后获哥伦比亚大学学士学位、加利福尼亚大学硕士学位。1924 年，李景汉回国，并于 1926 年任中华教育文化基金委员会社会调查部主任。1926—1927 年，李景汉在燕京大学讲授社会学课程期间，指导学生对北平郊区的农村家

---

① 《列宁全集》第 16 卷，人民出版社 1988 年版，第 387—388 页。
② 《列宁全集》第 16 卷，人民出版社 1988 年版，第 392 页。
③ 《列宁全集》第 16 卷，人民出版社 1988 年版，第 212 页。

庭进行了详尽的调查，写成《北平郊外之乡村家庭》一书，并于 1929 年由商务印书馆出版发行。这是我国第一部对农村家庭进行系统调查的著作，也是李景汉社会调查之重点由城市向农村过渡、学理与应用并重的标志。

在李景汉主持和指导的调查研究中，定县调查也是最广为人知、影响最大的。1928 年，李景汉就任中华平民教育促进会（简称"平教会"）定县实验区社会调查部主任、河北省县政建设研究院调查部主任。定县调查，本是当时晏阳初先生组织的平教会在中国乡村推行平民教育运动的重要组成部分，是为平教会的实验做准备的。定县调查早在 1924 年便开始筹备，正式进行的时间达十年之久（1926 年至 1936 年），调查范围遍及定县全县农村，可以说是我国历史上第一个县级范围的大规模农村社会调查。调查过程中，李景汉将现代社会调查方法与传统乡土社会相结合，严格挑选和训练调查员以便调查工作顺利开展，并综合运用个案法、抽样法和普查法，调查了定县区域概况、全县 472 个村概况乃至各家各户的情况。在长期实地调查基础上，平教会定县实验区社会调研部整理收集了大量资料，最终公开发表的专著有《定县社会概况调查》《定县农村工业调查》《定县经济调查一部分报告书》《定县农民教育》等，而发表的相关论文无数。这一大批翔实的调查资料为研究我国农村社会提供了重要学术参考。其中由李景汉主编的《定县社会概况调查》一书是定县调查最重要的成果之一，其内容不仅包括定县的历史、地理、县政府组织、赋税、风俗习惯、宗教、娱乐、卫生、经济等各方面概况调查，更包括每村户口、文盲人数、学校现状、医药状况、土地分配情况、种地亩数、农产品种类、家庭手工业状况、家庭生活费等量化项目的调查，最终该书中包含的仅各类统计表格就有 314 张之多，几乎涵盖了定县农村经济社会生活的方方面面。

总体来说，李景汉是近代中国社会学本土化进程中堪称里程碑式的人物，他主持的农村社会调查为我们留下大量宝贵的数据与资料，在实地调查中将现代调查技术与传统乡村关系结合。除《定县社会概况调查》外，他的其他成果还包括《北平郊外之乡村家庭》《实地社会调查方法》和《北京郊区乡村家庭生活调查札记》等著作，以及《北京无产阶级的调查》《中国人的普通毛病》《中国社会调查运动》《北京人力车夫现状的调查》等论文及调查报告。

2. 杨开道在农村社会学教材编著与人才培养方面的突出贡献

杨开道（1899—1981），字导之，湖南新化人，1924 年毕业于南京高等师范学堂农科专业，同年留学美国，先后在艾奥瓦农工学院、密歇根农业大学攻读农业经济、农村社会学，曾师从美国著名的农村社会学家 H. B. 霍索思和 K. L. 巴特菲尔德，获社会学博士学位。1927 年回国后，历任大夏大学、复旦大学、中央大学农学院、燕京大学社会学系教授、华中农学院（现华中农业大学）筹备委员会主任。当时的燕京大学倡导理论教学和社会实践相结合，杨开道与许仕廉于 1928 年指导燕京大学社会学系学生在清河镇进行为期两年的社会调查。最终由许仕廉根据清河社会调查结果，完成调查报告《清河：一个社会学的分析》，并于 1930 年在清河镇建立实验区开展一系列对应的农村社会服务工作，如试办农村信用合作社、农业改良、开展防疫工作等。

杨开道对中国农村社会学学科发展贡献颇大。首先，他严格地依据学科规范撰写了农村社会学理论和研究方法方面的著作，为培养农村社会学专业人才提供了优秀教材。1929 年，杨开道应孙本文先生之邀，在其课程讲稿的基础上，为孙本文主编的"社会学丛书"整理出农村社会学教科书——《农村社会学》，次年 1 月又为"社会学丛书"写出我国第一部《社会研究法》。而在杨开道主编的"农村生活丛书" 14 种中，杨开道撰写了《农村社会》《农村组织》《农村生活》《农村问题》《农村政策》《农村自治》《农村领袖》《新村建设》和《农民运动》9 本书。其次，杨开道将美国的农村社会学学科引进中国，建立了农村社会学人才培养机制，亲自培养和影响了一大批在社会科学领域作出卓越贡献的学者和社会学工作者，如费孝通、瞿同祖。再次，杨开道在系统地引入西方农村社会学理论与方法的同时，进行了社会学本土化的工作，以扎实的研究成果融西方农村社会学理论与方法于中国传统农村社会问题之中，撰写了《中国乡约制度》《吕氏乡约的考证》《中国古代的农村自治》等著作，并进一步提出强调人民自主自责、建设农村地方社会组织、建立民治社会的农村建设思想。

3. 吴文藻开创的农村社区研究传统

吴文藻（1901—1985），江苏江阴人，1923 年留美，1925 年入哥伦比亚大学社会学系，1928 年获得博士学位，研究家族制度发展史、中国宗族制度、文化人类学等。1929 年回国任燕京大学社会学系教授，1935 年，任社会学系主任，1939 年创办云南大学社会学系，并任系主任和文学院院长。

吴文藻是中国社会学、人类学和民族学本土化、中国化的最早提倡者和积极实践者。吴文藻初回国时，中国的民族学和社会学基本上还处在模仿或照搬西方模式的状态，而吴文藻把西方社会人类学中功能学派的方法引入中国农村社会学，并结合中国国情大力提倡"社区研究"，写成了《功能派社会人类学的由来与现状》《现代社区实地研究的意义和功用》《中国社区研究的西洋影响与国内近状》《社区的意义与社区研究的近今趋势》等文。他指出，社区研究着眼于社会整体，着眼于社区各部分之间的联系，以一定范围的社区为对象，细致观察、了解社区生活的各个方面及它们之间的联系。为了推动社区研究，他除了自己撰写文章，1935 年还请功能学派创始人拉德克利夫·布朗来华讲学，安排其学生林耀华、李安宅、费孝通等人分赴各地进行实地调查，这些调查多是对村庄的经济、社会、组织、变迁的考察，这些对于乡村社区的研究在吴文藻看来就属于农村社会学的范畴。他的努力为中国社会"社区研究"范式的形成奠定了基础。

4. 费孝通在农村社会学本土化方面的突出贡献

费孝通（1910—2005），江苏吴江人，1928 年入东吴大学医学科，1930 年转入燕京大学社会学系学习，师从吴文藻，毕业后考入清华大学研究生班，师从俄籍教授史禄国学人类学。1936 年，留学于英国伦敦政治经济学院，师从著名的人类学家马林诺夫斯基。

费孝通早期的农村社会学贡献主要以他 1936 年在江苏吴江的农村调查、社区研究和 1948 年出版的《乡土中国》为代表。1936 年，费孝通赴英留学前在江苏吴江开弦弓村停留，他运用社会人类学的研究方法，系统地收集了该村不同住户的经济与社会生活的各方面数据和资料，同年底将收集到的第一手资料带到伦敦政治经济学院，在导师马林诺夫斯基的指导下，1938 年写成博士论文 *Peasant Life in China*，次年在英国出版，书名为《中国农民的生活》（中译本于 1986 年出版，书名为《江村经济》）。《江村经济》运用社区研究的方法，较为系统、全面地反映了民国时期我国江南农村的基本面貌，被誉为农村社会学的经典之作。该书被认为突破了西方人类学者"文野之分"和专攻异文化研究的局限，开辟了运用"社会人类学来研究自己熟悉的本民族"的新方向，在国外引起了广泛重视。1938 年，费孝通在云南昆明附近的禄丰县禄村进行调查后写成《禄村农田》一书；又和张之毅在易门县易村进行调查，由张之毅写成《易村手工业》；然后又到马帮云集的玉村，写成了《玉村商业和农业》。通过对上述云南三村的比较研究，费孝通于 1943 年应邀访美时在美国出版 *Earthbound China*，1988 年该书以《云南三村》为名出了中文版。

1948 年，费孝通根据自己的农村社会学教学讲义和多年的调查研究结果，出版了《乡土中国》和《乡土重建》两本书。在《乡土中国》中，费孝通对中国农村社会结构和由此产生的农村传统观念进行了理论概括，提出"乡土社会"的分析范式以及"差序格局"等重要概念，并用以说明中国传统社会形态和社会关系的特点。在《乡土重建》中，费孝通主张发展乡村工业改变农村落后面貌，医治农民贫困和促进农村各方面事业的发展。

此外，言心哲、冯和法、乔启明、杨懋春等老一辈社会学者对新中国成立前我国农村社会学的发展也功不可没。言心哲（1898—1984）的农村社会学著作颇丰，代表作有《农村社会学概论》（1934）、《中国农村人口问题之分析》（1935）和《农村社会学导言》（1937）等。冯和法的《农村社会学大纲》（1929）、乔启明的《中国农村社会经济学》（1945）亦是新中国成立前农村社会学研究的重要著作。杨懋春的《一个中国村庄》成为文化人类学必读书，《乡村社会学》《乡村社会学与农业发展》《社会化与生活礼节》《中国的社会结构》《中国农业社会的变迁与发展》等也是理解中国农村社会的重要参考书。

（二）乡村建设运动的农村社会学贡献

观点争鸣：关于"乡村建设运动"改良与革命的争论

20 世纪 20 年代末 30 年代初，中国广大农村社会经济出现了严重的衰退。当时以梁漱溟、晏阳初为首的一批知识分子，力求通过自己的探索和实验寻求拯救农村乃至整个中国的方法，在我国中东部广大地区展开了一场改良主义的"乡村建设运动"。社会学家杨懋春先生根据《申报》年鉴统计，仅 1925—1934 年全国各地兴办乡村建设、农村改造、民众教育、自治实验等计划共 63 处。[①] 至抗战全面爆发以前，全国各地所开展的乡村建设事业，比较重要的就多达 70 多处。[②] 其中，影响较大的有山东乡村建设研究院主办的邹平、菏泽乡村实验区和中华平民教育促进会主办的定县平民教育实验区等。

1. 梁漱溟的乡村建设理论与实践

梁漱溟（1893—1988），祖籍广西桂林，早年毕业于直隶政法学校，1917—1924 年任教于北京大学哲学系，1929 年任河南村治学院教务长，1931 年在山东省邹平县划定实验区并创办山东乡村建设研究院，此后主要从事乡村建设的理论研究和实践活动，新中国成立后历任第一至第四届全国政协委员和第五、六届全国政协常委。他的代表作品有《中国文化要义》《东西文化及其哲学》《中国民族自救运动之最后觉悟》《乡村建设理论》《印度哲学概论》《唯识述义》等。

梁漱溟的乡村建设理论和实践是有其文化哲学基础的。他在其著作《东西文

---

① 杨懋春：《近代中国农村社会之演变》，台湾巨流图书公司 1980 年版，第 107 页。
② 郑杭生、李迎生：《中国早期社会学中的乡村建设学派》，《社会科学战线》2000 年第 3 期。

化及其哲学》中，通过对中西方文化差异和文化路向的比较提出"中国文化早熟"一说，否认"全盘西化论"，主张以中国传统儒学为根本、吸收西方科学和民主等成果的社会改造道路。面对中国传统文化失调、传统社会组织结构崩溃的既成事实，梁漱溟认为，中国应走出既不同于西方的工业化、都市化之路，也不能走苏俄"统治经济"之路，而应走乡村建设之路，即"兴农业又引发工业之路"。他还认为，中国要建立新的社会组织、培养乡村的力量就要启发民智，知识分子与乡村村民合作，促进农民组织发育，这种组织在他看来就是中国传统"乡约"的补充改造。梁漱溟对北宋的"吕氏乡约"（主要职能有德业相劝、过失相规、礼俗相交和患难相恤）大为推崇，提倡建立一个伦理情谊化的同时又以人生向上为目标的组织。在他看来，实现农村复兴改造的方式不是推翻帝国主义、封建主义和官僚资本主义的统治而进行土地革命的"政治任务"，而是恢复"法制礼俗"和维持社会秩序的"社会任务"。

梁漱溟的乡村建设实践，最终选定山东省的邹平县实施其乡村建设实验计划是经历了一个过程的。1928年，梁漱溟应李济深之邀到广东出任广州政治分会建设委员会主席，开办乡村讲习所，主持广东乡治试验，但由于缺乏当局的支持而未办成。1929年，他又应朋友之邀赴河南辉县主持村治运动，创办村治学院和《村治月刊》，梁漱溟担任教务长和主编。1930年，韩复榘改任山东省政府主席后，邀请包括梁漱溟在内的河南村治学院一班人到山东搞乡村建设。1931年，梁漱溟等在山东邹平县建立乡村建设研究院。乡村建设研究院下设乡村建设研究部和乡村建设服务人员训练部，一方面进行乡村建设的理论研究，另一方面训练乡村服务人员以担任乡村中的实际工作；后又增设了乡村服务指导处、社会调查部、医院、图书馆等，还创办《乡村建设》刊物；设立乡村建设实验区。

山东乡村建设运动起初是仅以邹平县为实验区，1933年又划菏泽为实验县，1935年以菏泽为中心，增划济宁等13县为县政建设实验区。梁漱溟在邹平等地开展的乡村建设的主要内容有：一是建立乡农学校，在乡建立"乡学"，在村建立"村学"，乡农学校将学校和政权机构合为一体，以实现"政教合一"；二是建立"乡村自卫组织"，利用乡农学校举办"自卫训练班"，分批抽调壮丁，进行军事训练；三是建立农村合作社，把分散的小农组织起来，如在邹平曾设立信用、棉花运销、林业等多种类别的合作社。后因1937年"七七事变"爆发，日军占领山东，乡村建设运动被迫终止。

2. 晏阳初主持的"定县实验"

晏阳初（1890—1990），四川巴中人，1913年就读于香港圣保罗书院（香港大学前身），1916 年秋转至美国耶鲁大学，主修政治学与经济学，1920 年在普林斯顿大学获硕士学位，同年回国后在上海基督教青年全国协会教育部主持平民教育。1923 年在北京与陶行知、朱其慧、蔡元培等发起组织了中华平民教育促进会（简称"平教会"）并任总干事。1930—1940 年先后在定县、衡山、新都、华西等实验区开展平民教育工作，被誉为"世界平民教育运动之父"。

晏阳初的平民教育和乡村改造思想自成一个体系，其理论依据就是"愚贫弱私论"。以晏阳初为代表的平教会提出，中国农村的根本问题在于广大农村人口的"愚""贫""弱""私"。"愚"主要指农民缺乏文化知识，不能识字断句；"贫"是指农民生活水平低下，在生与死的夹缝中挣扎；"弱"则是指农民身体素质不高，不讲公共卫生，无法实现科学治疗；"私"则是指农民不能团结合作，缺乏公民道德与公民的训练。针对这四个根本缺点，平教会主张开展"四大教育"：文艺教育以救愚，生计教育发展生产力以救贫，卫生教育健民以救弱，公民教育培养团结力以救私。为推行平民教育，平教会提出家庭式、社会式、学校式三种教育方式和调查、研究、实验、表演、推行五个步骤。

平教会以定县为实验中心区，定县实验从 1930 年开始，起初制订了 10 年规划，即前三年完成文艺教育，次三年完成生计教育，后四年完成公民教育，而卫生教育又都贯穿各个时期中。1932 年又将计划改定为 6 年（1932 年 7 月—1938 年6 月）。期间，平教会计划从农民生活中发现问题，拟运用四大教育以求解决问题，他们在定县所开展的主要工作有：扫除农村青年文盲；推广农业生产技术；组织农村合作社；建立一整套医疗保健制度；开展乡村文化艺术活动；农民公民训练等。1937 年全国抗战爆发后，定县实验被迫终止，无法按照原计划继续推进并向全国推行。

总体来看，以梁漱溟、晏阳初为代表的乡村建设运动是一种社会改良主义运动，这一评判在学术界基本达成一致。乡村建设派与马克思主义者的观点不同，他们认为中国农村社会衰败的根本问题是人的问题，是文化的问题，对当时中国社会基本性质和问题判断出现了失误。他们仅仅依靠发动和教育农民进行自我组织的运动，没有从根本上改变当时中国封建社会的经济制度和政治制度，不可能解决土地问题这一农村社会的根本问题。而乡村建设运动从总体结果上看也是失败的，没有真正实现解决农村问题和振兴农村的目标，梁漱溟自己也曾坦承乡村建设运动"高谈社会改造而依附政府""号称乡村运动而乡村不动"。

但不可否认，乡村建设运动在具体实践层面上对当时农村社会产生了一定的影响。他们的工作在发展农村教育、培养农村人才、传授和推广农业技术、发展农村合作事业及其他公益事业、改革农村陋俗等方面取得了一定的成绩。更重要的是，他们关于乡村建设的思想理论和实践探索，引发了日后学界的争论，从而推动了中国社会学特别是农村社会学的发展。

第二节　新中国成立前中国共产党人的农村社会调查研究

一、毛泽东的农村社会调查研究

毛泽东是中国共产党从事农村调查研究的开拓者，在新中国成立以前深入农村开展调查研究的马克思主义者中也是最具代表性的。他根据自己长期的研究实践成果，全面系统地论述了农村调查研究的意义、目的、内容、原则、方法及作风，也为马克思主义中国化提供了有益的启示和指导。他的社会调查理论和思想是马克思主义思想宝库中的重要组成部分，同时也是中国农村社会学的重要成果。

（一）青年时期毛泽东的农村调查活动

毛泽东在青年时代就非常重视实地调查活动，他在《讲堂录》中说："闭门求学，其学无用。欲从天下国家万事万物而学之，则汗漫九垓。遍游四宇尚已。"[1]1917年夏，毛泽东就曾经以"游学"的方式，到长沙、宁乡、安化、益阳、沅江五个县的农村进行了为期一个多月的广泛的农村社会调查。1918年春夏，毛泽东与蔡和森一起，在洞庭湖边的浏阳、平江等县农村进行了半个多月的调查。这些早年经历为其日后养成的调查研究作风做了铺垫。

（二）大革命时期毛泽东的农村调查活动

大革命时期，建立之初的中国共产党将注意力主要集中在工人身上，但随着革命实践的不断深入，毛泽东逐渐认识到农民问题的重要性。1925年11月，他在《答少年中国学会改组委员会问》中已表示自己"研究社会科学，现在注重研究中国农民问题"[2]。同年12月，他在湖南当地农村调查研究的基础上写成《中国社会各阶级的分析》一文，指出"绝大部分半自耕农和贫农是农村中一个数量极大的群众。所谓农民问题，主要就是他们的问题"[3]；他还具体分析了半自耕农和贫农的三种不同的经济状况及其不同的革命性，反对党内外在农民问题上的错误思想。

---

[1]　中共中央文献研究室、中共湖南省委《毛泽东早期文稿》编辑组编：《毛泽东早期文稿》，湖南人民出版社2008年版，第530页。

[2]　《毛泽东文集》第1卷，人民出版社1993年版，第19页。

[3]　《毛泽东选集》第1卷，人民出版社1991年版，第6页。

1926 年 5 月，毛泽东在第六期广州农民运动讲习所亲自讲授 "中国农民问题" "海丰及东江农运状况" 等属于农村社会学内容的课程，并主编《农村问题丛刊》以总结推广国内外特别是广东农民运动的经验。同年 9 月，毛泽东为《农民问题丛刊》作了题为《国民革命与农民运动》的序言，指出 "农民问题乃国民革命的中心问题"①，并揭示当前研究农民问题材料之匮乏问题，号召多调查农村社会。毛泽东还亲自引导讲习所第六期学员研究各自的当地农村实际问题，在全国各地农村进行了各种农村社会调查，调查项目涉及地租率、田赋、工价、主佃关系、失业、贪官污吏、农村组织等方面多达 36 项的内容。

1927 年 1 月，为了答复党内外正在兴起的对于农民运动的责难，毛泽东在 32 天的时间里，步行 700 多公里，深入湖南省湘潭、湘乡、衡山、醴陵、长沙五县调查农民运动情况，于 3 月写成指导中国革命的重要著作——《湖南农民运动考察报告》。在这篇著作中，毛泽东充分肯定了农民在革命中的伟大作用，强调民主革命的中心问题是农民问题，科学地分析了农民中各个阶层在革命中的地位，认为贫农是革命的主要力量、是打倒封建势力的先锋，高度赞扬了正在兴起的农民运动，驳斥了党内外对农民运动的攻击，总结了大革命时期农民运动的经验，是马克思主义普遍原理与中国革命的具体情况相结合的重要文献。

（三）土地革命战争时期毛泽东的农村调查活动

土地革命战争期间，随着农村革命根据地的建立和土地革命的展开，毛泽东的农村社会调查研究也进入了一个新的阶段。1928 年春，毛泽东在井冈山地区的宁冈、永新两县完成调查研究，调查内容涉及当地农村地区的自然条件、经济、政治等情况；他认识到土地问题在农民问题中的重要性，必须制定符合广大农民利益的土地政策，方能动员农民积极参与民主革命。同年秋，毛泽东在已有调查研究基础上，结合革命根据地斗争经验连续写了《中国的红色政权为什么能够存在？》和《井冈山的斗争》两篇文章，分析了旧中国的经济政治特点，进一步强调中国客观国情和相应革命道路的特殊性。

1930 年 5 月，毛泽东针对共产党内马克思主义教条化、把共产国际指导神圣化的错误思想倾向，发表了《反对本本主义》一文。他在文中提出了 "没有调查，没有发言权" "调查就是解决问题"② 的著名论断，批判了脱离实际的唯心的阶级估量，并强调通过社会经济调查认清国情以指导革命工作。不仅如此，他还在文

---

① 《毛泽东文集》第 1 卷，人民出版社 1993 年版，第 37 页。
② 《毛泽东选集》第 1 卷，人民出版社 1991 年版，第 109—110 页。

中总结了实地调查研究的调查技术，包括调查对象的选取、调查内容的规划、调查时间、调查地点以及调查讨论会如何开展等问题。而毛泽东在1931年《总政治部关于调查人口和土地状况的通知》中对上述论断作补充，提出"不做正确的调查同样没有发言权"①，进一步强调了调查研究方法的重要性，要求运用符合阶级社会特征的阶级分析方法进行客观、深入、系统的调查研究。

1930—1933年，围绕土地革命和农村政权建设等问题，毛泽东先后在寻乌、兴国、东塘、长冈乡、才溪乡等地农村进行了一系列的调查，形成了许多资料翔实、思想深刻的调查报告。以寻乌调查为例，毛泽东在1930年写成的《寻乌调查》前言中提到，"寻乌调查是一九三〇年五月四军到寻乌时做的，正是陂头会议（二月七日四军前委与赣西特委的联席会议）之后，汀州会议（六月四军前委与闽西特委的联席会议）之前，关于中国的富农问题我还没有全般了解的时候，同时我对于商业状况是完全的门外汉，因此下大力来做这个调查。"② 正是出于自身对城镇的情况缺少了解，毛泽东决心组织为期二十多天的实地调查，深入集市、商店、作坊各个场所，寻找商人、小贩、手工业者、游民等当地各色人群谈话，考察盐、油、豆、酒、水货、理发、打铁等20多项商品和手艺行情，收集整理了十余万字的笔录材料；此外，他还借助当地群众工作基础开展调查会，自己亲自主持并记录。通过对寻乌的地理、经济、政治、各阶级的历史和现状进行全面系统而详细的考察分析，尤其是对城镇的商业和手工业状况及其历史发展过程和特点的调查，毛泽东懂得了城市商业情况，掌握了分配土地的各种情况，为制定正确对待城市贫民和商业资产阶级的政策，为确立土地分配中限制富农的"抽肥补瘦"的原则，提供了实际依据。

寻乌的土地斗争——毛泽东《寻乌调查》第五章

值得注意的是，毛泽东每到一处调查，不仅考察当地农村的现状，还调查当地农村的历史，以便厘清农村的今昔变化，了解革命运动对农村社会的影响。毛泽东于1933年10月写成《怎样分析农村阶级》一文，以极为凝练的语言阐明了划分农村阶级成分的标准，这与其长期运用阶级分析方法考察农村各个阶级构

---

① 《毛泽东文集》第1卷，人民出版社1993年版，第268页。
② 《毛泽东文集》第1卷，人民出版社1993年版，第118页。

成、特点及相互关系的调查方式是分不开的。通过这些调查和分析，毛泽东对中国社会各阶级的状况及革命运动的发展规律，对革命的对象、任务、性质、动力和前途等一系列基本问题，从理论上和现实上都有了新的认识；这些调查报告还系统地阐述了调查研究的意义、目的、态度以及方法等，标志着毛泽东调查研究理论的形成。

（四）抗日战争和解放战争时期毛泽东的农村调查活动

抗日战争时期，毛泽东对农村调查思想和调查方法进行了系统的总结，其调查研究理论走向成熟。1941年，毛泽东完成了《"农村调查"的序言和跋》《关于农村调查》等著作，对长期积累所得的调查研究的理论和方法进一步完善和系统化，并将社会调查提升到党风党性的高度来认知。在毛泽东的提倡和示范下，全党兴起了调查研究之风。1941年，中共中央作出了《关于调查研究的决定》和《关于实地调查研究的决定》，成立了研究院，并要求各解放区成立调查研究局。在党中央的号召下，各个解放区抗日根据地和陕甘宁边区开展了一系列农村调查，形成了《绥德、米脂土地问题的初步研究》《米脂县杨家沟调查》《固临调查》等许多调查研究报告。

二、其他中国共产党人的农村社会调查研究

（一）陈翰笙的农村社会调查研究

中国共产党人中积极开展农村社会调查的另一个重要代表人物是陈翰笙。20世纪二三十年代，陈翰笙在国民党统治区内利用合法身份（陈翰笙当时是中共秘密党员，在国民政府担任中央研究院社会科学所社会学组组长，在国民党统治区组织的农村调查主要是以他为首的"中国农村派"完成的），在长江、黄河和珠江三大流域组织了一系列的农村社会调查，调查从农村的生产关系入手，探索农村社会的性质及其发展方向等重大问题。这些农村调查是运用大规模社会调查方法解决中国革命实际问题的尝试，是将社会学的经验研究和理论概括紧密结合的一个范例，也构成了中共农村调查实践的重要组成部分，它有助于中国共产党认清中国农村的社会性质并正确制定党的土地革命政策。

1929年夏，陈翰笙、王寅生等人前往营口、大连、长春、哈尔滨、齐齐哈尔等东北地区进行难民调查，依据东省铁路经济局的调查材料和一些档案资料、报纸杂志上刊登的文章等，写出了《黑龙江流域的农民与地主》《难民的东北流亡》和《东北的难民与土地问题》三个调查报告。不久后，陈瀚笙率领王寅生、张锡昌、钱俊瑞等45人在江苏无锡进行了大规模的调查。他们选择典型地区的典型村

落，组织人员挨户普遍调查 22 个自然村庄的 1 204 户农家，调查内容包括当地农户和生产的基本情况，以及租佃、借贷、典当、捐税负担、商业买卖、生活消费、文化教育等多方面；随后还约请本地通讯调查员对本地 8 个农村市镇的工商业和 55 个自然村进行通信调查。调查结果指出，无锡当地农村田租、赋税、高利贷以及商业等方面对于农业经济的负面影响，陈翰笙在此基础上写成《亩的差异》。

1929 年 11 月底到 1930 年 5 月底，陈翰笙主持了中山文化教育馆和岭南大学合作举行的广东农村经济调查，考察梅县、潮州、惠县、中山等 16 个县的概况，详细调查了番禺县 10 个代表村的 1 209 户人家，同时对 50 个县中的 335 个村进行了通信调查，从耕地所有及使用和地主、农民的土地分配入手，研究农村的生产关系和社会关系，调查成果集大成于《广东的农村生产关系与农村生产力》一书。1930 年 5 月到 8 月，陈翰笙负责的社会学所与北平社会调查所合作，对河北省保定市清苑县进行了更大规模的调查，参加者 68 人，调查了 6 个农村市场、78 个村子和 11 个村中的 1 773 个农户。内容主要集中于劳动力、雇佣农业劳动、工资、畜养、住房及农舍、水井和水浇地、耕地占有与使用、交租形式、复种面积和受灾面积、各种农作物种植面积及收获量、副业收入所占比重、外出人口职业收入，以及全县和几个集镇的概况等方面。在这次调查中，最有特色的是制定了划分地主、富农、中农、贫农、雇农的标准。

1933—1935 年，陈翰笙负责社会学所与北平社会调查所合作，主持了对许昌、潍县、凤阳等英美烟草公司收购点的调查，历时两年，调查了 127 个村庄，并对 6 个典型村和 429 个家庭进行调查，出版《帝国主义与中国农民》（英文版），得出外国资本与地主、买办、高利贷资本结合剥削农民的结论。

陈翰笙有关农村社会学的研究成果还可见诸其他著作，如《封建社会的农村生产关系》《中国农村经济研究之发轫》《中国农民》等。

（二）张闻天的农村社会调查研究

除毛泽东和陈翰笙外，张闻天同样是 20 世纪上半叶中国马克思主义者进行农村社会调查的典范。1942 年，张闻天带领"延安农村调查团"开展了著名的"晋陕农村调查"，这是中共历史上继毛泽东湖南农民运动考察之后又一次重要的农村社会调查。

这次农村社会调查主要分三个阶段：第一阶段，从 1942 年 1 月在陕北神府贺家川村 8 个自然村（贺家川、贾家沟、孟家沟、阎家山、西山上、尚家庄、路家南洼和崔家饰村）开始，完成《贺家川八个自然村的调查》；第二阶段，4 月至 8 月在山西兴县二区 14 个自然村（黑峪口、碧村、中庄、任家湾、桑蛾、唐家吉、花园沟、赵家川口、西坪、高家村、高家沟、柳叶村、碾子村、冯家庄等村），完成《碧村调查》《兴县十四个自然村的土地问题研究》；第三阶段，9月至11月在陕北米脂杨家沟村，完成《杨家沟地主调查》，12月至翌年2月在米脂县城和绥德县西川村、双湖峪村调查，3月初回到延安。这次调查前后历时一年两个月，是此前共产党历史上时间最长的一次农村调查。

这次农村社会调查的区域是陕北与晋西北地区的农村，这些地区具有一些特征，即它们属于当时中国较为封闭、落后的区域，其农业生产基本还处于"靠天吃饭"的水平。整个晋陕调查关注的重点是当地农村的生产力与生产关系，其目的是试图通过实地调查来审视当时中国共产党在农村实行的经济政策，并在实地调查的基础上探讨如何进一步完善共产党的抗争政策。例如，神府县的调查主要是侧重农村的生产力发展状况，米脂县杨家沟的调查则重点关注地主经济的发展，绥德的调查偏重于工商业的发展，晋西北兴县的调查则主要关注当地农村土地问题等，正是通过这种以局部调查为基础来形成对整体了解的方式，最终在地方调查的基础上形成了对当时根据地区域社会经济基本图像的认知。

另外，张闻天的调查方法体系是在实践中不断丰富和发展的，他对整个调查过程设计和调查内容安排都非常细致：调查开始，亲自拟订调查提纲，设计表格，要求调查员分别深入各自然村挨家挨户进行详尽调查。在具体调查中，不仅采取了召开调查会、个别谈话与实地调查、问卷分析等形式，同时重视书面文献、材料的收集。就调查对象而言，此次调查的一个显著特点就是对晋陕根据地区域农村生产力和生产关系状况的系统性调查研究，即不仅调查了租佃关系、借贷关系和雇佣关系等当时农村的主要生产关系，而且从土地、人口、劳动力以及肥料、种子、资金等方面全面调查了组成生产力系统的各个要素状况，并对生产力各要素从生产到分配各个环节中的作用进行了系统的考察，通过对收集的这些一手资料的分析，提出了许多独到的甚至在今天看来依然十分正确的见解。这批异常重要且弥足珍贵的调查原始资料大部分都"健在"，其社会价值和学术价值为越来越多的人所认识或重视。

除了毛泽东、陈翰笙、张闻天等人之外，李大钊、彭湃、刘少奇、董必武等人也在农村开展了调查工作。如，李大钊利用探家的机会在农村进行了广泛的社会调查，并把自己的所见所闻以通信的形式寄给《甲寅》日刊发表；彭湃在海丰进行了农村调查并开展农民运动；刘少奇、董必武等人围绕土地改革大纲的制定，在农村也开展了调查工作。

综上，实践性是中国共产党人农村社会调查研究的核心特征。共产党人的农村社会调查自觉地运用马克思主义的立场和方法，通过实地调查来对中国农村的现实进行把握，将理论与实践很好地结合起来。其出发点是为了回应革命发展中的热点问题，因而能够跳出教条主义的束缚，准确地把握实践中的关键问题，促进了马克思主义的中国化。共产党人所开创的理论与实践相结合的传统对于我们自觉运用农村社会学的理论解决农村发展中的现实问题，并通过调查研究现实问题提升农村社会学理论具有十分重要的启示意义。

第三节　改革开放以后中国农村社会学的发展

一、农村社会学学科发展概述

新中国成立后，在 1952 年大学院系调整中，社会学被认为是资产阶级的学科体系而被取消，农村社会学的教学与研究随之停顿。1979 年 3 月，邓小平在《坚持四项基本原则》的重要讲话中指出社会学需要赶快补课，中断近 30 年的社会学得以恢复重建。农村社会学的教学与研究也相应地开展起来。

在学科建设方面，1983 年北京农业大学（即现在的中国农业大学）率先设立农村社会学选修课程；1986 年，华中农业大学建立了我国第一个农村社会学专业，陆续招收专科、本科和硕士研究生；1988 年，中国社会科学院成立了农村社会学研究室；1994 年在邯郸召开的"中国农村城市化研讨会"上，成立了中国社会学会农村社会学研究会。在教材编写方面，20 世纪 80 年代后期，李守经、唐忠新、周汝昌等学者就编著了较早的几部农村社会学教材；此后 20 年，王思斌、韩明谟、王立诚、程贵铭、吴怀连、袁亚愚、钟涨宝等学者编著相关教材，推动了农村社会学教学与研究的进程。

农村社会学的发展与不断变化的农村社会形势紧密切合，其研究触角始终紧跟社会发展的前沿，贴合实际，积极回应热点和难点问题，在为农村社会发展建言献策的同时，也有力带动了农村社会学自身的发展。从 20 世纪 80 年代费孝通引领的小城镇研究，到 90 年代对税费改革前"三农"问题的关注，再到 21 世纪以来对新农村建设的研究，农村社会学不断地用自己的知识成果为中国的现代化转型贡献了力量，同时也拓展了自身的研究领域，扩大了研究视野，提升了研究水平。

值得一提的是，相较于新中国成立以前，农村社会学并不是简单的恢复重建，而是有了重大的发展，无论在学生培养、课程设置、教材编写、科研队伍建设等方面，还是在研究方法的提升、研究深度的拓展等软件方面都取得了长足的进步。

作为一个学科，农村社会学也日渐规范化，成为社会学的一个重要分支。

二、农村社会学的主要研究成就

1979 年社会学恢复重建以来，农村社会学不断壮大研究队伍，不断深化研究理论，紧密联系中国社会实际以强化学科建设。农村社会学研究涉及农村社会的方方面面，既有宏观层面的考察，也有微观层面的探索，因此形成了一些具有中国特色的理论和方法，可以说中国社会学的本土研究发展正是始于对中国农村社会的研究。当前我国农村社会学顺应了改革开放和社会转型的历史进程与客观要求，目前其主要研究成就可大致分为四大主题：农村个体、群体与组织研究，非农化与城镇化研究，农村政策与制度研究和农村建设研究。

（一）农村个体、群体与组织研究

对农民个体的研究，主要探讨了农民的角色界定和社会化、个人的思想观念和生活方式的变化。关于农民角色的界定，学者们主要从三个方面进行界定：一是将农民视作一种"身份"，认为农民注重按传统的角色期望行事，力求使自己的行为符合传统社会的理想角色；二是从"职业"的角度认为"农民"就是直接从事农业生产的劳动者；三是提出农民由先赋身份到职业角色的转变趋势。农民的社会化主要是在家庭、家族等初级群体中进行，方式上大多是情感型；内容上大多以传统规范及农业生产技能为主；社会化水平较低。

对于农民思想观念和生活方式的变化，著名农村社会学者李守经总结指出，随着改革开放的深入，农民的思想观念与生活方式发生了重要变化，农民的传统道德观念、婚姻观念、生育观念、礼仪观念、时间观念、政治参与观点等思想观念正由传统向现代转变。农民的生活方式在物质、精神生活、交往方式、生活作风等方面总体上趋于城市化。

而对农村家庭和农村宗族关系的研究也是农村社会学的另一重要领域。关于农村家庭的变化，学者们主要研究了家庭规模、家庭结构及其变动趋势、家庭功能及其变化、家庭关系、家庭网络等方面，阐明了家庭小型化、成员关系变动等因素所引发家庭生产、抚养、赡养等功能变化之后果。对于现阶段农村宗族势力广泛复萌的现象，学者们普遍认为其原因是多方面的、复杂的，是历史和现实各种因素相互作用、相互影响的结果。同时，农村宗族组织具有两面性，既有其干扰地方行政等消极作用，也有加强社区凝聚力等积极作用，须全方位、多角度地加以研究和提出对策。

改革开放以来，中国农民分化明显加速，农民分化及社会分层问题也成为农村社会学研究的核心问题。学者们注重将农村社会结构分化置于中国急剧变迁的背景之下加以考察，总结了家庭联产承包责任制的推行及农村非农化、城镇化等对于农村社会分化的影响，揭示了农村社会结构的多元化趋势。其中以陆学艺为典型代表，研究农村社区内部的阶层分化和不同地区的农村之间的分化；陆学艺以职业、生产资料的占有形式以及经营形式作为分层标准，在他的文章《重新认识农民问题》中将当代中国农民分为八大阶层。但总体上农民各阶层分化尚未达到一个比较稳定、成熟的阶段；而相应的，20 世纪 90 年代中后期以后对农村社会分层及其群体的研究，从实证研究转型到实地研究和主观性研究，其主要从三个方面深入：农民分化的层级关系、农民的自述性分层和农村精英类型。

伴随着农村经济与社会结构的变化，农村社会组织发生分化与重组。学术界对农村组织分类、组织现状、组织关系、组织建设等方面进行了探讨。关于农村组织分类，从空间上把农村组织可以分为经济组织与公共组织两类，从性质和功能上把农村组织可以划分为政治组织、经济组织、群众团体组织、文化组织四类。

改革开放以来，我国农村基层政权组织建设出现了一些问题，其数量规模在缩减，其功能在削弱，学者们从农村基层制度、基层组织职能等各层面对此进行了原因探讨。除了农村基层组织之外，近年来农村中涌现出了诸如农民专业合作社、农业技术推广协会等经济组织和老人协会等群众团体组织，学者们主要围绕这些新型组织的社会基础、组织方式、治理结构、区域发展差异等方面进行了深入的研究，在这一过程中，研究方法和理论视角也逐步呈现多样化的趋势。就经济组织而言，目前各地农村已经出现"农民被组织"的情况，形式上的专业合作组织并未真正满足农民生产生活的需求；这也使得"如何组织农民进行现代化农业生产"这一问题成为学界长期关注的问题，涌现了大量的学术成果。而就社会组织而言，学者们认为我国农村在这方面总体上仍较薄弱，农民群体利益受损后缺乏有效的利益表达渠道。

农村组织间的关系决定了农村改革的方向，也是农村社会发展研究领域的重点。我国农村组织间的关系从整体上看是比较和谐的，但有学者发现在农村基层组织之间、村级与乡镇之间等利益主体间存在权力冲突。此外，学者分别对农村不同类型组织（如农村经济组织、农村基层组织、农村非政府组织）的建设路径提出了建议。

（二）非农化与城镇化研究

非农化与城镇化是我国经济体制改革进程中农村社会结构变迁的一个重大社会事实。这一长期的社会转型过程引发了农村社会学及其他学科学者的广泛关注。

学者们主要围绕对非农化与城镇化过程的历史与现状、原因、影响以及未来趋势等方面进行研究。

我国工业化与城镇化在新中国成立以来就有了一定的发展。早在 1978 年，陆学艺就注意到我国农业劳动力过剩的问题，并提出了推动劳动力向城市转移和发展社队企业的政策建议。近年以来，学者们对比改革开放前后不同经济体制下的非农化与城镇化进程，认为改革开放以来我国非农产业吸收农村劳动力的能力大幅提高，从时间顺序来看，劳动力的转移大体经历了两个阶段。20 世纪 80 年代到 90 年代初，由于乡镇企业的迅速发展带动了乡村工业化的进程，使得劳动力就地向非农产业的转移空间大大加强，此阶段的国家政策也侧重发展小城镇，因此，劳动力转移模式主要是"离土不离乡"的就地转移。而从 20 世纪 90 年代至今，由于乡镇企业的发展逐渐陷入停滞，其吸纳劳动力的能力也迅速下降。与此同时，城市经济发展的加速增加了对劳动力的需求，国家也努力促进城市化水平的提升，因此，此阶段的劳动力转移是"离土又离乡"的远距离转移。但由于学界对农村劳动力转移的界定不一致，农村劳动力转移的具体规模尚无具体统一的说法。而对于农村劳动力非农化转移的原因，一些研究认为既有城乡收入差异和地区发展不平衡等宏观因素，又有个人特征、家庭特征、输出地和输入地的特征、迁移成本以及制度因素等许多经济和非经济因素。

对于农村劳动力非农化转移的影响，一些学者们既注意到其在推动经济发展、优化城市产业结构与就业结构、提升农民人力资本、促进城市化等方面的积极作用，同时又揭示出大量的农村劳动力转移到城市带来的负面影响，比如对城市交通和基础设施的压力、犯罪问题等。另外，有学者注意到我国非农化与城镇化并非同步发展，城镇化进程相对滞后于非农化转移进程，而随之出现的农民工、留守妇女、留守儿童和流动儿童等新生群体，也引发学界的广泛关注，研究者针对非农化与城镇化进程中的特定社会群体展开了系列研究。

当前对于农民工群体的研究，主要是在城乡二元结构的分析框架下，从农民工群体的社会地位、城市适应性、分层、流动、制度安排、自我认同、社会保障等方面进行了广泛探讨。多数学者认为，在城乡二元社会结构下，农民工享受不到与城市居民同等的待遇，甚至自身的合法权益亦遭到侵犯，他们在城市社会中处在底层地位，是边缘群体和弱势群体。近年来，学界更是高度关注城乡一体化结构下农民工的分化问题和新生代农民工的市民化问题。

农村留守妇女是指丈夫长期进城务工、经商或从事其他生产经营活动，自己留居在农村的妇女。当前学者对留守妇女的研究主要包括：农村留守妇女的产生原因及影响、留守妇女的生存状况、婚姻状况、心理状况、子女教育及社会网络支持等方面。留守妇女的形成既有社会性别观念、现代化模式等宏观层面的因素，又有农民家庭的资源能力和价值观念等微观层面的因素。留守妇女面临着劳动强度和生理负担加重、心理健康受损、文化素质的提高受限制、发展机会减少以及对男性的依赖程度加重等困境。另外，有学者认为，留守妇女的普遍化导致了农业女性化，后者给农业与农村的发展带来了一定的消极影响。

留守儿童是指父母一方或双方外出务工，而自己留在农村生活的儿童。学者们主要从家庭环境视角和非社会性行为视角，来分析父母外出务工对留守儿童社会化过程的影响。所谓流动儿童，即指随农民工父母进城的儿童。学界重点关注了他们的教育问题，对流动儿童教育的现状及存在问题、流动人口子女就学问题产生的根本原因、流动人口子女教育问题的解决办法进行了探讨和分析。

非农化和城市化进程的加快推进了农村社会的快速变迁，导致农村的经济、社会与政治结构均发生了分化：农村社会内的利益格局日趋多元，同时由于农民的受教育程度提升及中央政策的透明化，农民的权利意识日益觉醒，这促使农村社会中开始出现以自主治理为主要特征的社会团体。伴随这种变迁过程的发生，农民群体内部也开始逐渐发生分化，原来同质性的以农业生产为生计手段的群体逐渐分化为纯农业劳动者、亦农亦工者、乡村干部、知识分子、个体户、雇工、私营企业家等多种身份构成的复杂的社会群体。这种分化导致农民的收入差距进一步拉大、分化与阶层边界固定化，而推动农民分化并导致上述问题产生的原因除了非农化和城市化等外在因素，还包括农村内部的资源分配（特别是土地资源的分配）。

（三）农村政策与制度研究

农村政策与制度研究向来是我国农村社会学研究乃至其他学科农村研究的重点之一。在国家政策推进和农村改革深入的同时，农村社会出现的许多问题引起了广大学者的关注，例如农民负担问题、土地问题、基层廉政建设问题、社会治安问题、计划生育问题、文化教育事业建设问题、贫困及社会保障问题。社会学恢复重建以来，农村社会学界主要对农民负担问题、农村土地问题、农村社会保障等问题进行了广泛研究。

农民负担问题自 20 世纪 80 年代起至取消农业税收之前，一直是农村社会学研究的焦点问题。学者们主要对农民负担问题的形成原因和解决策略进行了深入探讨和分析。对于农民负担过重产生的原因，学者常常从政府的角度进行分析，认为政府的一些行为不规范，缺乏制度约束，客观上加重了农民负担。此外，农民法制意识不够强、权益维护能力较弱等个体性因素也是造成农民负担过重的重要原因。农民负担过重，不但影响了农民生产的积极性和农民生活质量的提高，而且也直接影响到农业的发展和农村的稳定。对于如何减轻农民负担，主要的研究建议有：从地方政府角度，主张要从根本上控制"需求"，加强机构改革力度，精兵简政，规范政府行为；从国家政策角度，主张走出城乡分治"一国两策"的困境，改变现行国民收入分配政策，破除二元社会结构，推进农村民主化进程，实行乡镇财政民主制；从农民个体角度，应增强农民法律意识和权益维护能力。

随着农村改革进程的推进，农村土地问题愈来愈成为全局性、根本性的社会问题。学术界早在20世纪80年代中后期就有比较深入的专题研究。2000年以来，随着工业化和城镇化进程的加快，土地流转问题成为学界关注的焦点。学者们就土地流转的形式、特点、效果、动因、存在问题、限制因素等进行了广泛的调查与深入的分析。目前土地流转存在的主要问题有：行政干预过度、侵害农民利益以及土地流转市场的无序运作等。在农地流转的动因研究中，众多研究者主要从非农就业、国家法律和政策、农户自身禀赋及特征等角度对农村土地流转进行了实证分析。在农地流转的限制因素中，研究者主要从非农就业限制、土地调整及中介服务组织缺乏三个方面对农地流转进行了研究。关于农地流转对农业产出的影响，不同学者根据不同的调查样本数据得出不同的结论，目前还没有统一的观点。

20世纪80年代，农村社会保障的研究范围比较狭窄，主要关注农村养老问题。至20世纪90年代中期，研究范围从点扩展到面，部分学者对农村的社会保障进行了系统研究。此后，随着城乡之间发展差距的日趋扩大以及农民职业阶层的变化，关于农村社会保障的研究日趋丰富。不少学者在对我国农村社会保障历史和现状进行了研究和分析后，认为农村的社会保障与城镇相比，总水平和人均水平都很低，仍处于落后状态，具体表现为保障制度残缺不全、保障水平偏低、覆盖面窄、运行模式单一、资金严重短缺且管理混乱、社会化程度低、区域发展不平衡、缺乏法制保障等。"城乡二元经济结构"以及由此产生的"城乡二元社会保障结构"是建立与完善农村社会保障体系的主要障碍。此外，传统的保障方式对农民思想的束缚、农户对参保缴费顾虑较多、理论研究滞后于实践要求等都是农村社会保障落后的原因。针对如何构建农村社会保障体系，学术界在理论和实践方面的研究齐头并进，主要围绕以下议题研究：经济因素对构建农村社会保障体系的影响、政府在社会保障体系中的定位和责任问题、构建农村社会保障体系目标的可行性等。

此外，农村社会学界在社会学恢复重建以来予以较多关注的其他社会问题还有农村妇女问题、公共医疗问题、农村社会治安问题、文化教育事业问题、贫困问题、农村生态问题以及 2000 年以来日益凸显的农村公共物品问题和移民问题等，这些正在成为农村社会学研究的新关注点。

（四）农村建设研究

乡村建设一直是农村社会学的重要研究内容。新中国成立以前，梁漱溟、晏阳初、吴文藻、费孝通等一批社会学家在乡村建设的理论研究和实践探索上做出了突出贡献。2005 年，中央十六届五中全会提出"建设社会主义新农村"战略之后，社会学界对乡村建设的研究进入了一个新阶段。学者们主要围绕乡村经济建设、乡村政治建设、乡村文化建设进行了广泛深入的研究。

改革开放以来，学者们对乡村经济建设的研究内容主要是家庭联产承包责任制、乡村工业、小城镇发展、城乡一体化等。大多数学者阐述了家庭联产承包责任制的积极作用。从 20 世纪 80 年代中期开始，家庭联产承包责任制在其发展中出现后劲不足的问题，引起了学界对其产生的原因的探讨。对于乡村工业，较多学者肯定其对乡村建设的作用，认为乡村工业是农村社区发展的动力，如果农村还停留于自给自足的农业生产，没有任何包括农副产品加工及交换在内的工商业，那么农村就没有实现从传统到现代的转变。城镇化是改革开放三十多年来中国社会结构变迁的重要内容。费孝通早在 1983 年发表的《小城镇，大问题》中就指出了研究这一问题的重要性。多数学者认为，城镇化应该以人为本，其关键在于实现人的城镇化，而且城镇化的推进应该和工业化、信息化和农业现代化的发展相协调，同步推进。在此基础上，研究者提出了有别于单纯的工业发展和城镇建设的"新型城镇化"。对于未来中国城镇化的道路，主要有大城市论、小城市论、中等城市论、大城市与小城市齐头并进论及多元城市化五种观点。虽然在具体的城镇化道路选择上有各种不同意见，但存在着基本的共识，即城镇化是社会发展的必然趋势，要走有中国特色的城镇化道路。

在乡村政治建设的研究中，学者们讨论较多的问题是农村自治和基层政权建设，特别是 20 世纪 90 年代以来，村民选举迈向法制化轨道，乡村政治和基层政权建设成为学术界研究的一大热点。学术界普遍肯定村民自治的积极作用，但村民自治的民主形式在乡村社会的生长十分艰难，受制于乡村社会自身的运行逻辑，农村基层政权中的旧体制惯性亦是其发展的障碍。因此在乡村建设中，需创造条件，破除障碍，完善村民自治制度，实现农村政治生活从传统向现代的转变。此外，在乡村基层政权建设领域，一些学者进行了大量的富有成果的理论与实证研究，有对村庄社会政治现象的考察，有对乡村民主现状的调查，有对村级治理类型、区域差异、村庄社会关联、权力结构等内容的探讨。随着税费改革的实施，困扰中国社会稳定与发展的三农问题在一定程度上得到了缓解。此后，国家进一步推动了社会主义新农村建设，以期能推动农村社会的发展。有研究者认为，三农问题是所有发展中国家都无法回避的问题，要解决中国的三农问题，短期和激进的手段都无法取得理想的效果，必须立足于现行基本制度，走长期的、改良的、新农村建设的道路。在取消农业税后，乡村社会的治理发生了重大的变化，大部分村集体因为"村提留"的取消而丧失了重要的经济收入来源，更多地依靠于上级政府的转移支付来维持自身的组织运转，其权力一定程度上被弱化了，这进一步影响到了其治理能力和治理绩效，学者们对取消农业税后农村社会发生的变化及其对乡村治理的影响以及乡村治理的转型进行了研究和分析。

乡村文化反映出农民文化素质、价值观、交往方式、生活方式等深层心理结构，乡村文化内在制约着乡村的发展，文化建设在乡村建设中具有重要意义。社会学恢复重建以来，学者们对当代中国农村文化建设的意义、特点和规律、建设目标、任务与内容、战略与对策等均有所论及。目前我国乡村文化建设比较滞后，具体表现有乡村文化落后于农村的经济发展，落后于农民的精神文化需求，在地缘结构上相对封闭，并有明显的群体差异等特点。乡村文化滞后主要是投入不足、体制不顺、技术环境变化、社会结构转型等因素综合作用的结果。学界普遍认为乡村文化建设的主旨在于重建文明健康的农民公共文化生活、积极培育农民之间的新集体主义意识和互助合作精神以及增强乡村社区内聚力等。

总之，改革开放以来的农村社会学研究涉及农村社会的方方面面，尤其是抓住了农村社会从传统向现代转型时期出现的一系列突出问题，如基层自治、农民负担、留守群体等，这些问题直击"三农"问题的要害，并提出了有益的对策建议，引起了广泛的社会关注，从而使农村社会学迈上一个新的台阶。

三、农村社会学发展趋势

改革开放三十多年来，中国的经济和社会发展取得了举世瞩目的成就，与此同时，农村社会也发生了巨大的变迁，进入了城乡融合发展的关键节点。农村社会学的发展，一方面必须适应转型时期不断变化的形势，面对发展过程中出现的新情况和新问题，不断拓展研究的触角和领域，不断丰富农村社会学的知识宝库，并为农村社会的发展提供智力支持；另一方面，经过三十多年的积累，农村社会学的研究领域基本上已经覆盖了农村社会的方方面面，在应用研究的基础上，亟须发展出中国自己本土化的农村社会学理论。

（一）政策导向和问题导向

首先，中国农村研究具有非常强的现实针对性，通常受到当前国家政策导向的影响。党中央提出的诸如"社会主义新农村""新型农业经营主体"等概念，影响着其之后的农村研究思路和关注点。就今后发展趋势而言，政策导向式研究依然会是农村社会学研究乃至农村研究中的一大特点。然而，国家出台的诸多政策（例如土地政策）通常是宏观的，以之为导向的应用型学术研究则需结合各地农村的实际发展情况。因此，从中微观视角考察特定区域农村经济与社会的经验研究也是契合当前农村研究发展之需要。

其次，中国农村研究大多数是"问题导向"的研究，这些研究致力于发现、解释和解决农村问题。而当前社会主义新农村建设过程中出现的新情况、新问题，则必将引导出一些新的研究领域，例如农村社区、农村人力资源开发、新型农业经营主体、农村金融、农产品期货、工商资本下乡、土地流转、城乡融合发展等领域。这些新时期的新现象、新问题，客观上要求广大农村研究者须更为及时、深入地考察和分析，去检验原有的理论或创新理论，再用理论指导实践。

（二）本土化的理论创新

农村社会学为农村社会发展服务的能力很大程度上取决于自身的理论基础是否厚实，作为社会学的一个分支，农村社会学也面临着发展中国本土社会学理论的任务，这是中国农村研究持久健康发展的必然要求。理论的提出需要经历一个反复磨炼到成型的过程，需要建立在对现象充分把握和深入探讨的基础上，需要前期研究成果的积累和研究能力的提升。经过三十多年的发展，农村社会学经历了从无到有、从小到大、从点到面、从粗到细的发展过程，研究触角基本上已经触及农村社会的各个角落，在此基础上形成了大量有价值的研究成果。一方面，这些成果为本土化理论的发展奠定了坚实的基础，另一方面，也需要中观或宏观层面的理论对既有研究成果进行整合和提升，以充分发掘其中的理论内涵。可见，农村社会学的发展呼唤本土化的理论创新，同时也为其准备了必要条件，理论创新与理论发展是农村社会学发展的必然要求。

小　结

作为社会学重要分支学科的农村社会学产生于 19 世纪末 20 世纪初的美国，

马克思、恩格斯和列宁等马列主义经典作家有许多关于农村社会的精辟论述。20世纪 20 年代初，农村社会学由美国传入中国，其在新中国成立前的发展大致可以分为三个方面：职业社会学者的农村社会学研究、"乡村建设运动"以及马克思主义者的农村社会调查。改革开放以来，农村社会学恢复重建并不断发展壮大，学科体系逐步走向成熟和完善。

思考题

1. 试述农村社会学产生的背景。
2. 简述马克思、恩格斯及列宁对于农村社会的论述。
3. 简述新中国成立前吴文藻、费孝通的农村社会学研究。
4. 分述梁漱溟和晏阳初的乡村建设理论并对其评价。
5. 简述新中国成立前共产党人所进行的农村社会调查及其成果。
6. 简述社会学恢复重建以来农村社会学的研究成果。

思考题要点

第二章 农 民

农民是农村社会的主体，是农村社会的构成成员，考察和研究农民对认识和理解农村社会有着重要意义。因此，农民理当成为农村社会学的核心领域，而且农村社会学对农民的考察具有与其他学科所不同的角度。本章将在农村社会学的框架中探讨与农民相关的一些基本问题。

名词解释

第一节 农民的内涵

农民是指生活在农村社区且从事农业生产活动的社会成员。"农民"的概念对我们一般人来说并不陌生，我们通常用这一概念笼统地指称某一类群体。譬如，目前社会上流行的"农民工"称呼，其中"农民"就是用来笼统地指称那些与当地城市居民所不同的一类社会群体。虽然农民作为一种社会事实是客观存在的，但在社会意识中，特别是在学术史中，人们则赋予农民概念以非常丰富的内涵和外延。

一、作为职业的农民

无论从历史上还是从现实角度看，农民都是一种职业。《汉书·食货志》记载："士、农、工、商，四民有业。"其中"农"就是指农民，农民是四大职业之一。《现代汉语词典》将"农民"界定为"在农村从事农业生产的劳动者"。由此看来，农民就是以农业为职业的农村居民。

（一）传统农民

在前工业社会，操持农民这一职业的主要是"播殖耕稼者"，即依靠耕种土地为人们提供食物的劳动者。前工业社会的农民职业可以说是传统农民（peasantry），传统农民主要有这样一些基本特征：

1. 传统农民的生产以家庭生计为第一目的，也就是自给自足的生产

在传统社会，农民职业是自生性的，而非人们的选择。依托于土地的农村居民为了生存，他们自然而然地会利用身边的自然资源去播殖耕稼，而且代代相传，绵绵不断。传统农民操持农业，首先就是为了满足自己的生存与生活需要，即为家庭成员直接提供食物。民以食为天，食物的自给自足是传统农业的首要目的。生活在一定生态环境中的人，要生存下去，首先必须适应这一环境，农民职业正是人们在适应生态环境过程中自然形成的，而不是社会分工的产物。因此，传统农民是生存形态和职业形态的统一：一方面，农民是多数人的存在方式；另一方面，多数人又以农民为业。

2. 传统农民是以家庭方式来组织农业生产的，家庭经营是其职业经营方式

传统社会的农民，其职业与家庭有着密切的关系，职业是嵌入于家庭关系之中的，即在家庭生活过程中发展其职业。由于传统农业生产是以家庭为单位来组织进行的，其规模通常是有限的，因而农民的职业范围也就相对较小。正是在这个意义上，人们把传统农民又称为"小农"（peasant）。"小农"的特征不仅表现为经营小规模的农业，而且也具有个体性和分散性。小农的职业活动依托于个体家庭，而且以个体家庭的生存为首要目的。在这种情况下，小农生产相对来说是较为独立自主的，因而每个家庭的生产活动也就较为分散。尽管小农家庭之间会有密切的社会关联，如相互守望的情感联系，以及建立在亲属关系基础上的道义联系等，但是，他们进行农业生产的基本目的主要是满足各自家庭的生活需要。

3. 传统农民主要依靠土地、人力和畜力等传统生产要素来进行农业生产

生产要素是指生产赖以进行以及构成生产产出的基本元素。传统农民所从事的生产主要是农业耕作，在这一生产过程中，土地、劳动力和畜力是维续生产的最基本条件，同时生产水平也主要取决于这三个要素。第一，土地是农耕生产的前提条件，所以人们通常把土地比作农民的"命根子"，费孝通用"乡土社会"概念来概括农民所生活的社会空间，可见土地与传统农民之间的关系是非常特殊的，乡村社会中的多种现象或问题，似乎都或多或少与土地的占有、使用存在各种各样的联系。[①] 第二，作为农耕生产的主体，农民在生产过程中主要依靠自身的体力劳动来获取生活资料。尽管农民也会通过不断改善农业耕作的技艺来提高产量，如精耕细作是传统农民的常用方法，但由于传统农业受到土地、气候以及作物生产自然周期等自然条件的限制，农民更多地还是需要依靠增加人力的投入来提高

[①]　费孝通：《乡土中国　生育制度》，北京大学出版社 1998 年版，第 7 页。

产量。所以在中国传统乡村社会，农民总期望"人丁兴旺"，这也就是希望通过家庭劳动力的增长来扩大再生产；此外，传统农民有"勤劳致富"的品质，实际就是要尽可能地增加劳动投入来促进生产产量的提高。第三，畜力可以说是传统农耕生产中最为重要的生产工具。畜力的使用代表了传统农业的生产力水平，即依靠生物能量的生产工具水平，因为农耕生产中所使用的牲畜属于依靠生物喂养而转化为动物能量的运用。很显然，畜力使用依然对自然条件的依赖程度较大，而且也是自然能量的一种转换，因而其生产力水平虽高于刀耕火种的农业，但仍然是非常有限的。

4. 传统农民职业是相对封闭和稳定的

封闭性和稳定性是传统农民的显著特征。由于传统农业生产基本以家户为单位，而且农业生产依存于土地，所以农民职业主要是家庭人口再生产过程的一部分，而不属于开放的职业市场。尽管乡村因土地占有的不均而存在雇工现象，如地主雇用的长工和短工，但农民职业的范围依然局限在土地占有的范围之内。也就是说，传统农民并不是在开放的劳动力市场去寻找农业生产机会，而是在较为封闭的社会空间即村落社会从事农业生产。

传统农民职业的稳定性是相对于现代社会职业的流动性而言的，传统农民的生产生活是稳定的，主要是指他们的社会流动性较低。传统农民职业流动较低主要表现在三个方面：一是代际职业流动性较低。代际职业流动是指下一代从上一代职业中流出的现象，也就是子辈与父辈之间所从事职业的差异性。在传统乡土社会里，农民通常是祖祖辈辈都从事着农耕生产，出现代际职业流动的现象非常少。二是生平流动率较低。传统农民在其一生当中，基本上都是以农耕生产为其职业，农业也就是他们终其一生的职业，而很少有职业流动的现象。三是空间流动性较小。就社会空间而言，传统农民主要在自己所居住的村落里从事农业生产，而很少有空间的移动，除非有重大事件的发生迫使其"背井离乡"，如战争、自然灾害等因素，才是导致传统乡村人口迁移的重要原因。

（二）现代农民

在现代社会，随着农业走向现代化，农民也将逐步走向现代化，现代农民主要指农场或公司的农业生产劳动者。传统农民与现代农民是一对理想型概念，两者虽皆以农业生产为职业，都从事着农业生产，但两者却有本质上的差别。作为一种职业，现代农民具有与传统农民不同的特征：

1. 现代农民是在现代农业组织中的劳动生产者

现代农民大多是在现代农场包括家庭农场等现代组织里从事农业生产，因而现代农民与传统农民不同，他们已经不是小农家庭的成员，而是成为农业组织中的劳动生产者，即现代农业组织中的成员。

2. 现代农民的农业劳动已走向职业化

所谓职业化，就是农业劳动开始与土地拥有相分离或部分分离，而成为一种专门的职业劳动。传统农民的农业生产通常是在自家土地或承包地上进行的，所以农业劳动与土地拥有是统一而未分离。当农民开始为农场或公司进行农业劳动时，他们的农业生产活动已经从土地占有关系中分离出来，成为专门职业化的劳动。

3. 现代农民的劳动报酬形式趋于工资化

在传统小农家庭生产中，农民农业劳动的回报是以实物或生活资料的形式为主，其本质是自给自足的生产与生活方式，即农民通过农业生产，来满足自己及家庭成员社会生活所需的物质资料。而在现代农业组织里劳动的现代农民，他们所获得的是工资或货币报酬，即他们的农业劳动是以货币形式来衡量和支付的。

4. 现代农民的职业具有市场化和高流动性的特征

作为一种专门的职业，农业劳动的机会将主要由市场提供。随着农产品生产和供给的专门化、组织化和市场化，对农业劳动力的市场需求自然就会产生，由此也就形成现代农业劳动力的职业市场。那些从事农产品生产的农场或企业组织会雇用专门从事农业劳动的现代农民，同时劳动者也可以选择进入这些农场组织从事现代农业职业，成为现代农民。

目前，在发达的工业化国家（如美国），农业生产已基本公司化或组织化，所以从事农业劳动的人也就基本为现代农民或农场工人，他们与企业工人一样都属体力劳动者阶层，所不同的就是他们主要从事农产品的生产。

从传统农民到现代农民的转变，并不仅仅是农民自身的文化水平、观念或素质的改变，而是生产方式、经营体制和社会职业结构的变迁。如果没有公司化、组织化和市场化的农业生产，也就不会有现代农民职业的产生。

二、作为身份的农民

（一）农民阶级

在马克思主义理论中，农民是指社会中的一种自在阶级（self-being class）。所谓自在阶级，是指客观存在的一种社会群体，他们有着共同的社会特征、社会地位、利益诉求和历史命运，但是他们还没有意识到自己归属于一个阶级，即阶级意识尚未形成，因而也就是那种没有组织起来的阶级。恩格斯在论述德国农民战争时指出："处于所有这些阶级（平民反对派除外）之下的，就是这个民族中遭受剥削的广大群众——农民。压在农民头上的是社会的各个阶层：诸侯、官吏、贵族、僧侣、城市贵族和市民。"① "农民对这种可怕的压迫恨得咬牙切齿，可是要让他们举行起义却很困难。他们散居各地，要取得任何共同协议都无比困难。"② 由此可见，农民虽是一个阶级，但他们却没有意识到自己阶级的存在；他们有着相同的社会地位及遭遇，却难以有意识地组织起来，为改变自己的命运而采取共同行动。马克思主义经典作家根据当时欧洲农民的现实状况，从阶级共同体和阶级意识两个维度赋予农民以自在阶级而非自为阶级（self-for class）的界定和判断。

就中国农民阶级而言，毛泽东曾运用阶级分析法将 20 世纪 20 年代的农民分为三个不同阶级：小资产阶级、半无产阶级和无产阶级。自耕农③或中农所经营的是"小生产的经济"，属于小资产阶级，"这一个阶级，在人数上，在阶级性上，都值得大大注意。"绝大部分半自耕农和贫农属于半无产阶级，他们是"农村中一个数量极大的群众。所谓农民问题，主要就是他们的问题。半自耕农、贫农和小手工业者所经营的，都是更细小的小生产的经济。" "所谓农村无产阶级，是指长工、月工、零工等雇农而言。此等雇农不仅无土地，无农具，又无丝毫资金，只得营工度日。其劳动时间之长，工资之少，待遇之薄，职业之不安定，超过其他工人。"④

在毛泽东的阶级分析中，农民并非为单一的阶级共同体，而是可以划分为不同的社会阶级。也就是说，尽管农民都是从事农业劳动的群体，但是他们的阶级地位亦存在差别。决定阶级地位差别的关键因素就是他们拥有的生产资料状况，也就是占有土地、生产工具和资金的状况。不同的农民阶级，不仅仅意味着他们在社会中的地位有着高低之别，而且也意味着他们的革命性或革命热情有高低之分。贫农和雇农属于半无产阶级和无产阶级，阶级地位最低，受压迫和受剥削最深，所以革命性倾向最为强烈。

马克思主义理论赋予农民概念的阶级内涵，概括起来主要包括：首先，农民阶级是一个受剥削、受压迫的阶级；其次，农民阶级主要由半自耕农、贫农和雇农构成；最后，农民阶级身处社会底层，分散且无组织。

---

① 《马克思恩格斯文集》第 2 卷，人民出版社 2009 年版，第 231 页。

② 《马克思恩格斯文集》第 2 卷，人民出版社 2009 年版，第 232 页。

③ 自耕农是以小块土地私有制为基础，以单个家庭为经济单位，从事耕织相结合的个体农业劳动的农户。

④ 《毛泽东选集》第 1 卷，人民出版社 1991 年版，第 5—9 页。

农民阶级的界定与划分，从认识论的角度看，就是揭示阶级剥削和阶级压迫的不平等社会关系及社会结构；从世界观的角度看，就是要唤醒农民的阶级意识，为改变自己所遭遇的不平等而采取革命行动。正如恩格斯指出："唤起这个阶级并吸引它参加运动，是德国工人运动首要的最迫切的任务。"① 所以，农民阶级理论代表了明显的实践或行动取向，即这一理论是为了动员和组织农民参与革命实践而创立和发展的。

（二）农民身份

现实社会中，农民这个概念不仅有职业的内涵，而且也代表着一种社会身份。"农民"何以成为一种身份呢？农民的身份化与特定的历史背景有着密切关系。

理解"农民"概念的身份意义，需要了解和认识在中国特定历史发展阶段中的身份制。从20世纪50年代初到90年代初，中国在推行计划经济体制的过程中，实际上也在运用和实施着一种身份制。所谓身份制，就是将个人的身份划分以及把身份作为资源配置标准制度化。如郑杭生所指出的那样，当代中国社会存在着明显的身份制，"全体社会成员根据制度化的规则，被划分为不同的与职业和其他社会角色相联系的社会地位群体"。② 在那一时期，影响显著的身份制主要有三种：一是阶级身份制；二是阶层身份制；三是户籍身份制。

阶级身份制用来标识个人的家庭出身身份，主要有"地主、富农、贫下中农"等家庭出身成分，这种划分带有政治的意义，通常用于分配与政治密切相关的资源之中，如参军、提干、接受高等教育等。

阶层身份制是根据人们的职业而划定的社会地位身份，主要有干部、工人和农民三种层级身份，"农民"的身份意义与这一身份制有着密切的联系。在这一阶层身份制中，干部、工人和农民三种身份既有职业身份的差别，也有阶层地位的边界。因为个人如要实现从农民向工人，或从工人向干部的社会流动，就必须满足一些身份转换的制度规制条件。如以往的"转干""以工代干"等现象，就反映了身份在计划经济时代，不仅是一种职业和社会地位的象征，而且也已成为制度化的阶层边界，同时也是社会资源和利益分配的重要依据。

户籍身份制是在社会管理中推行和运用的一项基本制度。所谓户籍身份制，顾名思义就是将个人户籍身份的界定与划分，以及把户籍身份作为资源配置和社会管理的重要依据加以制度化。在户籍身份制中，最明显的身份划分就是农业户

① 《马克思恩格斯文集》第2卷，人民出版社2009年版，第211页。
② 郑杭生等：《当代中国社会结构和社会关系研究》，首都师范大学出版社1997年版，第49页。

口与城镇户口（或"非农业户口"）。实际上，户籍身份中还包含"户口辖地"和"户口单元"等区分。户籍身份制不仅把一些重要资源和利益的分配与户口身份紧密挂钩，而且对户籍身份的转换实行严格的控制，如个人要实现"农转非"、户口迁移等户籍身份转变，必须满足非常严格的权威机关规定的各种条件和要求，比如"农转非"指标、落户"门槛"。

改革开放后，"农民"一词在中国语境下的身份意义与户籍身份制关系非常密切。如"农民工"概念的出现和广泛使用，实际上隐含着两层社会意义：一是反映旧的身份制依然在社会生活中发挥作用。"农民工"笼统地指从农村进入城市工作的群体，他们当中只有一部分属于从事农业生产的农民在农闲季节的兼业者，而有一部分人则属于农村向非农业转移的劳动力，但无论是兼业者还是职业转移者，他们由于户籍身份依然属于农业户口或农村户口，因而只能在城市体制外兼业或从业，属于体制外就业者。从这一现象中，我们可以看到身份制依然在起作用。

二是蕴含了身份制的社会建构机制。某种意义上说，"农民工"一词本身就蕴含了人们对"农民"身份的再建构。那些从农村进入城市劳动工作的人群虽然冲破了体制的束缚，他们做着与城市居民或工人相同的工作，但人们还是出自不同的目的将他们贴上"农民"的身份，尽量将这一群体区分开来。这种社会区分既有来自制度规制的作用，也有社会建构力量在其中所发挥的建构作用。所谓建构作用，就是社会成员在社会互动实践中，有意识或无意识地将某种东西变成重要的社会价值标准或认同边界。

在当下中国，"农民"身份的再建构现象，可以从社会边界（social closure）理论的角度去加以理解。社会边界理论认为，现实社会中通常有多种社会认同边界，这些边界起着区分"内群体"和"外群体"的功能，那些被划定为外群体的人，往往就是社会排斥的对象，因为人们并未认同和接受其为内群体成员。目前，"农民工"一词虽然被普遍接受，而且其所指的群体也为人们所知，但是不容忽视的事实是，这一名词则包含了农民的身份化以及农民身份边界的社会建构。

此外，农民身份的建构和使用现象，还可从社会歧视（social prejudice）理论的视角去理解。我们需要理解的问题是，人们为何要建构出"农民"的身份认同边界呢？也就是说，为什么要用"农民"去"修饰"一个群体呢？在社会歧视理论看来，社会中人们之所以要设置一些边界，并运用这些边界将目标群体突出出来，一个重要原因就是对目标群体的社会歧视。例如当种族、民族、性别等身份标识和差别被刻意突出出来时，就容易形成种族歧视、民族歧视和性别歧视的倾向。

三、当前中国农民

当前的中国农民处于何种发展状态呢？他们在现代社会又表现出哪些显著的特点呢？理解当前中国农民的社会现实，依然是理解和认识中国社会不可或缺的视角。当前中国社会依然具有农民中国的特征，但当前中国农民在快速的社会转型过程中亦发生了巨大的分化与发展。

（一）农民中国

"农民中国"一词是美国学者李丹用来概括和总结西方学者对中国及东南亚传统农业和农民研究中的理论观点，其中包括斯科特的道义经济论、施坚雅的区域与市场体系论、技术突破论、农民战争论以及黄宗智的小农过密化论。国内也有学者在经验研究基础之上，用农民中国概念概括当前中国农民的现状及向后乡土社会转型过程中的问题。

农民中国理论的一个基本观点是：农民依然是当代中国社会的主体构成，因而农民的发展问题依然是中国发展的主要任务之一，同时农民发展也在较大程度上影响和决定着中国的发展。到2011年，中国的城镇人口开始超过农村人口，即便在城镇化速度加快的背景下，农民的发展问题仍是绕不过去的、必须面对和妥善解决的问题。

那么，当前中国农民发展现状如何呢？农民发展所面临的主要问题是什么呢？首先，关于当前中国农民的发展过程及现状，我们可以通过对农民人均纯收入的考察去加以认识（见图2-1）。改革开放前的1978年，农民的人均纯收入仅为133.6元，而在改革开放30年后的2008年，农民人均纯收入达到了4 760.6元，是1978年的近36倍。到2017年，农民人均纯收入为13 432元，比上年增长8.6%。[①] 就收入水平而言，当前中国农民得到了较快发展，且达到相对理想的状态。

至于农民发展中的主要问题，其实不是一成不变的。在不同的历史发展阶段，农民发展所面临的问题是不同的。在农村改革之前，最突出的农民问题是生计问题，即"温饱问题"。作为食物生产者的农民，却有大批农民面临着温饱都难以保障的问题。农民温饱问题的产生有自然因素与科技不发达的影响，也有"左"倾

---

① 国家统计局：《中国统计年鉴—2017》，国家统计局官方网站。

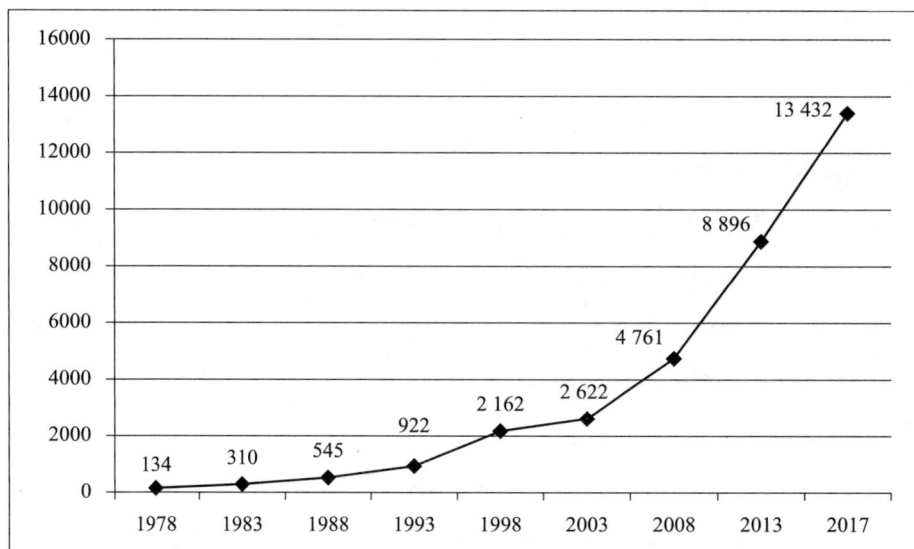

图 2-1　农村居民家庭人均纯收入情况（单位：元）

不合理政策决策的影响。

中国农村推行"分田到户"的家庭联产承包责任制改革之后，到 20 世纪 80 年代中期，绝大多数农民的温饱问题基本解决，农民面临的主要问题演化为农民的负担问题，也就是如何减轻农民的税费负担、促进农民增收的问题。农民负担问题主要是由不合理财税政策造成的，由于农村公共基础设施建设和公共管理的支出基本落在农民自己的肩上，在农产品价格较低、农业生产盈利极低的情况下，农民除了要交纳农业税之外，还需向基层政府和组织交纳"三提五统"费，这些税费无疑加重了农民的负担，影响到农民的增收。直到 2006 年，为推进新农村建设，中央取消了所有向农民征收的税费，农民的负担问题由此得以解决。

进入新时代，随着中国社会的主要矛盾转变为人民日益增长的美好生活需要和不平衡不充分的发展之间的矛盾。因而，新时代农民所面临的主要问题也发生了相应的转变。农民的不平衡不充分问题将突出表现为劳动力转移与社会融入问题，实际也就是农民今后将何去何从的问题。改革开放以来，越来越多的农民开始向外流动寻找非农就业机会，每年已有 2 亿多农民工在流动。一些新生代农民工已经不再从事农业生产，而且未来发展的现实趋势就是要减少农民规模。然而，现有的城乡二元体制和计划体制的残留却制约和影响着农民的再发展与社会融入，导致大量流动的农民处于双二元的困境之中，农民的发展面临着较大的不确定性。

（二）农民的分化

经历社会主义改造以及改革开放的中国农民，已经发生且正在持续发生巨大的分化。农民分化意味着农民群体内的异质性增强。农民不仅在物质生产和生活水平方面出现了较大差别，而且在观念方面也出现了差异。

首先，农民在对自己目前的生活感受方面，心态趋于积极乐观，多数农民具有幸福感，仅有近11%的农民感受到生活不幸福（见表2-1）。幸福感虽是人们的一种笼统感受，但对农民幸福感的总体考察，也能反映出农民生活的基本状态。近69%的农民具有幸福感，表明大多数农民对自己的生活境况和发展状况是比较满意的。农民之所以感到自己的生活是幸福的，那是因为他们生活的整体情况可能是比较理想的。

表 2-1　中国农民的幸福感

	频数	百分比（%）	累积百分比（%）
很不幸福	43	1.58	1.58
比较不幸福	255	9.40	10.98
居中	553	20.38	31.36
比较幸福	1 416	52.17	83.53
非常幸福	447	16.47	100.0
总计	2 714	100.00	

数据来源：2012年"千人百村"调查①

其次，中国农民的社会地位也随着社会转型而发生分化。广义的农民群体是一个庞大而复杂的群体，不仅仅指以从事农业生产为稳定职业的阶层群体，还包括那些生活在农村家庭的其他人口。在一般社会分层理论中，通常按照职业地位把农民划分为社会底层。那么，当今中国农民是怎样看待自己的社会阶层地位的呢？从调查结果来看，近40%的农民认为自己的阶层地位属于中层，近30%的农民认为自己属于中下层，只有22.5%的农民才认为自己属于社会的底层。

农民的分化可以说是社会转型与乡村变迁的结果，在乡村物质条件、社会结构和生产方式发生变迁的情况下，作为乡村社会主体的农民自然也会发生相应变化。

（三）新型农民

既然中国农民未来仍将在一定规模维续着，那么，现代化背景下的农民会有

---

① 此调查为2012年中国人民大学实施的农村抽样调查，样本由东、中、西部各抽3个省10个村共90个村样本，还有中国10大名村作为自代表样本，共100个村，每村选取30个访谈对象，最终获得2 714个有效样本。

怎样的变化和发展呢？目前，学界和决策层针对现代社会发展的要求，倡导和主张要培养现代农民或新型农民。2006 年，中央农村工作会议确立把推进新农村建设作为新时期农村发展的战略性任务，提出要培育"有文化、懂技术、会经营"的新型农民。

关于"新型农民"这一概念，主要是指掌握了现代科学技术且具有现代观念的优秀农民，培育这种新型农民是新农村建设的关键所在。由此看来，新型农民并非为社会事实，不是农民群体中的新类型，而是一种设想。人们设想通过对农村主体——农民的改造，使他们的素质和精神面貌得以提高和改观，从而转型为新型农民；农民的面貌更新了，农村自然也就能建设成新农村。所以，新型农民是新农村建设的核心维度。

然而就目前农民的现状而言，与新型农民的标准相距甚远。从农民受教育情况看，大多数的农民受教育水平在初中以下，表明农民的整体素质依然很低。基于这一现实，要让所有农民在未来都转变为新型农民，依然任重道远。

随着社会现代化，现代农业将有较大的发展空间。但是需要澄清的事实是，发展现代农业并不是依靠农民，而是要靠拥有较雄厚资金和先进农业技术的产业组织。对于小农家庭来说，最多是掌握某些现代农业技术，并运用到生产之中。此外，发展现代农业与家庭农业的维续并不是相互排斥的，而可能是相互补充，因而现代农业并不必然取代所有小农生产。

尽管不可能让所有农民都转变为现代农民或新型农民，然而向农民教育增加投资则是迫切的，而且也是非常重要的。农村和农民的教育问题可以说一直是制约农民发展的重要因素，但这一问题到目前为止似乎仍未得到妥善的解决。因此，在推进新农村建设过程中，政府和农民家庭都应增加对农民教育的投入，以此来增加农民的人力资本，为农民增收和发展创造基本条件。

（四）农民会终结吗

关于工业化、现代化趋势下小农的发展走向问题，孟德拉斯（Henri Mendras）根据欧洲社会发展经验，提出了"农民的终结"命题，认为随着现代化的不断推进，传统农民及其生产方式都将走向终结。[1] 农民终结预言主要基于这样几个理由：一是现代生产方式由于具有更高效率，从而将取代效率较低的传统农业生产方式；二是伴随现代化的城镇化将取代传统乡村；三是现代化将促进农民的现代化。

针对农民终结论，有学者提出中国农民在相当长时期内不会终结的预测，认

---

[1] ［法］孟德拉斯：《农民的终结》，李培林译，中国社会科学出版社 1991 年版，第 1 页。

为"孟德拉斯关于'农民的终结'虽主要指向小农生产，但在中国，这一预言在相当长的时期内也不会实现。即便工业化及现代农业会不断发展，那也只会改变农村的经济结构，而不足以让农民及其家庭农业走向终结。因为中国的乡村是多样的，并不是所有的村庄都适宜现代农业，农民及其家庭农业在部分村庄依然有着天然的优势"。[①]

在相当长时期内，中国农民将依然存续，这并不仅仅指从事农业生产的劳动者将会存在，同时也是指农民及其家庭农业生产方式依然会维续。农民及其家庭农业的维续主要有这样几个基本条件：第一，农民及其家庭农业的存在与发展是与一定的生态环境相联系的，当他们在一定时期内还生存和生活在这样的环境之中，那么小农家庭及其生产方式就有维续的基础。第二，农民及其家庭农业有着自身的再生产机制，即便在现代化的大趋势下，小农家庭仍会在相当长时期内以一定的规模再生产着。第三，工业化和城镇化无论以何种速度推进，都无法完全吞噬所有的乡村和农民及其家庭农业，尤其是对于有着悠久传统和人口规模巨大的中国农民来说，他们的生活境遇会在现代化过程中发生着这样或那样的变化，但不会在短期内走向终结。

第二节　农民的生产与生活

格尔兹曾提出了界定农民的三个标准：经济标准、政治标准和文化标准。其中经济标准是指农民与货币及市场之间的关系。农民虽然常被定义为以从事农业生产为中心、产品主要是自给自足的自然经济体系中的成员，但农民在一定程度上也会介入货币和市场。在格尔兹看来，衡量农民的政治标准是，这一群体或集团在社会政治系统中处于从属地位，受到有权阶级的统治和管理，并需要把自己一部分收入交给这些阶级。格尔兹认为，农民的含义还包括文化方面的意义，农民的文化是传统文化的一部分。界定农民的三个标准，实际上概括了农民在经济生产、社会地位和文化观念三个方面的特征。

一、农民的生产方式

生产活动是一切社会活动的基础，农民的生产方式指的就是农民进行生产活

[①] 陆益龙：《村庄会终结吗？——城镇化与中国村庄的现状及未来》，《学习与探索》2013年第10期。

动的基本方式，主要包括生产活动的基本内容、形式和关系，它是农村社会关系的基础。因而对农民生产方式的考察是理解农民和农村社会的重要视角，考察农民的生产方式及其变迁，可以重点从农业生产、小农经营、家庭农业和现代农场等几个方面切入。

（一）农业生产

农业生产是人类劳动干预、控制生物自然再生产的过程。广义的农业包括农、林、牧、副、渔，所以农民实际包括种植业农民、牧民、渔民。

农民所从事的农业生产，无论是农耕种植，还是捕鱼、放牧，其共同特点就是为社会生产和供给食物。"民以食为天"，所以农民的生产活动在社会中具有基础性的地位，农民在社会中扮演着重要的角色。

农业生产是农民劳动生产的基本活动。古典经济学认为，农民属于"耕作者、农业家和农村劳动者阶级，……他们给以生产者阶级这一光荣称号"。[1] 也就是说，农民的农业生产主要依靠自己的劳动，他们的劳动主要为体力劳动，因而农民是体力劳动者。

农民的农业生产一般具有双重目的，一是自给；二是作为商品出售。农民劳动产品一部分用于满足自己的生活，另一部分会成为收入的来源。即便在自给自足的小农生产中，也不能完全排除农民会将剩余产品在市场上出售或交换。如今，随着农业生产率的提高，农民的农业生产剩余产品增长，将剩余产品作为商品出售已较为普遍。在这个意义上，农民农业生产的性质也主要是商品生产。

农业生产的内容结构与农民所生存和生活的生态环境有着密切的关系。民间"靠山吃山，靠水吃水"的说法反映的就是农业生产会在较大程度上受制于自然生态条件。所以，农业生产究竟以农耕种植为主，还是以牧业或渔业为主，则取决于区域的自然生态条件。我国有着悠久而灿烂的农业文明，在广袤的中华大地上，土地肥沃，水系发达，由此形成和积淀了辉煌的农耕文化，农耕种植业一直在农业生产中占主导地位。在青藏高原、内蒙古和新疆等部分地区有广阔的草原，农业生产以牧业为主。在沿海地区，也有大量的渔村，渔业则是这里农民的主业。从人口规模角度看，我国绝大多数农民都从事着农耕种植业的农业生产。种植业农民担负着满足"衣食住行"基本生活需要中的"衣食"功能，虽然现代化工纤维可取代部分植物纤维，但农民种植的棉花、麻以及种桑养蚕等为工业生产提供

---

[1] ［英］亚当·斯密：《国民财富的性质和原因的研究（下）》，郭大力等译，商务印书馆2011年版，第236页。

原材料的功能依然重要，种植业农民也是粮油和蔬菜的生产者。

农民从事的农业生产结构，通常不会是单一的。农民在经营一种主业的情况下，为了生活和增加收入，也会兼营其他副业。例如，种植业的农民较多以种植粮食为主，但同时也会种植各种经济作物，以及外出打工经商；牧民和渔民出于生活需要，往往需要兼营商业，或要兼营种植业。

农民从事农业生产的收益率和收入水平目前依然受多种复杂因素的制约，其中农户的资源禀赋会在较大程度上影响农业生产的收益。所谓农户的资源禀赋，是指农户拥有的土地、劳动力、资本、技术的状况及特征。目前在我国农村地区，人均耕地规模和农户资金积累的有限性在很大程度上制约着农民通过扩大农业生产规模来增加收入。此外，农产品的市场需求弹性较低，也制约着农民通过农业生产途径来增收的效率。农产品市场需求弹性是指一段时期内市场对某种农产品的需求变动幅度，变动幅度越大，意味着弹性越大，幅度越小，弹性越小。像粮油产品，由于人们的食物需求基本上是稳定的，所以市场需求弹性很低，即便农民生产产量增长，但收益的增长可能并不一定乐观。鉴于农民农业生产的收益特征，政府为鼓励和稳定农民的粮食生产，一般都需要对农业（特别是种植业）进行补贴。

（二）小农经营

小农经营是农民农业生产经营的一种形式，尤指传统的农业生产经营方式。农民在农业生产过程中，通常以家庭为单位进行着小规模的、独立的生产经营活动。小农经营方式最突出的特点就是生产规模较小，另一个重要特征就是以家庭为生产经营单位，因而生产与家庭生活是合为一体的。

作为一种生产经营方式，小农经营主要由以下几个要素构成：第一，以家庭为单位占有和使用农业生产资料；第二，农业生产劳动是由家庭组织和管理的；第三，生产经营的成果在家庭生活过程中自然分配；第四，生产经营过程中分工与合作依托于家庭内的亲密关系。

传统的小农经营方式，在今天看来其生产效率并非是最理想的，但在传统农业社会里，这一经营方式的存在是与生产力水平相一致的。在以人力和畜力为主的农业生产中，生产规模的扩大受到了很大限制，家庭小规模的生产经营其实是较为理想的选择。

小农经营之所以在传统农业社会中广泛存在，还因为这一经营方式有着一些重要的社会功能：首先是具有家庭成员生计安全保障功能。在传统农业社会，小农经营不仅承担着经济生产的功能，而且担负着社会保障功能，小农家庭把保障成员的生计安全作为一种道义责任，而且也作为首要目的。正因如此，斯科特将小农经济称为"道义经济"，即遵从"安全第一"原则的经济。其次是具有社会再生产的维续功能。小农经营以家庭为单位，在家庭内进行。家庭是社会的细胞，社会的再生产和延续离不开家庭再生产。一方面，家庭是人的再生产的载体；另一方面，家庭又是社会基本单位和基本关系再生产的载体。小农经营为家庭延续再生产奠定了经济基础，从而也维续了社会再生产。最后是具有经济与社会的整合功能。在生产力水平有限的情况下，依靠家庭组织的小农经济活动，能够充分利用家庭劳动力的分工合作，达到精耕细作，提高生产效率，从而使有限的土地资源配置实现优化。更为重要的是，在小农经营过程中，家庭的经济生产与家庭的社会生活得以有机统一起来：一方面，小农家庭的内部关系在生产经营过程中得以协调和延续；另一方面，小农家庭之间的社会关系也会在经济活动中得以建立和维持。因此，小农经营方式在传统乡村社会实际发挥着整合社会关系的功能。

根据马克思主义生产力决定生产关系的原理，小农经营就是传统农业生产的产物。与相对较低的农业生产力水平相适应的生产方式也只能是小规模的家庭生产。伴随着农业生产力水平的提高，变革小农经营方式也会显得较为重要。但是，变革农业生产经营方式，必须真正符合提高农业生产力水平的要求。

（三）家庭农业

家庭农业是指依靠家庭劳动力、以家庭为基本经营组织的农业生产经营方式。作为当前中国农业的主导生产方式，家庭农业可以说是传统小农经营的继承和发展，家庭农业与小农经营之间既有联系又有区别，家庭农业与小农经营的共同之处主要体现在两个方面：一是农业生产经营以家庭为单位；二是农业生产依靠家庭劳动力。

然而，家庭农业并不等同于小农经营，两者之间的区别主要表现为：（1）小农经营以土地私有制为基础，而当前我国的家庭农业则建立在土地集体所有制基础之上；（2）小农生产的主要目的是自给自足，而家庭农业则以商品生产为主要目的，农民生产出农产品主要作为商品出售以获得收入；（3）小农经营受拥有土地和生产力水平制约，生产规模一般很小，家庭农业则可以通过承包、转包和租赁，以及追加投入等方式，扩大家庭农业生产的规模，所以家庭农业有规模大的，也有规模小的。

目前，我国的家庭农业也是相对于集体农业经营体制而言的。从 1952 年起，我国开始了农业社会主义改造，通过鼓励农民进行互助合作、成立农业合作社、人民公社，逐步确立起农业集体经营体制。农业集体经营体制实行"三级所有、队为基础”的生产经营方式，三级就是公社、生产大队和生产小队，生产小队是组织生产活动的基本单位，小队给农民的生产劳动计工分，实行按工分计酬的收入分配方式。

1978 年，安徽省小岗村农民私下分田到户，实行“大包干”，由此开启了农村改革。到 20 世纪 80 年代初，家庭联产承包责任制改革逐渐在全国农村广泛推行，农业经济得以迅速恢复健康发展，农村的温饱问题很快得以解决。此后，家庭农业作为我国农业基本经营体制得到了实践的检验，并确立了主导的地位。

家庭农场是家庭农业的一种形式，这一农业生产方式在欧洲较为常见。家庭农场有三个重要特点：一是为市场而生产，即家庭农场瞄准市场需求来安排生产经营；二是以家庭劳动力为主要劳动力，农场的生产活动主要来自于家庭；三是广泛运用现代农业生产技术，从事混合型的生产经营。农场里一般既有种植，又有养殖，既生产又经销。

目前，家庭农场在我国一些地区也逐步兴起，一些种植或养殖大户逐渐从家庭农业向家庭农场发展过渡。农户与农场所不同的是，家庭农场的成立需要在相关部门登记注册，以取得合法化的有组织的生产经营。

（四）现代农场

现代农场是现代农业的基本生产经营方式，这一生产经营方式主要由以下几个要素构成：（1）生产经营组织。现代农场属于具有合法经营资质的企业组织，有法人代表和法定经营范围。（2）生产经营资本。作为一种现代企业组织，资本投入是组织生产的前提和基础，农场在取得经营资格时就需要有注册资金，生产经营过程也需要有流动资金。（3）雇佣劳动。现代农场采用雇用劳动力的方式来组织农业生产，在农场里从事农业生产的劳动力，实际相当于农场工人，农场以工资形式向他们支付劳动报酬。（4）现代农业技术和工业生产产品的使用。作为现代农业组织，现代农场从事着现代化的农业生产。在生产过程中，农场广泛应用现代农业科学技术，并使用现代化的生产工具，从而使农业生产效率大幅提高。

现代农场的兴起是农业现代化的集中体现。目前，现代农场在美国已经非常普遍，成为美国农业的主导生产经营方式。

目前，我国现代农业的发展水平依然有限。为了加快发展现代农业，转变经济发展方式，全面建设小康社会，2016 年，国务院印发了《全国农业现代化规划（2016—2020 年）》，该文件提出到 2020 年，全国农业现代化取得明显进展，国家粮食安全得到有效保障，农产品供给体系质量和效率显著提高，农业国际竞争力进一步增强，农民生活达到全面小康水平，美丽宜居乡村建设迈上新台阶。东部沿海发达地区、大城市郊区、国有垦区和国家现代农业示范区基本实现农业现代化。以高标准农田为基础、以粮食生产功能区和重要农产品生产保护区为支撑的产能保障格局基本建立；粮经饲统筹、农林牧渔结合、种养加一体、一二三产业融合的现代农业产业体系基本构建；农业灌溉用水总量基本稳定，化肥、农药使用量零增长，畜禽粪便、农作物秸秆、农膜资源化利用目标基本实现。

现代农场的创建和发展，虽是农业现代化的必由之路，也是提高农业生产效率、促进农民增收的重要途径。然而，现代农场的发展并非一蹴而就的事，而是需要具备相应的发展条件，其中主要包括：第一，现代农场依赖于大量的资金投入。对于一个现代企业组织来说，首先必须有相应的资本作基础，离开资本投入，企业无法组织生产。由于一般农户不具备拥有雄厚资金的条件，因此依靠普通农户发展现代农业肯定有很大的局限。第二，现代农场的发展依赖于现代农业科技的获得和使用。现代农场提高农业生产率的另一个基本途径就是利用先进农业科学技术，提高单位产量的水平和劳动效率。如果缺乏农业科技应用条件和基础，现代农场的发展也就受到制约。第三，现代农场的发展还依赖于现代市场经营体系。由于现代农场的生产目的属于纯粹市场目的，即生产的农产品全部是要在市场上销售。在实现规模化、现代化农业生产之后，现代农场的产出量大大提高，要把大量农产品销售出去，农场必须具有现代的市场经营体系作保障，以使农场顺利地进行再生产。

二、农民的生活方式

农民的生活方式主要指农民维持其社会生活的基本状态和方式。通过对农民生活方式的考察，可以进一步认识农民群体的发展状态和社会性特征。

（一）乡村生活

农民生活方式的一个突出特点就是聚村落而居。村落聚居的生活形态包含三个典型意义，或者说在三个维度上影响着农民的生活方式及社会心理：一是村落的文化生态特征，二是村落的封闭性，三是村落里的共生与竞争关系。

村落文化生态对农民生活方式及社会心理的影响较大，这种影响主要表现为不同村落的生态特征会产生不同的村落文化心理。"三里不同乡，五里不同俗"的民间俗语，反映的就是村落之间文化与生活方式的差异性。此外，文化生态对农民也有共性的影响，主要体现在村落成为农民生产和生活的场所上。

村落的封闭性对农民群体社会生活和社会心理的影响主要体现在：长期生活在相对独立、稳定和封闭的村落空间里的农民，其自我认知和社会认知也就在很大程度上受这一空间特征的影响。如遵从礼俗的心理倾向，就是在村落这样具有闭合性的场域中，通过长期的互动实践而共同建构起来的。

村落中的社会关系具有共生与竞争并存的特点，共生与竞争的社会关系对农民的生活方式和社会心理也有着较大影响。聚居于村落里的农民，他们对村落这一生活共同体都有着较强的情感认同和归属感，即大家都会认为自己和其他村民为同村人。在村落认同中，由于长期共同居住、生活的村民之间还可能有一定的血缘或亲属关系，因而村内共生关系通常带有较强的情感和伦理认同。所以，同村农民之间在生活上有着较强的互助和相互支持的倾向。与此同时，村民之间也在一定范围内存在竞争关系。无论在农民家庭之间还是家庭之内，竞争性的关系时而都可能存在。邻里之间、家族之间，在宅基地、利益获得、社会声誉等方面也会存在纷争甚至冲突；在家庭内部，夫妇之间以及兄弟姐妹之间也可能因这样或那样的原因而存在竞争关系。

共生和竞争并存的社会关系特征是我们理解农民生活方式和社会心理的重要社会背景。例如，农民生活方式的高度同质性就与村落内共生关系及环境有着非常密切的关系：一方面，在共同生活环境里，个人的行为选择尽可能地与众人方式相一致；另一方面，个体倾向于对他人的异样行动方式给予负面的舆论，由此群体也就共同建构起种种风俗习惯。

农民的生活方式及其特征受农村经济所决定和影响。首先，经济发展水平决定着农民的社会生活水平，经济越发达，农户的收入水平越高，农民生活中的消费支出水平也会随之提高。其次，经济结构及转变影响着农民生活方式的结构特征。农民的消费结构能集中反映出农民的生活状况和特征，特别是恩格尔系数，反映的是食品支出在消费总支出中的比重，这一比重是衡量生活质量水平的重要指标之一。2017 年，中国农村居民恩格尔系数为 31.2%，较上年下降 1 个百分点，城镇居民的恩格尔系数为 28.6%。[①] 由此可见，我国农民的生活质量随着经济的发展在不断改善。最后，经济活动的内容影响着农民生活方式的内容。由于生活方式的内容实际是人们非劳动时间的活动内容，非劳动时间内的活动不可避免地受劳动时间的影响。例如，传统小农生活方式的典型特征就是"日出而作，日落而息"，那是因为：一方面，农民需要用很长的劳动时间去进行生产，因而休闲时间相应减少；另一方面，封闭的村落难以为丰富农民的休闲活动提供物质条件和环境。当前，随着我国新农村建设的推进，农村公共文化设施和条件得以改善，加

---

① 国家统计局：《中国 2017 年国民经济和社会发展统计公报》，国家统计局官方网站。

上农民生活水平的提高，农民的闲暇生活也在逐渐走向丰富多彩。

（二）"两栖"生活

当今中国农村，正处于一个"大流动"的时代，随着农村劳动力摆脱了集体的束缚，加上城乡之间比较收益存在着较大差距，以及城镇建设与发展的加速，大量农村劳动力不断流向城镇，形成了每年近 3 亿流动的"农民工"群体。

流向城镇的农村人口，并不意味着他们已经进城定居生活，绝大多数人处于在乡—城之间来回移动的流动状态。我国的"春运"现象，实际上就是与大量农村人口的这种在乡—城之间的流动密切相关。那些进城务工的农民，每年在春节这样重要的传统节日期间，都要回农村进行家庭团聚。因此，乡—城之间大量流动人口的出现，反映出了当前农民生活方式的一个突出特征——"两栖"生活，即农民生活的社会空间实际有两个，一个是农村的家庭所在地，另一个是城市的劳动工作地。

当然，"两栖"生活方式是相对于农村流动人口而言的，生活在农村的人属于农村留守群体。目前，农村留守群体主要是老年人、妇女和儿童。老年人因为在城镇劳动力市场难以获得较好的就业机会，选择留守农村从事力所能及的农业生产，对他们的家庭来说是一种理想选择。农村妇女常常因为要照顾家庭和孩子，所以留守在家。

农民的"两栖"生活方式是我国社会转型和相应体制安排的产物，农民在城市和乡村之间来回"迁徙"，是为了更好地适应社会转型。所以，"两栖"生活对农民来说，既有积极意义，但同时也给乡村带来一些消极的影响。

三、农民的社会关系与交往行动

费孝通对"乡土社会"的有关论述

了解农民的社会关系与交往行动，是为了更好地理解乡村社会世界何以构建起来，以及农民与社会何以联系起来。

（一）亲属关系

亲属关系（kinship）是指以血缘为纽带而组成的社会关系，主要是由父母与子女关系、兄弟姐妹关系及其延伸和扩展的社会关系。亲属关系是人类社会最为基本的社会关系，也是传统社会的社会制度基础。

在乡村社会，亲属关系是农民社会生活和社会交往所依托的基本社会关系。在农民所聚居的村落社会里，社会成员之间通常都有远近程度不同的亲属关系，因为每个家庭在生生不息的繁衍过程中和社会再生产过程中，亲属关系也在不断延续和扩展。例如，传统乡村社会的家族制度，就是在亲属关系的基础上形成的。

农民的亲属关系之所以在乡村社会具有重要地位，主要受两种因素的影响：第一，村落社会的稳定性和封闭性。农民所生活的村落是一个相对稳定的、封闭的社会空间，流动性、变动性很小。一个村落通常是居住和生活在这里的农民家庭自然的更替和延续，外人除非通过联姻等特殊关系，否则很难成为村落社会的成员。所以在这种封闭而稳定的社会空间里，亲属关系得以延续、扩展和强化。第二，农村扩大家庭的延续。亲属关系在乡村社会的发展，与农民扩大家庭的延续和发展密不可分。如果只有核心家庭中亲子关系的自然更替，而无兄弟姐妹关系的扩展和延续，那么农村亲属关系的结构就只有简单的直系亲属关系。正是通过一代代扩大家庭中的兄弟姐妹关系，构成了扩展的、复杂的旁系亲属关系。

当前，我国乡村社会结构已经并正在持续发生着转型，加上人口计划生育政策的推行，农民的亲属关系结构和功能也在发生变化：一方面，随着农村扩大家庭的减少，亲属关系的规模和结构也在缩小和简化；另一方面，亲属关系功能的发挥，也越来越向核心家庭回归。

（二）熟悉关系

农民生活于其中的乡土社会，是一种"熟悉"的社会，即熟悉社会。[1] 熟悉社会是相对于陌生人社会而言的，城镇社会就属于陌生人社会，邻里之间即便相识也不相互熟悉。而在由相互熟悉的人组成的乡村社会，人际关系和交往互动主要以熟人关系为基础，村落及相邻社会生活单元里的农民之间的关系皆为熟悉关系。之所以将乡村社会视为熟悉社会，主要是因为生活在村落里的人在社会交往互动中，能够知道或熟悉对方的基本社会情况，或者说"知根知底"，即对其所来自的家庭总是清楚的。由此看来，乡村熟悉社会的形成，与个人归属于一个家庭密切相关。无论个人间关系的密切程度如何，人们总可以通过了解对方的家庭而熟知对方。所以，乡村熟悉社会并不是指人人都要相互认识，也不一定非要有直接的相互交往和亲密的关系，熟悉社会是指人们对交往互动的对象的社会背景是熟悉的或能够知晓的。因为我们即便不认识某个具体的人，但我知道这个人是哪个村

---

[1] 费孝通：《乡土中国 生育制度》，北京大学出版社 1998 年版，第 9 页。

的、哪家的、家里有哪些人。

乡村熟悉社会及熟人关系对农民的交往方式和社会心理会产生多方面的影响，这些影响主要体现在：

1. 潜在舆论压力巨大

在乡村熟悉社会里，群体或众人往往会形成一种无形的压力，人人都不愿在熟人面前"有失颜面"，也不倾向于不给熟人"情面"。所以，长期与熟人打交道的农民群体，基于无形社会压力而往往会形成从众、攀比和顾面子的社会心理特征。在乡土社会，既没有正式的舆论机构，也没有大众传媒，但舆论给人们带来的无形压力却非常大。舆论压力之所以对农民有着显著影响，这与熟悉环境里农民群体的心理预期是分不开的，农民总期望不被别人议论，或期望避免自己不喜欢的议论，为此他们在行动选择上就特别谨小慎微。

2. 交往互动的信息较对称

熟悉社会里的人际交往具有信息对称的基础，由于交往双方对对方及其行为规矩较为熟悉，因而信任心理易于产生，信用关系通常以非正式的形式形成。正如费孝通指出："乡土社会的信用并不是对契约的重视，而是发生于对一种行为的规矩熟悉到不假思索时的可靠性。"[1] 在信息对称情况下的社会交往，个体行动的表演性意义相对降低，因为任何掩饰和伪装对于熟人来说，难以达到预期效果。因此，熟人间交往互动习惯让农民群体形成具有质朴倾向的社会心理特征。

3. 人情关系作用明显

与陌生人构成的城市社会不同，熟悉社会里的人情关系非常突出，也非常重要。在熟人之间，通常易于产生较为密切的情感联系，这些情感联系有源于血缘或亲属关系的，也有源于礼俗的。在乡村熟悉社会的生活和交往中，农民一方面注重建构人情关系，另一方面也偏重于按人情关系规则来行事。例如，乡村社会中的人情往来较为密集和频繁，而且也较为普遍，无论何种状况的家庭及个人，都会与关系更为密切的人有人情来往，由此反映出农民群体有着较为强烈的维系人情关系的责任感，同时也从一个角度表明农民在遇到重要事件时会优先考虑到关系亲近的人。

（三）礼俗交往

费孝通认为，乡土中国是一种"礼治"社会，因为乡土社会的秩序建构主要依靠"礼"和"俗"，而非法治。[2] 生活在乡土社会场域中的农民群体，自然也就

① 费孝通：《乡土中国　生育制度》，北京大学出版社1998年版，第10页。
② 费孝通：《乡土中国　生育制度》，北京大学出版社1998年版，第48页。

形成了遵循礼俗的社会心理特征。

"俗"是指风俗习惯。"三里不同乡，五里不同俗"描绘的就是风俗习惯在农村生活中的存在及空间差异性。在不同的农村社会空间里，有着不同的风俗习惯。风俗习惯的形成通常有三个基本条件：一是共同的生活空间；二是持久的时间积淀；三是建构与遵从的人群。现代城市社区的风俗习惯通常并不显著，一个重要原因就是缺少第三个条件，即城市社区中的成员一般更具个体性，不具有遵从礼俗的心理倾向，而在村落社会，农民则有着遵从风俗习惯的心理特征，这种心理与他们的趋同心理也是相一致的。按照风俗习惯来判断和选择，对于农民来说既较为简单易行，也较为安全，因为礼俗不仅仅是一种规则，而且代表着历史记忆和规律，经历很长时间而形成的礼和习俗，既是集体智慧的结晶，也容易被农民的直觉经验验证为是安全可靠的行动方式。

在乡村特别是村落社会里，农民之间的交往行动通常受礼俗规则的主导和支配。礼俗规则规定了农民的某些交往责任和义务，而且赋予这些责任以道德和伦理上的意义。也就是说，如果个人不遵循礼俗规则，或违背了礼俗规则，人们就会在村内造成一些舆论，来谴责违反者"不懂礼"或"不通人情"。例如，农村里的红白喜事，有亲属关系的或关系亲近的人都要按照礼俗规则来"行礼"，或是"随份子"。此外，在一些重要节日，人们之间还有礼物馈赠的习惯。农民之间的礼俗交往，由于受伦理和习俗的支配，因而也会让当事者感到有很大的压力。特别是对经济状况不太好的家庭，或者是礼物交换中处于劣势的家庭，他们的压力和心理不平衡更突出。正如民间流传的俗话所说："人情大似债，头顶锅儿卖"，也就是说，乡里乡亲的人情交往如同债务人有还债的压力一样，可见礼俗交往在农村社会人际交往中的重要性，同时也反映出农民在心理上将一些礼节视为必须遵从的义务，个人在交往互动中都要极力去维护人情礼节的规则，而不能轻易打破这些规则。人情礼节规则的形成，实际上是农民在日常生活世界里共同建构起来的，这一建构过程与每个人对那些规则的遵从是分不开的。既然礼节规则是农民自己建构起来的，他们自然就不会自己去打破那些规则，遵从和维护礼俗规则也就成为自然而然之事。

然而，对农民礼俗交往行为的理解，也不能仅看到其负面功能。这一现象的存在，也是因为礼俗交往在乡村社会中具有一定积极功能。一方面，礼俗交往可以增强农民对共同体的认同，从而促进社会团结；另一方面，礼俗行为建构起了乡村社会的秩序基础，促使人们在共同生活中都要遵循大家认可的规则。

（四）农民的行动逻辑

农民的行动逻辑是指农民在做出社会行动选择时主要遵从的原则，或是行动选择所包含的逻辑规律。在关于农民的行动逻辑问题上，一直存在着形式主义和实体主义之争。形式主义认为农民的行动逻辑与其他群体没有实质性区别，都遵循理性选择的原则，即农民的行动选择也会遵循着理性经济人的利益最大化原则。而实体主义则认为，农民作为具有自身特点的群体，其行动选择会有别于一般经济人的理性选择，他们不会总是追逐自我利益的最大化。形式主义和实体主义之争，在波普金与斯科特之间关于越南小农的行动逻辑究竟是"理性的"还是"道义的"行动之上得以集中体现。波普金认为，越南小农在经济活动中精于算计，他们与现代公司组织没有什么本质区别，都在追逐着利润的最大化。而斯科特则认为，小农并不都是自我利益最大化的追逐者，他们有时在明知利润为零甚至利润为负的情况下也会租地和借贷，这种行动选择并不符合理性选择原则，而是反映农民行动遵循着"道义的"原则，即遵循家庭生计安全第一的原则。

之所以有形式主义与实体主义之争，主要因为他们把农民的行动理解为一种非常笼统的范畴，因而在讨论农民的行动逻辑时，所指的对象可能是不同的，甚至存有很大差异。因此，理解农民的行动逻辑，需要从具体的三个行动层次去加以考察和分析。

首先，在个体行动层次上，农民行动同样会遵循理性选择的逻辑，也就是说，农民个体所做出的行动选择，也都是基于其理性的考量而做出的。个体行动的差异是行动者理性计算方式的差别造成的，农民个体与其他社会成员的基本行动逻辑本质上是一样的。

其次，在群体社会行动层次上，农民群体中的集群行为的发生机制与其他社会群体的集群行为没有质的区别，农村集群性群体事件通常也是由特定社会情境中的从众和去个性化行为构成的。而在有组织的集体行动方面，农民集体行动遵循着与其生产和生活实践状况相对应的逻辑规则。在乡村社会，以血缘、地缘为基础的集体行动易于组织起来，也就是农民更倾向于参加以家族、村社为组织的集体行动，因为他们对血缘和地缘关系的社会认同更为强烈，因而也更易于信任此类组织，更易于参与到此类合作之中。此外，农民也倾向于参加革命性的集体行动。传统农民较少参与到超越村落边界的组织之中，因而农民参与有组织的集体行动是很有限的。但是，在一定历史周期中，农民也会参加超越村落范围的革命性集体行动。米格代尔在研究农民政治时提出，农民参与革命主要有两个条件：一是农民群体内部传统约束的弱化；二是外部有感召力的农民运动领袖的出现。

农民之所以很少参与有组织的集体行动，但可能参加革命性的集体行动，那是因为在常态的乡村生活中，农民更习惯于和趋向于独立自主的生活。与此同时，在外部约束力有限的情况下，农民更为信任自己所熟悉的血缘和地缘组织；然而在非常态的情况下，也就是当农民生存空间的内部压力和紧张度达到一定程度时，一些农民的生存和生活遇到极大困难和挑战的时候，他们就易于被动员起来而加入旨在打破现有秩序的集体行动之中。即便参加这样的集体行动面临着极大风险，但现实的境况会驱动他们做出一次性博弈，这就是农民战争的逻辑。

最后，在宏观层面上，农民行动既遵循着乡土文化的逻辑，同时又与相应的制度安排所设定的行动选择集相一致。就文化逻辑而言，农民的社会行动既遵循"大传统"的文化法则，在这方面与其他社会群体没有太大差别；而与此同时，农民在行动中又会遵循"小传统"的文化法则。所谓"小传统"，李亦园认为是"一般人民大众的生活文化"或民间文化，它不同于由经典哲理思想构成的"大传统"。[①]

一般意义上的农民行动，与制度所设置的行动选择集有着密切关系。因而在这个意义上，由一个个农民在制度框架下进行的理性选择也就组合成为农民群体的社会性行动。也就是说，对农民社会行动逻辑的理解，不宜仅理解为农民主观上的特征，而需要认识到农民行动特征与客观环境之间的关联。农民的某些行动特征，并不一定代表农民在观念上与其他群体有别，而可能是某些制度设置所致的。

第三节　乡土文化与农民的社会认同

要更好地理解农民这一群体，就需要深入认识农民的观念世界及其变迁情况，而对农民思想观念的把握，则离不开对农民观念形成的乡土文化环境的考察和了解。

一、乡土文化及其特征

文化是一个复杂的体系，它包括"知识、信仰、艺术、法律、道德、风俗以及作为社会成员的人所掌握和接受的任何其他的才能和习惯的复合体"。[②] 乡土文化也就是指在乡土社会里所形成的文化体系，农民既是乡土文化的创造者，同时又受乡土文化环境的影响。

---

① 李亦园：《李亦园自选集：从民间文化看文化中国》，上海教育出版社 2002 年版，第 1 页。
② ［英］泰勒：《原始文化》，连树声译，上海文艺出版社 1992 年版，第 1 页。

（一）乡土文化

费孝通用"乡土"概念高度概括了 20 世纪 30 年代我国的乡村社会与文化，也就是说，当时的农村社会是乡土性的，农民的文化是乡土文化。

乡土文化，顾名思义是在"乡"和"土"的环境中形成的文化，"乡"即乡村或农村社会，"土"即土地，意指农耕社会，所以，乡土文化是生活在乡村社会、从事农业耕作的农民所创造的文化。

就结构而言，乡土文化主要是由民间的知识、信仰、道德、法律、艺术、风俗习惯以及农民的技艺和智慧所构成的。乡土文化的构成体系是由农民在生产和生活中创造并积累而成的，其形成过程需要经历一定的历史过程，且与传统文化有着一定的关联。在这个意义上，乡土文化属于传统文化范畴，是一种"小传统"。[①] 所谓"小传统"，主要指农民在传统文化背景下、在自己所生活的社会空间里创造和积累的文化传统。

就功能而言，乡土文化的基本功能主要体现在两个方面：一是适应功能；二是整合功能。乡土文化是民间智慧的集中体现，这些智慧的形成和积淀，帮助农民能够更好地适应他们所生存和生活的环境。例如，各地乡村风俗习惯的差异，就反映了各地农民会因地制宜地选择更适合自己的生产与生活方式。所以，乡土文化具有帮助农民适应环境的功能。

分散的农民之所以能构成乡土社会，这与乡土文化的整合功能分不开。乡土文化犹如社会黏合剂，将农民有机地整合起来。乡土文化中的价值、规范、象征和认同等要素，把乡村社会成员的观念和行动统一起来。所以，在传统乡土社会，小农家庭虽分散地、独立地生产和经营，但他们绝不是完全分散的个体，他们也以一种特别的方式整合成有机的社会。

乡土文化在乡土社会既是普遍的，又是特殊的。乡土文化的普遍性是指乡土社会普遍具有乡土文化，而且普遍具有乡土性；乡土文化的特殊性是指乡土文化又具有较大差异性，不同地域乃至不同的村落之间，其文化都是特有的，都具有各自的特色文化。所以，在这个意义上，乡土文化又是传统特色文化。

乡土文化既是传统的，又在不断变迁之中。在乡土文化中，一些传统文化的要素得以传承和延续下来，如一些民间工艺、艺术、信仰和伦理传统通过代代传承，依然成为乡土文化的重要构成部分。与此同时，乡土文化在传承和发展过程中，也会随着环境和时代的变迁而发生变迁。例如，在传统汉人乡村社会，家族

---

①   李亦园：《李亦园自选集：从民间文化看文化中国》，上海教育出版社 2002 年版，第 1 页。

制度和文化是乡土文化的重要组成部分，而如今，随着乡村社会治理结构的变迁，家族文化也已发生了巨大变化。

（二）乡土本色

乡土本色可以说是我国乡村社会和农民文化的一个突出特征。费孝通认为："从基层上看去，中国社会是乡土性的。"[1] 由此可推，传统农民也具有乡土性。费孝通所概括的乡土本色主要有两个方面的意义：一是"乡里乡亲"的社会关系。农民基本都聚村而居，从而构成了彼此熟知的，或者说大家都有"乡里乡亲"关系的乡土社会。二是农民的"土气"。"土气"的意思并非鄙视农民的气质，而是特指农民与土地之间的密切关系。传统农民的生产在土地之上，生活依靠土地所产出的物质资料，死了之后还要葬于土地之下以求"入土为安"。所以，传统农民身上处处流露着"泥土的芬芳"。

乡土文化的乡土本色反映的是文化主体的社会地位和社会特征。农民被有的人称呼为"乡下人"，这一称呼虽反映了农民的居住生活场所，但"乡下与城里相比较，就属于不同的社会等级，乡下是比城里地位低下的社会空间和场域"。[2] 因此，有人认为农民的社会地位低于居住在城里的人。而"土气"也反映出依赖甚至受制于土地的传统农民，形成了局限于土地的主体性社会特征，如他们的职业和观念世界有着与土地相关联的特征。综合起来看，乡土本色就是在相对封闭的乡村里，由农耕生计所决定的文化基本特征。

乡土文化本色还反映出乡土文化对农民的观念及行动的本质性影响，也就是说，农民的思想观念和行动特征都有乡土文化的根源。例如，传统农民的安土重迁观念，从本质上看就是农民对乡土文化的依恋。在农民被乡土文化所涵化之后，他们的观念和行动也都具有乡土性的本色，乡土社会和乡村生活与他们的价值和认同更加吻合。

二、农民的观念及变迁

观念属于人的主观意识范畴，个体间的差异很大。这里探讨的农民观念，主要指农民群体的典型性观念和社会心理。农民群体由于有着某些相似的生产和生活方式，因而也就形成了一些具有共性特征或典型性特征的观念和社会心理。

---

[1] 费孝通：《乡土中国　生育制度》，北京大学出版社 1998 年版，第 6 页。
[2] 陆益龙：《农民中国——后乡土社会与新农村建设研究》，中国人民大学出版社 2010 年版，第 60 页。

（一）趋同从众

趋同从众心理是农民群体的一个具有典型特征的社会心理。与求异心理正好相对应，趋同就是尽量使自己与他人相同或相似。在趋同心理作用下，农民群体中的标新立异现象相对少见。

现实社会中，农民群体的趋同心理有三个典型的形式：一是攀比心理；二是从众心理；三是求同心理。在乡村社会里，我们通常会看到农民的攀比现象。无论是在盖房子还是在办红白喜事等仪式方面，无论是在生产方面还是在生活方面，农民往往会拿他人的样例或标准来作参照。例如，村子里如有一家盖起了二层楼房，那么后面盖房子的农户也会跟随盖起相同甚至更高的楼房，一家嫁女的聘金标准会被左邻右舍效仿。在农民的攀比心理中，他们主要想象着自己要尽量和他人相同或更好，尽可能不要落后于他人。尽管现实中的客观条件是有差异的，但农民在心理上则尽力地抹平差异。

从众是一种社会心理现象，指个人的偏好和选择尊重众人的方式。在流行现象里，一种服饰或文化之所以流行开来，从众就是其形成的重要社会心理机制之一。从众作为农民群体的社会心理特征之一，主要是指农民通常具有与多数人或众人的行动方式保持一致的心理倾向。农民的从众心理在现实中的典型表现就是"随大流"，这一心理实际包含农民的价值判断和行动选择服从于众人而非自我分析和判断，即孰是孰非皆以众人的实际选择为准，大多数人所作所为，也就被认为是正确的、合适的。

求同是农民趋同心理的集中体现，农民在社会生活中，通常有着追求与他人相同或相近的动机取向。求同与攀比有所区别，攀比主要是偏重与他人相比较，而求同则有追求与周边的人保持相同的努力。农民群体的求同心理中包含了他们安全感的心理机制，即感觉与别人相同就是安全的，不同则是危险的，所以求同往往会构成农民群体的一种心理压力。比如在一些地区，农民的生育观念中有生男追求现象，这主要是因为在推行计划生育政策的背景下，村落文化环境里形成的趋同压力对农民的这一心理和行为有重要影响，当育龄夫妇感到村里"家家有男孩"的情况下，就会极力追求生男。[①] 农民在群体生活中尽量规避差异而追求相同，如民俗谚语"人怕出名"所反映的社会心理一样，主要反映出农民更希望通过群体来规避危险和获得安全。

---

① 陆益龙：《生育兴趣：农民生育心态的再认识——皖东 T 村的社会人类学考察》，《人口研究》2001 年第 2 期。

（二）面子观念

"面子"即"情面"和"脸面"，在乡村社会的人际交往互动中通常起到重要作用，因为农民一般有"顾面子"的心理特征，也就是说，农民在社会互动中选择自己的行为方式时，常会顾及"面子"这一规则。

"情面"规则是指对他人面子的照顾，即在交往中要给对方留"情面"。情面是个人基于熟人之间的情感联系而想象的行为期望，也就是要顾及自己的行为尽量不伤害与对方之间的情感关系。

"脸面"规则是对自己面子的关心和注意。"顾脸面""要面子"的社会心理，体现了人们对"我看人看我"的重视。农民群体有较强的注重自己脸面的心理倾向，这与他们的攀比心理也有一定联系。

此外，农民群体之所以对"面子"较为关注和重视，还与他们所生活的熟悉社会环境有关。在彼此熟知的熟悉社会，人们所交往的对象都是自己所熟悉的人，而且相互之间也是交往频繁和熟悉的人。在这种环境中，农民在乎他人如何看自己也就相对更为重要，因为他人的评价和议论可能对自己在熟悉社会中的关系和地位产生直接的影响。所以在这个意义上，农民群体顾面子的心理，实际上是对自己的社会影响和社会舆论的重视。

（三）规避风险

农民群体中的冒险行为相对较少，体现出农民有着规避风险或不爱冒险的心理倾向。传统农民习惯于常规生产和生活，日出而作，日落而息。他们安于在自己的"一亩三分地"上辛勤耕作，而不太愿意在新的领域投资和扩大再生产。所以，农民群体给人们以"小富即安"的印象。

关于农民群体规避风险的心理特征，舒尔茨（Shultz）曾用"收入流"价格理论进行了解释，农民群体不愿在有风险的领域进行投资，并不说明他们没有冒险精神和经济头脑，而主要是因为新"收入流"的价格过高，农民根本购买不起。

斯科特在对东南亚小农研究中，提出了农民的"道义经济"理论。这一理论有助于我们理解和解释农民群体的规避风险心理，即小农所从事的经济活动属于一种"道义经济"。所谓道义经济，也就是养家糊口的经济。此种经济意味着农民的生产经营活动具有两个特点：一是不以个人目的为主要行动目标；二是安全第一的原则。也就是说，在道义经济活动中，农民不冒险其实也在情理之中，因为如果冒险行为导致了风险产生，这就不仅仅危及小农个人生存安全，还对养家糊口造成直接的冲击。

农民的"小富即安"观念，实际上与怕冒风险观念是一致的。这种观念我们在乡土文化中能够找到根源，它是农民用来应对环境的一种策略选择。因为在小农生产中，农民冒险的资本并不雄厚，而代价则是危及整个家庭的生活安全。因此，对农民规避风险和小富即安的观念，我们不能只看到其保守的一面，同时也需要认识到这一策略对于农民保障自我安全和维护秩序稳定方面的积极意义。

（四）注重家庭

注重家庭的观念可以说是农民群体的又一典型性观念。农民的家庭情结主要表现为对家庭具有特别的偏重、依恋、认同感和归属感，如对家庭稳定的重视、顾家以及家乡观念等，都在一定意义上与家庭情结有关联。

农民群体重家庭的观念，与家庭在他们的生产和社会生活中的重要性有着密切关系。在乡村社会，家庭既是社会的基本单位，同时又是个体生存和生活的载体。在村落生活里，每家每户既相互守望，又相互独立，正是在这种环境里，个人产生了较强的家庭归属感。

农民重家庭的观念也在一定程度上与他们的生产方式相关，小农生产以家庭为单位较为理想，家庭在组织小农生产方面通常显示出一定优势，周其仁对这一现象的解释是，家庭是天然的小农生产单位，因为小农生产周期与家庭周期有着天然的吻合之处。我国农村的人民公社化运动的历史，就是没有顾及我国农民、农村和农业的实际情况，一味追求"一大二公"，结果造成农业衰退、农民温饱问题难以解决，最后还是以家庭联产承包责任制的农村改革而告终，这在某种意义上表明家庭之于小农生产的重要性。而家庭之所以显得重要，与农民的家庭情结这一社会心理特征也是分不开的。

随着现代化和城镇化进程的推进，农村已发生了巨大的社会变迁，但农民群体的家庭情结似乎并未消失。大量农民或农村劳动力在乡村与城市之间来回流动，折射出了农民对家和家乡的依恋和归属感依然在起作用。不过，不容忽视的现实是，农民重家庭的观念也一定程度上受到乡村大流动的冲击和影响，因为个人的一些婚姻家庭伦理和责任意识被流动逐渐冲淡，不履行责任的行为或违背伦理的行为不像以往那样会受到较强的舆论谴责和惩罚。

农民的观念和社会心理特征是在一定的社会生活环境中形成的，农民群体所生活的环境是复杂多样的，各种社会文化因素也存在着差异性，但在这些复杂的社会环境中，还存在着一些具有共性的和典型性的社会元素，它们对农民群体的典型性观念和心理形成起着这样或那样的影响。

三、当前中国农民的社会认同

考察农民的社会认同及其结构，是认识和理解农民群体主观世界的一个重要视角。从农民的社会认同里，我们可以了解到农民是怎样看待自己、别人和周围世界的，以及这些主观的认知与他们所生活的现实世界有怎样的联系。

社会认同包含身份（identity）和认同（identification）两个方面。身份是社会赋予个体的群体类别或归属的标识，如干部、工人、农民，以及富人和穷人阶层等；认同则是个体对与身份相关问题的认知，也就是对自己或他人所属群体的划分与认识，如家族认同、村落认同和阶层认同等。

作为一种社会心理活动，社会认同在人们的社会交往互动中常常发挥着重要作用。无论是在现实的日常生活中还是在社会学意义上，认同的作用似乎都是明显的，因为它关系到人们是如何进行"谁是谁、什么是什么"的社会分类。

社会认同不仅是一种对社会身份认知的心理过程，而且也是人的观念世界的一个维度。在社会认同中，主要包括人们对自我、他人、生活世界和外部世界的基本认识和态度。在这个意义上，社会认同可能会反映出人们的价值取向、社会态度和社会行为倾向。

农民长期生活在相对稳定的社会空间——村落，从事着相对稳定的农业生产劳动。在这样的生活环境里，农民对自己、外人和世界会形成一些相对独特的认知和观念。首先，在对自我的认知方面，由于个人交往受相对固定、范围较小的村落空间限制和影响，农民形成了具有非个体化倾向的自我认同，也就是将自我置于社会背景之中，弱化个性的特征。其次，在对他人的认知方面，农民的社会认同则具有群体性而非组织化的特征。生活在乡村社会的农民，更多地与家庭和以血缘关系为基础的初级群体联系密切，群体归属感较强，而很少参加社会组织，所以他们对自我之外的他人的认识也会按照群体来归类，如张三是谁家的、李四属于哪个姓氏家族的等。最后，在对外部世界的认识方面，由于农民生活和交往的世界主要局限于村落社会，因而他们所认知的外部世界也主要是以村落为边界的笼统世界，即对外部世界的认知是笼统性的。

（一）差序格局

观点争鸣：差序格局

农民的社会认同结构呈现为"差序格局"。在这一结构中，"我"是认同的中心和起点，然后逐渐向外一圈圈地扩散。费孝通曾把这种同心圆的差序格局比喻成水面上的涟漪,当我们向水里扔下一个石子,所激起的涟漪会以石子为中心,水波一层一层向外推出。乡土社会中的农民,在文化心理上是以自我为中心的,然后向"我的家""我的亲属""我的村"逐步推出,每一层与"我"的关系都是有差别的,社会关系也以个人间的联系为主线而延伸。费孝通认为,中国乡土社会的基层结构是一种差序格局,"社会范围是一根根私人联系所构成的网络。"① 基层社会的差序格局实际与农民的认同结构是一致的,正是在那种具有差序和层级特征的社会认同及态度的作用下,乡村社会的交往行为以及由此构成的社会网络也呈现出差序特征。

尽管差序格局是乡土中国农民社会认同的结构特征,在经历了社会转型的后乡土社会,当前农民在社会认同心理方面依然具有差序格局的特征,并呈现出以下三个方面的显著特点。

1. 个人的亲属关系是认同的主要边界。在村落社会里,农民对自我及他人的社会归类与认同主要依据家庭与亲属关系。在农民的社会认知里,对亲属关系的认同常常是优先的,一些私人联系也主要建立在这种认同基础之上。亲属关系的远近不仅影响着私人网络的疏密程度,而且对态度及交往方式也有较大影响。

2. 个人的社会认同结构具有同心圆结构特征。农民社会认同的差序格局结构类似于同心圆结构,每个人的社会认同都是以自我为圆心而对他人及外部世界进行认知和归类,关系相似或相近的就构成一个圈子。

3. 个人对他人的认同有着差序和等级性的特点。差序格局的最突出特征就是个人对他人的归类和认同显现出明显的等级性、层次性,个人根据他人与自己关系的远近和次序而做出有差别、分次序的认同。例如,在乡村社会交往中,人们在看待本村人与看待外村人以及陌生人时,会有着不同的认同感和社会态度;同样,在村落社会里,人们会对长辈、同辈和晚辈无论在心理上还是在行动上都表现出差序的特征。

农民认同的差序格局,从一个侧面反映出乡村社会的两个特征:一是乡村社会依然是"强关系"的社会。所谓"强关系",是指建立在密切的情感联系和频繁交往基础上的人情关系。农民在社会交往中的态度和行为,都会根据人际关系的亲疏远近而有不同的选择。强关系不仅在乡村社会起作用,而且在城镇也有重要作用。二是农民的行动遵循特殊主义而非普遍主义的原则。特殊主义原则是指根据与自己关系的差异而采取不一样的行动,而不是一视同仁采取同样的行动。

---

① 费孝通:《乡土中国 生育制度》,北京大学出版社 1998 年版,第 30 页。

（二）阶层认同

农民的阶层认同是指农民对自己所处的社会层级位置的判断和认可。既然是一种判断和认可，阶层认同也就具有主观性，属于主观维度的社会分层，即社会主体对自身阶层地位的划分和认同。在社会学的分层与流动研究中，通常根据个人的市场机会、政治权力和社会声望三个维度的客观指标来进行社会分层。例如，按照国际职业指数（ISEI）来测算，农民在职业分层中处于低层（23分），那么，当代中国农民阶层的广泛存在，也就构成了中国社会结构中倒"丁"字型结构中的一横，即最底层大众。①

然而现实情况是，中国农民的社会地位已随着社会转型而发生了分化，当今中国农民是不是还把自己看作是社会的底层呢？从社会调查结果来看（见图2-2），近40%的农民认为自己的阶层地位属于中层（5、6层），近30%的农民认为自己属于中下层（3、4层），只有22.5%的农民才认为自己属于社会的底层（1、2层）。由此看来，农民的主观阶层认同与客观的社会分层并不是一致的，将自己的阶层地位认同为社会底层的农民已经不到三分之一。

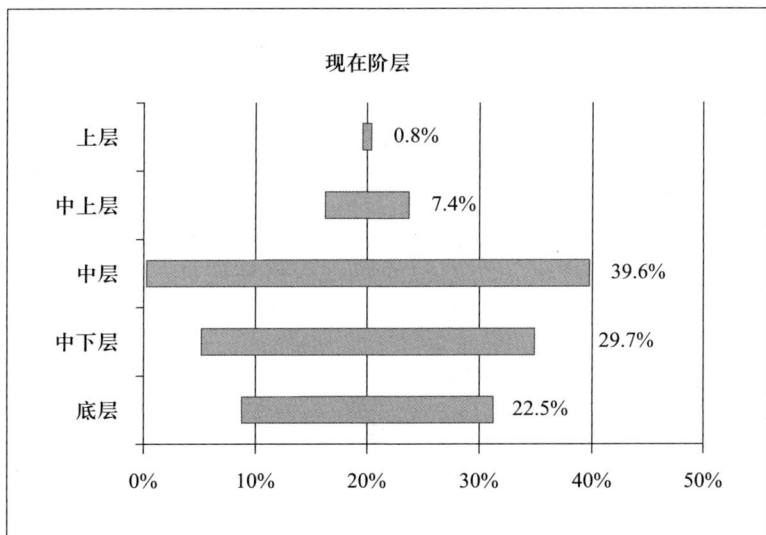

图 2-2　当前中国农民的阶层认同

数据来源：2012 年"千人百村"调查

尽管农民对自己阶层地位的认同具有主观性，但这种主体性的评价也在一定意义上反映出农民社会地位变化的客观现实。也就是说，伴随着当代中国社会变迁，农民的社会地位正在发生巨大变化，农民的阶层地位客观上已得到提高。而

---

① 李强：《"丁字型"社会结构与"结构紧张"》，《社会学研究》2005 年第 2 期。

且就当前农村的现实而言，国家一系列的支农惠农政策和制度安排，以及政府出台的对农民工权益的保障措施，都大大促进了农民增收，提高了农民的经济地位。此外，随着国家新农村建设和城乡融合发展战略的推进，农村的基础设施和公共服务条件都明显得到改善，乡村社会的生活水平大大提高。所有这些客观现实的变化，都在一定程度上对农民提高自己的阶层认同起到积极影响。

当前中国农民的这种阶层认同特点反映了三个基本现实：一是农民从发展中获得了实实在在的收益，他们对发展成果和未来具有较大的满足感和信心；二是乡村社会结构在发展过程中有了巨大变迁；三是农民有着积极向上的乐观社会心态。在农民对待自己阶层地位的认同态度中，我们看不到相对剥夺感的存在，相反这一认同反映了多数农民具有相对满足感。

（三）群体归属感

农民的群体归属感反映的是农民的文化心理。群体归属感是指个体对自己所归属群体或集体的情感和认同，即认为自己归属于哪个群体的情感和依恋程度。群体归属是个体的一种社会心理需要，即归属与爱的需要。传统乡村社会由于流动性较小，生活空间相对稳定，因而农民对自己长期生活的村落共同体有很强的归属感，认为自己就是村子里一员。

然而，在当代中国，特别是改革开放后，乡村社会发生了巨大变迁。乡村社会变迁最为突出的特征表现在村庄的流动性大大增强。伴随着大量劳动力进城务工，许许多多的村庄变成"流动的村庄"。[①] 农民的大流动在较大程度上影响到他们的群体归属感，如今的农民不会像以往那样明确地将自己归属于村民，因为他们当中有一定比例的人已经不在村庄里生产和生活，而是主要在城镇里工作和生活，因而他们可能已经对城镇有归属感。

在流向城镇的"农民工"群体中，他们当中越来越多的人会对城市有越来越强的归属需求和向往，但同时由于体制给他们融入城市社会带来种种障碍，可能使他们的城镇归属感具有较大的不确定性，或者说是一种困惑。越来越多的农民工向往城镇，但又不能预期自己是不是能够真正成为城镇市民。

目前，农村的年轻人当中有一部分人自从中学毕业后，如未能继续上大学，首选的就是进城打工，留在农村从事农业生产已经寥寥无几。对他们来说，既不熟悉农业生产劳动，也逐渐不适应乡村的生活方式。在这种背景下，他们的群体

① 陆益龙：《流动的村庄：乡土社会的双二元格局与不确定性》，《中国农业大学学报（社会科学版）》2008 年第 1 期。

归属感也会在流动中处于一种模糊、不确定的状态之中。

当然，部分"农民工"对城市社会的向往或归属，并不意味着农民的群体归属感已经完全改变。整体来看，多数农民依然对乡村社会有较强的归属感，其中包括流动中的"农民工"，他们当中仍会有较大比例的人随着年龄的增长，回归乡村的愿望也会再增强。

小　结

农民是农村社会的主体，农民概念有着多样的内涵，既意指一种职业，又代表着一种社会身份。农业生产是农民劳动生产的基本活动，农业生产形式主要包括传统小农生产、家庭农业和现代农场。农民生活方式的突出特征就是村落聚居的乡村生活方式，不过在当代城镇化背景下，农民在乡村和城镇之间的来回移动，形成了"两栖"生活方式。农民在乡土文化环境中，形成了趋同、顾面子、避风险和重家庭的典型观念及社会心理。当代中国农民虽经历了社会转型而进入后乡土社会，但多数农民已经不再将自己认同为社会底层。

思考题

1. 传统农民、现代农民和新型农民是指什么？他们之间有何区别？
2. 与传统农民相比，当前中国农民有哪些变化？为什么会有那些变化？
3. 什么是熟悉社会？熟悉社会里的人际交往具有哪些特点？
4. 何为差序格局？差序格局反映出农民的行动具有什么样的特征？

思考题要点

第三章 农村家庭与家族

农村家庭是传统社会最基本的生活单位和组织形式，它在人口再生产和社会的延续等方面具有极其重要的功能。随着社会的变迁发展，传统的农村家庭结构和功能也随之变化。自新中国成立以来，特别是改革开放之后，农村社会结构发生了深刻变化，农村家庭也出现了一系列新变化。在本章中，我们将系统介绍农村家庭的基本特征、类型、结构及其功能，分析农村家庭和家族的主要变迁及其社会意义。本章还将结合中国农村社会的现实，分析与家庭和家族变迁密切相关的一些社会问题。

名词解释

第一节 农村家庭

一、农村家庭的形成过程

（一）家庭的定义和类型

家庭作为社会的基本构成单元，它是由建立在血缘、姻缘或收养关系基础上的成员构成的一类群体。因此，家庭首先是一类初级群体，即家庭成员之间的关系属于最基本和首要的。按照美国社会学家查尔斯·霍顿·库利所做的划分，社会群体分为初级群体和次级群体。他指出，初级群体是由面对面互动所形成的，属于有亲密人际关系的社会群体。因此相对于次级群体，比如组织，初级群体的规模较小，但成员之间存在着较强的互动性和归属性，彼此关系具有突出的个体性、情感性和持久性。家庭成员的这种初级关系，主要是建立在姻缘和亲缘关系基础上的，具有坚实的稳定性和义务性。

家庭也是一种基本的社会制度。社会制度是人类社会为维护有序生活、达到一定目的而建立的秩序化形式。因此，制度普遍存在于社会活动的各个领域，如政治制度、经济制度、司法制度、家庭制度、教育制度、文化制度等。更抽象地说，制度是指各种规范体系或管理体系。制度的类型和功能是多方面的，但其最根本的一点是对人们的行为具有规范性的制约与控制作用。如著名的制度经济学家道格拉斯·诺斯指出："制度是一个社会的博弈规则，或者更规范地说，它们是一些人为设计的、塑造人们互动关系的约束。从而，制度构造了人们在政治、社会或经济领域里交换的激励。"①

由于有序的、约束性和制约性的制度化活动构成了一切社会生活的基础，所以社会学家和人类学家都非常重视对社会制度的研究，包括婚姻与家庭制度。例如，社会学创始人奥古斯特·孔德指出，家庭是最基本的社会单位，是社会有机体真正的细胞，并成为其他一切人类组织的原型，而家庭关系与整个社会结构和利益密切相关，它使得基本的利己主义倾向受到约束而服务于社会利益。而社会人类学家马林诺夫斯基则把家庭、住户、村落社区、部落等看作是最普遍的和最主要的制度。他指出，制度是使人们的活动有组织地满足某些重要需要的基本的、相对稳定的方式。他强调，人类的需要一方面受文化的每代相递嬗的支配，另一方面则受延续后代的需要的支配，从而形成一切社会组织的模式和起点。由此，马林诺夫斯基非常强调家庭制度的社会文化性征。

实际上，家庭作为一种基本的社会制度，对家庭关系和家庭成员的行为具有重要的规范性作用，它主要是建立在血缘关系和婚姻关系基础上的。或者说，家庭制度与婚姻制度密不可分。传统上，婚姻被定义为男性和女性按一定仪式或程序结合为夫妻。从社会学角度来说，婚姻是一种涉及两性结合的特定的社会关系，包含择偶、缔结婚约、男女双方结合在一起等社会过程。故人类婚姻的本质是其社会性，婚姻关系是姻亲关系，从而有别于其他动物的两性结合。马林诺夫斯基指出："我们一入人类社会，就要见到婚姻系结的性质完全不与动物相同。……结婚须有一种礼仪认可的特殊形式，而且这种特殊形式的社会行为又与……禁忌和引诱不同。……人类婚姻的缔结不是区区本能驱策的结果，乃是复杂的文化引诱的结果。然而婚姻一经社会打上印记，便来了多数的义务、系结、相互关系等，被法律、宗教、道德等认可加以保护。"② 中国古人亦云："婿之父为姻，妇之父为婚……妇之父母，婿之父母相谓为婚姻。"③ "婚姻之道，为嫁娶之礼。"这些都表

---

① ［美］道格拉斯·诺思：《制度、制度变迁与经济绩效》，杭行译，格致出版社、上海人民出版社2014年版，第3页。

② ［英］马林诺夫斯基：《两性社会学：母系社会与父系社会之比较》，李安宅译，上海人民出版社2003年版，第198—199页。

③ 乌丙安：《中国民俗学》，长春出版社2014年版，第202页。

明了婚姻关系的社会属性。

在传统的农村社会，家庭还是社会生产与生活的最基本单位。传统社会以农业生产为主，生产力相对低下，社会分工也不发达，人们主要从事以自然经济为基础的农业活动。在这种情况下，家庭经营方式适合这种小农生产。因此，家庭生产活动是最主要的社会分工形式，家庭劳动力是极为重要的家庭资源。传统农村社会普遍存在的是大家庭模式，在婚姻制度及家庭关系等方面极不同于现代工业社会的家庭。表 3-1 对传统社会和工业社会的婚姻家庭特征做了对比。

表 3-1　传统社会和工业社会的婚姻家庭

特征	传统社会	工业（和后工业）社会
婚姻的结构特征是什么？	扩展家庭（婚姻把夫妻嵌入在责任明确的大的亲属网络中）	核心家庭（婚姻并不带来多少对配偶亲属的责任）
婚姻的功能是什么？	多种多样	有限（更多的功能被其他社会制度代替）
谁拥有权威？	父权制（男性拥有权威）	尽管父权特征仍存在，权威趋于平等
同时拥有几个配偶？	大多有一个配偶（一夫一妻制），有的有多个（多偶制）	一个配偶
谁选择配偶？	配偶由其父母选择，并且通常是父亲	个人自己选择配偶
夫妻住在哪里？	通常住新郎家（从夫居），很少数居住在新娘家（从妻居）	夫妇自己建立一个新家庭（独立居住）
如何选出继嗣人？	通常是按男方血统（父系血统），很少的是按女方血统（母系血统）	男方和女方平等（双系）
如何选出遗产继承人？	严格规定，通常是男系继承，但也可能是女系继承	高度的个人化，通常是双系的

参见［美］詹姆斯·M. 汉斯林：《社会学导引——一条务实的路径》，林聚任等译，上海人民出版社 2014 年版，第 654 页。

中国是一个有数千年文明历史的国家，但长期以来也是以农业生产活动为主的社会，农业人口占总人口的比重极高。因此，农村家庭或农民家庭占中国家庭的绝大部分。农村家庭具有突出的传统家庭的一些特征，在诸多方面不同于城市家庭。例如，杨懋春把中国乡村家庭的特点概括为如下八个方面：（1）乡村家庭是个基本的经济生产单位，一个农家最主要的活动是农业生产，农业生产是最基本的经济生产。（2）乡村家庭也是个基本的经济消费单位。（3）乡村家庭又是个基本的经济"宗教"单位，这是广义上讲的宗教，不只是对神祇的崇拜，也包括对祖先的纪念、对超自然力的敬畏以及很多其他表示神秘情感的行为。（4）家人关系密切和较少拘束。（5）家庭人口较多。（6）邻里之间联系较多。（7）家庭稳固性较大，不易被拆散、消灭或迁徙。（8）高度的自给自足性。[①]

作为社会生活的基本单位，在概念上家庭不同于户（household），后者是指居住于同一住所（一所房子、一所公寓或者其他居所）的一群人组成的单位，它主要是从人口学和统计学意义上使用的。尽管这两者所指对象很大程度上是一致的，但家庭作为一个重要的社会学概念，强调的是一种基本的社会群体。

社会学对家庭这类群体划分出了一些不同的类型。比如在传统社会主要是大家庭类型，即由父母和多对已婚子女组成的家庭，家庭成员较多。但在现代社会，核心家庭变成了更普遍的类型。它是由一对夫妇及其未成年或未婚子女组成的家庭，其结构较为简单。而主干家庭又称直系家庭，则指由父母和一对已婚夫妇及其未成年或未婚子女组成的家庭。当然，还有其他一些类型的家庭，如残缺家庭、只有一对老年夫妻组成的所谓空巢家庭、新出现的同性恋家庭，等等。

（二）农村家庭的演变

从历史的角度来看，家庭与婚姻制度千差万别，因不同时代和社会背景而存在极大的差异，即家庭与婚姻制度经历了不同的发展阶段和形式。按照恩格斯在《家庭、私有制和国家的起源》中的论述，人类社会经历了三个发展阶段：蒙昧时代、野蛮时代、文明时代，相应地有三种婚姻制度：群婚制、对偶制、专偶制。而家庭的发展分别经历了如下几种形式：血缘家庭、普那路亚家庭（群婚家庭）、对偶制家庭、专偶制家庭。恩格斯说："专偶制是不以自然条件为基础，而以经济条件为基础，即以私有制对原始的自然产生的公有制的胜利为基础的第一个家庭形式。"[②] 现代文明社会普遍流行的就是一夫一妻的专偶制婚姻制度，但是在有些民族和地区，也还存在其他形式的婚姻制度和家庭形式。

按照美国学者乔恩·威特对西方社会的总结，家庭的发展主要有三种形式：制度家庭、伙伴家庭（companionship family）和后现代家庭。他指出，传统社会中主要是制度家庭，家庭是社会的经济、政治、社会生活的中心；婚姻是建立社会关系的主要途径。在这类家庭中，劳动是建立在性别分工基础上的，但所有人甚至包括孩子都共同参加劳动。与之相应的传统婚姻，也以家庭利益和物质经济为

① 杨懋春：《乡村社会学》，台湾国立编译馆1970年版，第158—166页。
② 《马克思恩格斯选集》第4卷，人民出版社2012年版，第75页。

基础，而个人情感因素不重要。

西方工业革命之后，随着工作从家庭和农场转移到工厂和城市，劳动与家庭的联系弱化了，于是婚姻的形式演变为伙伴式婚姻。这类家庭不同于制度家庭，因为它们更重视夫妻关系，而不是大家庭外在的联系；更重视夫妻个人的情感，而不是经济和社会资源的交换。

但20世纪中叶以来，随着西方进入后工业社会或后现代社会，相应的家庭和婚姻形式也发生了重大变化。例如，美国到2003年，已婚夫妇且有孩子的核心家庭所占比重（23%），比单身家庭（26%）或已婚夫妇但没有孩子的家庭（28%）都少。[1] 威特指出，多样性和非统一性成了当前家庭的代名词。后现代家庭发展了伙伴婚姻模式，因为它们也是建立在爱情和情感基础上的。但是这类家庭更突出地反映了个人选择的多样性，这种选择的多样性成了后现代社会的重要特征。后现代家庭的形式包括异性夫妻、同性夫妻、单亲家庭、混合家庭、单身家庭、同居配偶等。

中国传统上的社会结构是以家族或家庭为基础的，尤其是在乡村，一切社会关系与社会活动的基础是家族或家庭关系。如费孝通在《乡土中国》一书中，对传统中国社会中的社会结构和关系作了形象的概括，提出了著名的"差序格局"概念，即中国传统的社会关系是按着亲疏远近的差序原则来确立。费孝通指出，传统乡村社会以血缘关系、地缘关系尤其是血缘关系为基础，靠礼治维系。还有学者指出，中国社会中家族团体是各种制度搭配的中心，无论经济、宗教、政治、教育等制度，均以家族团体为主，而结合在一起。用儒家的观点说就是"天下之本在国，国之本在家"。所以，传统中国乡村社会的基础是"家族共同体"。而梁漱溟则把中国人重家庭伦理的人际互动关系概括为"伦理本位"。"伦理本位者，关系本位也"。[2] 他所说的伦理社会也就是把一切社会关系家族主义化的社会。他说："举整个社会各种关系而一概家庭化之，务使其情益亲，其义益重。由是乃使居此社会中者，每一个人对于其四面八方的伦理关系，各负有其相当义务；同时，其四面八方与他有伦理关系之人，亦各对他负有义务。全社会之人，不期而辗转互相联锁起来，无形中成为一种组织。——前说'中国人就家庭关系推广发挥，以伦理组织社会'者指此。"[3]

因此，中国传统的农村社会以直系家庭、联合家庭等大家庭为主要形式，三代或多代同堂现象较为普遍。因为无论是从人口的再生产，还是从生产资料的再

① Jon Witt, *The Big Picture: A Sociology Primer*, McGraw-Hill, 2007, p. 137.
② 梁漱溟：《梁漱溟全集》第三卷，山东人民出版社2005年版，第95页。
③ 梁漱溟：《梁漱溟全集》第三卷，山东人民出版社2005年版，第82页。

生产来说，大家庭能够比小家庭提供更多的保障。这种家庭生活模式既可保障家庭成员的根本利益，也符合传统小农社会生产发展的需要。但是自现代五四运动之后，随着各种新思潮的兴起，"家庭革命"使人们开始放弃大家庭模式。特别是20世纪50年代之后，社会主义新制度的建立和社会结构的巨大改变，使中国传统的婚姻家庭制度发生了重大变革，核心家庭逐渐成了主要的家庭模式。总之，中国农村家庭变化的基本趋势是，家庭规模逐渐缩小、核心家庭比重不断上升、家庭结构日趋简单化、家庭形式越来越多样化等。一项对全国14个省（市）农村家庭的调查也表明了这样的发展趋势："可以说农村家庭结构发生了两点主要变化，其一是小型化，其二是多样化。"[1] 我们在下面的家庭结构部分将会具体分析这些变化。

二、农村家庭结构

（一）农村家庭结构及其变化

家庭结构是指家庭的构成要素及其关系。家庭结构的不同反映了不同的家庭类型、规模及其特点。比如传统社会的大家庭人口规模较大，家庭成员关系复杂，而现代社会的核心家庭人口规模较小，家庭成员关系比较简单。

当然，家庭结构是在不断变化的，在不同历史时期或不同社会中，家庭结构存在着很大差异。家庭结构的总体变化趋势是家庭小型化和简单化。"中国当代家庭结构的变动表明：中国家庭的核心化局面在20世纪80年代初期即已形成。'五普'数据揭示的新变化在于，夫妇核心家庭迅速上升，单人家庭继续增加。尽管三代直系家庭的总水平相对稳定，甚至在农村有所增长，但家庭结构的小型化趋向仍在继续。"[2] 从家庭人口数来看，我国每户平均人口数总体趋势是逐渐减少的。例如，从历年全国人口普查数据来看，1953年全国每户家庭平均人口是4.33人，1964年为4.43人，1982年为4.41人，1990年为3.96人，2000年为3.44人，2010年为3.10人。从家庭户的具体人数看，自1982年以来，2人户和3人户所占比重上升明显，这些户都属于核心家庭。4人户包括核心家庭和主干家庭，所占比重较大，其变化趋势是先增加后降低。而5人户、6人户、7人户、8人及以上户所占比重下降明显，这些户主要是主干家庭和扩大家庭（详见表3-2）。

---

① 中国农村家庭调查组编：《当代中国农村家庭——14个省（市）农村家庭协作调查资料汇编》，社会科学文献出版社1993年版，第13页。

② 王跃生：《当代中国家庭结构变动分析》，《中国社会科学》2006年第1期，第108页。

表3-2 中国家庭户规模比重变化（%）

户规模	1982 年	1990 年	2000 年	2010 年
1 人户	7.9	6.7	8.3	14.5
2 人户	10.1	12.9	17.1	24.4
3 人户	16.1	30.8	30.0	26.9
4 人户	19.6	24.8	22.9	17.6
5 人户	18.4	14.5	13.6	10.0
6 人户	13.1	6.0	5.1	4.2
7 人户	7.9	2.5	1.8	1.4
8 人及以上户	6.9	1.8	1.2	1.0
合计	100.0	100.0	100.0	100.0

资料来源：中国1982年、1990年、2000年、2010年人口普查资料。

另外，从家庭户类型来看，全国1982年到2010年期间，一代户（一对夫妇户）所占比重上升非常明显，二代户所占比重有所下降，四代及以上及其他户所占比重也有明显下降趋势（详见表3-3）。

表3-3 中国家庭户类型比重变化（%）

户类型	1982 年	1990 年	2000 年	2010 年
单身户	7.9	4.9	—	—
一对夫妇户	4.8	6.5	21.7[①]	34.2
二代户	64.7	65.8	59.4	47.8
三代户	17.2[②]	16.5	18.2	17.3
四代以上及其他户	5.4[③]	6.3	0.7	0.7
合计	100.0	100.0	100.0	100.0

① 2000 年和 2010 年，此数字含一代户。

② 此数字含三代户以上户。

③ 此数字为其他类型户。

资料来源：中国1982年、1990年、2000年、2010年人口普查资料。

另外，费孝通通过对江村前后近五十年的对比分析得出，小家庭（核心家庭）所占比重明显上升。特别是1964年和1936年相比，不完整家庭和小家庭所占比重增加明显，而扩大家庭和大家庭所占比重显著减少（见表3-4）。但1964年到1981年出现了相反的趋势，费孝通解释说这跟房屋居住紧张等特定条件有关。

表 3-4 江村家庭结构变化对比（%）

家庭类型	1936 年	1964 年	1981 年
Ⅰ 不完整的家庭（没有成对的配偶）	27.6	32.1	19.6
Ⅱ 小家庭（核心家庭）	23.7	45.9	38.7
Ⅲ 扩大的家庭（一对配偶加父或母）	38.4	15.9	21.1
Ⅳ 大家庭（两对及两对以上的配偶）	10.3	6.1	20.6

参见费孝通：《家庭结构变动中的老年赡养问题——再论中国家庭结构的变动》，《北京大学学报（哲学社会科学版）》1983 年第 3 期，第 12 页。

新中国成立后，随着一系列社会主义新制度的建立，农村的家庭结构随之发生了重大变化。其中，影响较大的因素我们可以概括为如下几个方面：

第一，新婚姻家庭制度的确立极大地改变了传统家庭的结构。1950 年新中国的第一部法律《婚姻法》于 5 月 1 日颁布实施，其基本精神是彻底根除中国长期存在的包办婚姻、男尊女卑等封建婚姻制度，实行男女婚姻自由、一夫一妻、男女权利平等、保护妇女儿童的合法权益。这部法律无疑极大地改变了传统封建大家庭制度，通过倡导男女平等和新的婚姻家庭观念，提高了妇女的地位，从而为新式家庭的建立提供了法律保障。《婚姻法》颁布后，在全国范围内曾开展了声势浩大的"破旧立新"宣传，反对包办婚姻，禁止一夫多妻和纳妾、童婚、买卖婚姻，开展"禁娼运动""禁缠足运动"等。新社会提倡自由恋爱，使婚姻家庭观念发生了重大变革。随着自由恋爱和家庭观念的变化，家庭趋于小型化和简单化，家庭结构和家庭关系随之发生变化。

第二，社会主义集体化改造使传统家庭的功能弱化。从 20 世纪 50 年代末到 80 年代初，中国农村属于社会主义集体化时期，经过广泛而深刻的合作化和人民公社运动，原来家庭所有的土地变成了集体所有。生产方式也由分散的家庭经营变成了集体化经营，生产队成为农业生产经营的基本单位，而家庭的生产功能失去了。随着这种生产经营体制的变革，传统大家庭存在的基础也被削弱了，新的家庭模式开始取代旧的家庭类型。因此，这一时期，农村家庭不再是一个生产单位，作为生活单位的作用也在弱化。其结果是复合型的大家庭所占比重逐渐缩小，而核心家庭比重增大。

第三，"文化大革命"对家庭观念和家庭关系产生了重大影响。在"文化大革命"期间，由于受极左思想的影响，重政治轻亲情，家庭关系变得疏远甚至紧张。农村家庭中家长权威地位的削弱是这个时期出现的重大变化。比如在传统社会，家长具有绝对权威，强调孝道，一切家庭事务都主要由男性家长决定。从日常生活到婚丧嫁娶，家庭成员都要服从家长的安排。但是，在"文化大革命"时期，不但传统的家长制遭到了坚决批判，甚至家长应有的权威也受到了挑战。这些都极大地影响了家庭观念和家庭关系。

第四，计划生育的实施直接影响到了人口再生产，也改变了家庭结构，使家庭规模逐渐减小。从 20 世纪 70 年代后期开始，随着国家计划生育政策的大力推行，人口增长速度明显下降，家庭人口数量骤减。1978 年五届全国人大会议通过的宪法明确写入了"国家提倡和推行计划生育"，翌年五届人大二次会议通过的《政府工作报告》，首次提出了"一对夫妇只生一个孩子"的口号。政府又明确提出了"限制人口数量，提高人口素质"的人口政策，并根据这一政策提倡"晚婚、晚育、少生、优生"。计划生育政策的大力推行所产生的直接结果就是，家庭人口数量减少，家庭结构和家庭关系发生相应变化。在影响农村家庭结构变化的诸多人口学因素中，生育率的下降被证明是主要因素。此外，原来复杂的大家庭关系不存在了，而"独生子女"变成了家庭的"中心"。这不但使家庭小型化，也直接带来了代际关系的重大转变。

第五，改革开放后家庭联产承包责任制的实施，带来了家庭结构的一系列新变化。20 世纪 80 年代以来，广大农村实行了家庭联产承包责任制，新的农户经济得到了迅速发展。因此，以家庭为生产单位的组织形式重新兴起，家庭的经济功能出现了新的变化趋势，相应地也影响到了家庭结构的变化。一项相关的研究成果得出如下结论："以农村经济体制改革为背景的农村社会变迁确实带来了农村家庭生产功能的变迁。这种变迁表现在以下两个方面：（1）在实现由自然经济向商品经济转化过程中生产功能恢复了家庭核心功能之地位；（2）在由纯农业的产业结构向农、工、商等业并举但农业比重日益下降的产业结构转化的过程中家庭生产功能出现了逐渐萎缩的趋势。'男工女耕'型家庭和'男女同工'型家庭的大量出现就是这种趋势的一个显著标志。"[1]

第六，农村人口的大规模外流深刻影响了农村的家庭结构与关系。自 20 世纪 90 年代以来，随着经济的快速发展和产业结构的调整，我国农村出现了大量剩余劳动力，于是大批农村人口涌入到经济相对发达的城市或地区，出现了前所未有的"民工潮"和"农民工"现象。到 2017 年年末，全国农民工总量 28 652 万人，比上年增长 1.7%，其中外出农民工 17 185 万人，比上年增长 1.5%。[2] 农村人口

---

[1] 雷洁琼主编：《改革以来中国农村婚姻家庭的新变化——转型期中国农村婚姻家庭的变迁》，北京大学出版社 1994 年版，第 15 页。

[2] 国家统计局：《中国 2017 年国民经济和社会发展统计公报》，中国统计信息网。

的大规模外流对家庭的影响主要表现在如下方面：

首先，改变了农村家庭的劳动分工和收入结构。大批农村青壮年劳动力进城务工，他们多是在农忙时回家务农，因此通常的农业劳动主要由家庭妇女或年龄较大的留守人员承担。外出务工一般有较稳定的收入，在农村家庭总收入中所占比重越来越大，相应地家庭生活状况也能得到很大改善。

其次，改变了农村家庭成员的生活方式和联系，带来了突出的"农村留守人口"问题，如"留守子女""留守妇女""留守老人"。这些问题直接影响了家庭成员之间的关系，使原来天然的家庭联系、亲子教育和亲情受到很大冲击。

再次，改变了人们的家庭观念，特别是农村年轻一代人更向往城市生活，具有更明显的独立生活意识，而其传统的乡土意识和家庭观念逐渐弱化。

最后，改变了农村传统的家庭养老模式。大多数农村外出务工人员或常年在外，或举家外迁，不再跟老人生活在一起，他们最多提供一定的经济上的支持，因此大量留守老人的日常生活主要依靠自己，越来越多的人失去了子女的日常照顾和直接关心。

总之，改革开放以来，随着社会现代化和城镇化的发展，农村外出务工和流动人口大量增加，农村"空心化"日益突出，中国农村的家庭结构正发生深刻的变化。正如有的学者所指出的："工业化、城市化这样的社会变迁其之所以能对农村家庭产生影响，是因为这样的变迁带给农村家庭的是非农化（当然，在如何实现非农化这一方面，各个地区的路径显然是不同的）。由于非农化，传统的小农小生产的生产方式被改变，从而导致了中国农村家庭的家庭制度发生变迁。"[1] 因此，我们应该从更大的社会变迁背景出发，去全面认识当前中国农村家庭结构所发生的深刻变化。农村家庭结构的稳定性正受到极大考验，离婚率上升，留守儿童和留守老人等社会问题突出。这些新变化和新问题既和整个中国的社会现代化转型密切相关，也和农村家庭内部深刻的变化有关。

（二）农村家庭关系与性别地位的变化

家庭关系作为一类特殊的社会关系主要涉及家庭成员之间的联系，这是一种持久存在的、稳固的关系。如马克思和恩格斯指出："每日都在重新生产自己生命的人们开始生产另外一些人，即繁殖。这就是夫妻之间的关系，父母和子女之间

---

[1] 杨善华：《改革以来中国农村家庭三十年——一个社会学的视角》，《江苏社会科学》2009年第2期，第77页。

的关系，也就是家庭。"① 这种关系的特殊性一方面表现在以血缘关系为基础的亲缘性，另一方面表现在以婚姻关系为基础的姻缘性。

中国农村的家庭关系随着社会的发展而不断变化，这些变化主要体现在如下一些方面：

1. 在代际关系方面，发生了由传统的以父子关系为中心向以夫妇关系为中心的转变

在传统的父权制社会中，男性家长具有绝对权威，故以血缘为基础的父子关系构成了家庭和社会关系的核心。父子之间是血缘关系，这也是传统家庭生活的主轴，其主要的行为规范是父慈子孝。如许烺光指出："总的说来，亲属关系以父系为根本，其中最主要的亲属关系是父子关系。"② 他又说："父子同一和大家庭的理想互为支柱。二者形成了一种社会制度。"③ 在这种严格的制度观念下，其他亲属关系，包括夫妇关系，都可以看作是父子关系的延伸或补充。尤其明显的是，传统女性完全处于依附性地位，她们没有自己的财产权、名誉权和自主权。在传统农业社会中，男性在社会各方面占有主导地位，他们被看作是社会或家庭的栋梁，而女子的主要职责是在家里相夫教子，重男轻女的思想由此而生。例如中国民间流行的观念是：生了男孩是"生了个读书的"，而生了女孩是"生了个绣花的"。所以，在传统的中国家庭中，主轴是在父子之间，夫妇属于配轴。夫妇间的道德，具体来说就是彼此有别，各有分工。在一个家庭（族）中，通常的分工是：男人的职分是读书、做官、经商……他们主要参与家外的活动；而女人的职分是在家内。这种"男主外，女主内"的模式一直延续了数千年。

但是，新中国成立以来，特别是改革开放之后，传统的家长制已被破除，家庭关系发生了根本转变。随着核心家庭的增多和家庭成员的减少，家庭关系的轴心转变了。"横向的夫妻关系已经成为家庭关系的主轴和大多数村民所共享的家庭理想的基础。"④ 老年家长的权威性逐渐弱化，而更多的家庭事情主要由年轻夫妇或子女来决定。所以，在当前的农村家庭中，夫妻关系的重要性日益显著，女性的地位也越来越突出。

---

① 《马克思恩格斯文集》第 1 卷，人民出版社 2009 年版，第 532 页。

② ［美］许烺光：《祖荫下——中国乡村的亲属，人格与社会流动》，王芃、徐隆德译，台北南天书局 2001 年版，第 49 页。

③ ［美］许烺光：《祖荫下——中国乡村的亲属，人格与社会流动》，王芃、徐隆德译，台北南天书局 2001 年版，第 7 页。

④ ［美］阎云翔：《中国社会的个体化》，陆洋等译，上海译文出版社 2012 年版，第 93 页。

2. 在姻缘关系方面，发生了由传统的家庭主义向个人主义的转变

中国传统的农村婚姻是这个家庭或家族的大事，非常强调家庭责任和"门当户对"，而个人的需要与感情则无关紧要。这是传统的家庭主义的基本要求，也是维护传统家庭稳定和延续的基础。因此，在婚姻大事上，"父母之命、媒妁之言"是男女缔结婚姻关系的最主要方式，甚至为了家庭或家族利益，这种婚姻是建立在利益交换关系基础上的，而男女双方是否有感情对于这种婚姻关系的缔结并不重要。正如恩格斯所指出的："婚姻都是由当事人的阶级地位来决定的，因此总是权衡利害的婚姻。"①

关于中国农村的诸多研究表明，在传统社会中自由恋爱结婚的情况极少，儿女的婚姻都由父母或家长直接安排和包办。"子女在婚姻问题上服从父母的意见，即使结婚后有抱怨和不平，父母会说服子女这是天命。子女如果有自己喜欢的对象，但双方父母意见不一致时，就不能结婚。"② 即使结婚后夫妻不和，也不会随意选择离婚，尤其是女性，没有选择婚姻自由的可能性。所以在传统农村，离婚率很低。

但是新中国成立之后，在新《婚姻法》的保障以及逐渐树立的男女平等的新观念影响下，夫妻关系及家庭内部的各种关系开始走向平等。这一方面表现在传统的那种纵向的、绝对的父权制开始受到削弱，父母在婚姻问题上开始听取年轻一代的意见③；另一方面也表现在横向的夫妻关系中，由于广大农村妇女走出家庭，广泛参与集体劳动，在"妇女解放"的大旗下，家庭妇女获得解放以及和男性享有平等权利的理想，逐步变为了现实。当前，婚姻关系已经体现出了非常突出的个体性，男女自由恋爱成了主导风尚，个人的需要与感情越来越受到重视。逐渐地，婚姻也不再被当作是一种家庭义务，而是变成了个人的选择。这一重要变化不但深刻改变了婚姻关系的属性，而且也直接影响到家庭结构及其走向。

3. 在社会性别关系方面，发生了由传统的男尊女卑向男女平等的转变

家庭关系决定了家庭成员的角色和地位。因此，在不同的社会结构和家庭结构中，家庭成员的角色和地位存在着明显的差异性。比如在传统的以父权制为特征的社会，家庭成员之间包括夫妻之间在地位上极不平等，男尊女卑现象普遍存在。但在现代家庭中，家庭成员之间、夫妻之间的平等程度明显提高了。

中国妇女的解放与地位的提高是与社会进步密切相关的，也是由中国社会结

---

① 《马克思恩格斯文集》第 4 卷，人民出版社 2009 年版，第 84 页。
② ［日］中国农村调查刊行会：《中国农村惯行调查》第 4 卷，岩波书店 1955 年版，第 65 页。
③ ［美］阎云翔：《私人生活的变革：一个中国村庄里的爱情、家庭与亲密关系：1949—1999》，龚小夏译，上海书店出版社 2006 年版，第 58 页。

构和社会制度所决定的。每一时代的社会性别规范是不同的，性别规范的改变，反映了妇女社会地位的变化。因为性别规范所代表的是人们对性别行为或性别角色的态度，它是一种与社会制度密切相关的意识形态，故具有鲜明的时代性。中国古代社会最基本的行为规范是"三纲五常"，但对妇女来说，其行为还受另外一套特定规范的束缚，那就是"三从四德"。"三从"为："在家从父，既嫁从夫，夫死从子"。"四德"是指妇德、妇言、妇容、妇功，即妇女应具备的基本修养，又称"四行"。在等级森严的封建社会中，男性是社会的中心，"男尊女卑"的观念压制着妇女的发展。"男子对妇女的无条件统治乃是社会的根本法则。"[①] 因此在传统父权制下，妇女的价值和地位没有得到重视，她们处于从属地位。正如陈东原所总结的："使女子无职业、无知识、无意志、无人格。作男子的奴隶、作一人专有的玩物，摧残自己以悦媚男子的，原来是男尊女卑的结果；习之既久，认为固然，又变成为一切行动的原因。乃说女子的人生标准，只是柔顺贞静，无非无仪。"[②]

近代之后，中国的新派人士才开始重视妇女的权利与地位。例如，维新派领袖康有为在《大同书》中明确提出，男女应享有平等的权利。维新派人士身体力行，最先倡导女子不缠足，通过兴办女学堂等，力图使妇女从封建文化中解放出来。尽管维新变法运动时间不长，影响范围有限，但它却代表了时代的潮流。此后，在辛亥革命特别是五四运动等一系列革命运动中，反封建、倡导"女权"总是一个强音符。通过这一系列运动，大批妇女开始觉醒，妇女的社会地位开始逐渐提高。但是，总的来说，20世纪50年代之前，由于我国处于半殖民地半封建社会，西方思想的影响也有其局限性，社会制度与结构都未发生根本变革，因此妇女地位的改善是相当有限度的。

新中国成立之后实行了社会主义制度，社会结构发生了天翻地覆的变化。传统的封建等级结构被彻底打破，以前处于社会底层的劳动阶级变成了国家的主人，广大人民享有了平等的权利和地位。与此同时，中国妇女也获得了彻底解放，她们被看作是新社会中的"半边天"，和男子在政治、经济、法律、家庭等方面享有了越来越平等的地位。在中国人民政治协商会议第一届全体会议上通过的《共同纲领》中明确提出，中华人民共和国废除束缚妇女的封建制度。妇女在政治的、经济的、文化教育的、社会生活各方面，均有与男子平等的权利。而1954年通过的中华人民共和国第一部宪法中，又对此做了明确的规定。"妇女解放"成了我们

---

① 《马克思恩格斯文集》第4卷，人民出版社2009年版，第80页。
② 陈东原：《中国妇女生活史》，台北商务印书馆1981年版，第18页。

国家的重要政治和社会目标。中国所实行的社会制度，以及特定的社会文化背景，使现代妇女的解放从一开始就与整个国家和民族的发展息息相关。因此，妇女在我国享有平等的社会地位。恩格斯指出："妇女解放的第一个先决条件就是一切女性重新回到公共的事业中去；而要达到这一点，又要求消除个体家庭作为社会的经济单位的属性。"[①]

新中国成立后，广大妇女不但人身获得了解放，而且获得了平等的受教育的机会。1949 年之前，90%以上的妇女是文盲。但到 1982 年，全国 12 岁以上人口中女性文盲和半文盲人口的比重下降为 45.2%，到 1990 年，全国 15 岁以上人口中女性文盲和半文盲人口的比重下降到了 31.9%。而到 2010 年，这一数字已下降到7.29%。[②] 妇女作为"半边天"，在轰轰烈烈的人民公社运动和社会主义建设中，都发挥了重要的作用。男女平等在我国各行各业得到了充分体现。改革开放以来，农村妇女的地位发生了一些新的变化。她们的主体意识不断提高，也更广泛地参与了各种社会活动。特别是随着社会流动的加强和思想观念的解放，农村女性的婚姻家庭观已开始发生重大变化。

三、农村家庭功能

家庭是社会的构成细胞，因而从功能主义的角度来看，家庭对维持人类社会的延续与发展具有极其重要的作用。尤其是在传统的农村社会，家庭可以说是一切社会活动和社会联系的最基本单位，是人类社会必不可少的结构单元。

农村家庭具有多方面的功能，概括来说，其主要包括如下几个方面：

（一）生育功能

自家庭出现以来，其最基本的一个功能就是人口的再生产，这既是人类社会繁衍生息的需要，更是家族或家庭延续的需要。如费孝通在《生育制度》中明确指出："种族需要绵续"是生育制度的基础[③]。但他同时指出，人类的生育不同于其他动物的本能性生殖，而是一个社会抚育的过程。生育制度作为人类种族绵续的人为保障，"就得维持最低限度的人口，于是社会一定得有一个新陈代谢的机构，使死者尽管死，自有新人物出世来填补他们的遗缺。新人物的供给，依我在上文的分析，在人类里并不能完全靠自然的保障，所以得添上人为的保障了。这

---

① 《马克思恩格斯文集》第 4 卷，人民出版社 2009 年版，第 88 页。
② 全国 1982 年、1990 年、2010 年人口普查资料。
③ 费孝通：《乡土中国　生育制度》，北京大学出版社 1998 年版，第 101 页。

个人为的保障就是生育制度。"① 因此，在传统的农村社会，结婚生子对一个家庭或家族而言是极为重要的事情。这一方面通过婚姻关系的缔结，发展社会关系，扩大家庭整体网络；另一方面通过结婚生子，传宗接代，延续家族香火，也实现家庭劳动力的接续，并履行家庭赡养等义务。

在这样的生育制度下，传统农村盛行的是"传宗接代""人丁兴旺""多子多福""子孙满堂"的生育观念。特别是生育男孩对整个家庭来说具有更为重大的意义。若一对夫妇不能生育男孩，则被看作是最大的不孝："不孝有三，无后为大"。所以在传统的农村社会，男女结婚年龄较低，生育的子女数较多。但如果结婚女子没有生育男丁，那么男方家庭一般会通过其他方式来解决香火延续问题：一是男方重新娶妾；二是过继别人家的男孩为自己的孩子，一般是从同族亲戚或其他家族过继而来。还有一种特殊情况就是兼祧，如两兄弟中有一个没有后嗣，另一个有孩子时，这个孩子将来要赡养两家。也正是在这种生育观念影响下，传统农村家庭多是大家庭的生活模式。因为大家庭比小家庭有更多的能力来承担多育的后果，为这种生育行为提供更多的保障。

但新中国成立后，特别是实行计划生育政策和改革开放以来，农村的生育观念已发生了重大变化。随着核心家庭的增多和女性地位的提高，已婚妇女的生育率明显下降。例如，1950 年我国的总和生育率②是 5.81 个孩子，到 1980 年这个数字下降到 2.24 个，而 2010 年只有 1.18 个孩子（详见表 3-5）。家庭子女数量减少是农村家庭变化的大趋势，但在部分农村地区，多子女家庭还大量存在。

表 3-5　中国人口变化和总和生育率

年份	出生率（‰）	死亡率（‰）	自然增长率（‰）	总和生育率（个）
1950	37.00	18.00	19.00	5.81
1960	20.86	25.43	-4.57	4.02
1970	33.59	7.64	25.95	5.81
1980	18.21	6.34	11.87	2.24
1990	21.06	6.67	14.39	2.31
2000	14.03	6.45	7.58	1.80
2010	11.90	7.11	4.79	1.18

资料来源：历年《中国人口统计年鉴》《中国统计年鉴》等资料。

---

① 费孝通：《乡土中国　生育制度》，北京大学出版社 1998 年版，第 115 页。
② 总和生育率是指一国或地区的妇女在育龄期间，每个妇女平均的生育子女数。

（二）经济功能

在传统的农业社会，家庭的经济功能十分突出，家庭是最基本的经济活动单位。由此，杨善华把这一功能称为"核心功能"。"在传统的小生产的农业社会中，家庭的本质是社会劳动组织的基本形式，男性家长是生产的组织者，与此相应，生产功能就是核心功能，它体现了小生产前提下农村家庭的本质。"①

家庭的经济功能主要体现在两个方面，即生产和消费。在传统的自给自足农业社会，家庭的生产功能非常突出，主要农事和生产活动都靠家庭成员自己完成。因此，传统的大家庭可以更有效地组织生产，满足家庭的主要生活需要。在这种"男耕女织""自给自足"生活方式下，农村家庭的消费水平较低。随着社会生产力水平的提高和社会分工的发展，家庭的生产功能逐渐弱化，而消费功能逐渐强化。于是家庭成员由主要的生产者转变为消费者。农村家庭原来主要的消费支出是盖房和娶亲，但随着农村生活水平的提高，消费能力不断提升，其消费也趋于多样化。但相比于城市家庭，农村家庭的消费能力还较弱。

尽管随着社会化水平的提升，家庭的经济功能逐渐弱化，但是在不同的社会历史阶段，其功能也是起伏变化的。例如20世纪70年代末中国农村全面实行家庭联产承包责任制后，家庭作为基本的生产单位重新回归，家庭的经济活动增多。当然，从未来发展看，家庭的经济功能日益弱化是基本趋势。

（三）教育功能

传统社会中家庭不但是一个生产和消费单位，还是一个教育单位。家庭子女的早期教育主要是在家庭中完成的，因此人们常说，父母是孩子的第一任老师。当然，家庭教育是全方位的，它不同于正规的学校教育。家庭教育不但传授知识，更多的是通过言传身教，为子女的身心全面发展提供指导。许烺光指出，家庭教育有三个主要目的："培养谋生的能力，适应社会的能力，以及适合传统习俗的人。"② 所以，家庭是人们实现社会化过程的重要场所。

在传统中国社会，私塾式的家庭教育较为普遍；但随着现代教育的兴起，以传授知识为主的家庭教育逐渐式微。随着现代农村家庭子女数的减少，家长对子女的教育问题也越来越重视。但相比而言，农村家长对子女的教育重视程度不如城市家庭。例如，据2000年第二期山东省妇女社会地位调查资料显示，在被调查

---

① 杨善华编著：《家庭社会学》，高等教育出版社2006年版，第61页。
② ［美］许烺光：《祖荫下——中国乡村的亲属，人格与社会流动》，王芃、徐隆德译，台北南天书局2001年版，第176页。

者中父母对子女小学时学习的重视程度方面，城市高于农村，且在农村中父母对子女学习的重视程度存在明显的重男轻女性别偏向。在农村，女性中本人学习被父母"完全不重视"和"不太重视"者所占比例分别是5.3%和23.8%，依次比男性高4.2个百分点和3.9个百分点，而女性中本人学习被父母"非常重视"者所占比例比男性低8.5个百分点。但在城市家庭中，这种差异不明显（见表3-6）。①

表3-6　分城乡分性别的父母对子女中小学学习的重视程度（%）

居住地	性别	完全不重视	不太重视	比较重视	非常重视	合计
农村	女	5.3	23.8	42.3	28.6	100.0
	男	1.1	19.9	41.9	37.1	100.0
城市	女	1.7	18.7	43.8	35.8	100.0
	男	2.2	15.2	43.2	39.4	100.0

注：调查样本 N（农村女）= 357，N（农村男）= 442，N（城市女）= 514，N（城市男）= 551。

总的来说，随着社会的发展，家庭所提供的正式教育在弱化，但家庭作为人们从出生到长大成人长期所依赖的"港湾"，它提供的人格和精神培养一直是不可缺失的。因此，家庭可以在很大程度上满足人们的情感和心理需要。

（四）养老功能

"养儿防老"是中国传统家庭的基本观念，这种亲子间的"反馈模式"也一直被看作一种传统美德而受到提倡和推崇。尤其在相对落后的农村地区，老年人完全依赖家庭养老安度晚年。我们国家也从法律和道义上提倡和重视子女对父母的赡养义务。

然而，自实行计划生育政策和改革开放以来，家庭结构和代际关系发生了很大变化，这也直接影响到了农村养老方式的变化。其中，第一个方面的变化是家庭养老功能弱化，老年人不再完全依靠子女养老，而依靠自身照顾和其他养老方式的人越来越多，养老方式趋于多样化。例如，根据对一个北方村庄的调查，发现其养老方式中，有59.4%的家庭是子女供养父母，占一多半；但老人自己照顾的家庭也占有很大比例（39.7%），另外有的依靠村集体照顾和进养老院（见表3-7）。②

---

① 赵玉兰主编：《山东妇女社会地位调查研究》，中国妇女出版社2004年版，第141页。
② 林聚任等：《一个北方村落的百年变迁》，社会科学文献出版社2013年版，第136页。

表 3-7 农村主要养老方式

养老方式	频数	百分比（%）
儿女供养	319	59.4
老人自己照顾	213	39.7
村委会集体照顾	3	0.5
社会养老院	2	0.4
合计	537	100.0

第二个变化是养老观念正在发生改变，传统的"养儿防老"观念受到了很大冲击。如调查发现，尽管有 68.9% 的村民认为应该采取子女供养老人的养老方式，有 66.3% 的人对"养儿防老"的观念持赞同的态度，[1] 但是，随着家庭关系和家庭观念的改变，传统家庭养老模式弱化，仅靠子女养老遇到了越来越多的问题。特别是在年轻人中，"养儿防老"的观念越来越淡薄。如表 3-8 所示，从不同年龄段来看，年龄越大的人选择赞同"养儿防老"观念的比重越大，而 30 岁以下不赞同这种观念的年轻人，所占比重明显高于其他年龄组的人。[2] 另外，据中国人民大学中国调查与数据中心发布的"2014 年中国老年社会追踪调查（CLASS）"数据，农村老年被调查者赞同"养儿防老"说法的比例达 82.9%，远高于城市老年人的 56.4%。

表 3-8 不同年龄组的人对"养儿防老"的态度

态度	30 岁以下（%）	31—60 岁（%）	61 岁以上（%）
很同意	16.3	33.5	55.6
比较同意	34.6	30.5	32.4
不同意	38.5	26.2	9.3
说不清楚	10.6	9.8	2.7
合计	100.0	100.0	100.0

第三方面的变化是随着农村人口的大量外流和减少，农村老龄化问题日趋严重，老年人的生活保障问题越来越突出。据 2010 年人口普查数据，我国乡村 60 岁及以上老年人口占乡村总人口的 14.98%，老年抚养比达 22.75%。[3] 而且更多的农

---

[1] 林聚任等：《一个北方村落的百年变迁》，社会科学文献出版社 2013 年版，第 137 页。

[2] 林聚任等：《一个北方村落的百年变迁》，社会科学文献出版社 2013 年版，第 137 页。

[3] 国务院人口普查办公室、国家统计局人口和就业统计司：《中国 2010 年人口普查资料》，中国统计出版社 2012 年版，第 284 页。

村老年人是独居或成为空巢老人，生活需要照料。在这种状况下，未来农村老年人的养老将难以主要依靠子女，而是应更多地依赖当地政府和社会力量。因此，国家与社会应该为农村老年人提供越来越多的社会服务和保障，以弥补家庭养老保障的不足。

第二节　农 村 家 族

中国的村落多是聚族而居，这是传统乡村社会的重要特征。家族在很大程度上已成为了农村社会结构的核心，是构建各种社会关系的重要基础。正如林耀华所指出的那样："宗族乡村乃乡村的一种。宗族为家族的伸展，同一祖先传衍而来的子孙，称为宗族；村为自然结合的地缘团体，乡乃集村而成的政治团体。"① 英国人类学家莫里斯·弗里德曼（Maurice Freedman）通过对中国南方乡村宗族构成的研究也指出，地缘特征是表征同一个族群的重要方面。他说："在福建和广东两省，宗族和村落明显地重叠在一起，以致许多村落只有一个宗族……"②

一、农村家族的内涵与特征

家族又称宗族，是家庭概念的延伸，指的是以血缘关系为基础而形成的一类家庭组织。《辞海》解释为"以婚姻和血缘关系结成的社会单位"。按此解释，家族和家庭概念的内涵是相同的。即族由家构成，由家扩展到房分，再由房分到宗支，从而形成一个家族。费孝通也指出："家族在结构上包括家庭；最小的家族也可以等于家庭。因为亲属的结构的基础是亲子关系，父母子的三角。家族是从家庭基础上推出来的。"③

人类学家非常重视对家族世系关系或亲属关系的研究。如许烺光指出："在系谱上可向上追溯的、核心性别共同的单系祖先构造，在大多数人类学文献中更多地称之为'血系'（line-age）而不是宗族（clan）。"但是，汉学家（sinologists）"对中国的'族'一般用'克兰'（clan）称之。"④ 他把宗族构成的基本要素和特征总结为如下方面：（1）名称；（2）外婚；（3）单系共同祖先；（4）作为核心的

---

① 林耀华：《义序的宗族研究》，生活·读书·新知三联书店2000年版，第1页。
② 莫里斯·弗里德曼：《中国东南的宗族组织》，刘晓春译，上海人民出版社2000年版，第1页。
③ 费孝通：《乡土中国　生育制度》，北京大学出版社1998年版，第39页。
④ ［美］许烺光：《宗族·种姓·俱乐部》，薛刚译，华夏出版社1990年版，第64页。

性别——父系宗族为男性，母系宗族为女性；（5）在所有或大多数成员之间相互交谈或指某个人时使用亲族称呼；（6）许多社会的宗族还有某种形式的公共财产；（7）某种程度的连带责任；（8）父方居住；（9）因婚姻关系妻子自动成为其配偶所属宗族之成员；（10）有用来教育和公共福利的财力；（11）共同的祖先崇拜仪式；（12）宗族的祠堂；（13）宗族的墓地；（14）行为规则的制度；（15）有一个进行裁决、平息纷争的宗族长老会议。①

概括来说，中国农村家族具有如下主要特征：

1. 家族是一种制度，目的在于维护传统秩序

在父权制社会，族权所维护的是一种宗法秩序。这包括如下内容：（1）男性家长制。即家族是以男性血统为基础形成的，父系的世系关系是主轴。长期以来这种父权制为维护家族或社会秩序的重要基础。男人在社会及家庭生活的各个领域处于明显的优势地位。（2）等级制。在这种家族结构中，存在着明显的尊卑关系。宗族内部"尊尊"高于"亲亲"、"大宗"高于"小宗"，大宗构成了家族世系的主干。族长具有绝对权威，辈分等序严格。但现代社会，传统的宗法制度失去了存在的基础，家族制度明显弱化。

2. 在传统中国社会中，家族关系具有突出的差序性特征

正如费孝通所指出的："我们社会中最重要的亲属关系就是这种丢石头形成同心圆波纹的性质。亲属关系是根据生育和婚姻事实所发生的社会关系。从生育和婚姻所结成的网络，可以一直推出去包括无穷的人，过去的、现在的和未来的人物。……因之，以亲属关系所联系成的社会关系的网络来说，是个别的。每一个网络有个'己'作为中心，各个网络的中心都不同。"② 由于对家族关系的重视，因此中国的家文化——儒家伦理——构成了中国人日常行为的基本原则之一。而这种行为原则具有明显的差序性特征。

3. 在这种家族伦理原则下，传统乡村社会中的人们在思维方式与行为上呈现出明显的特殊主义色彩

在中国传统乡村社会中，亲缘/地缘关系成了最基本的社会关系，并以特殊主义为特征。人们在日常交往以及处理各种关系时，优先考虑的是亲缘性或地缘性关系。"一个差序格局的社会，是由无数私人关系搭成的网络。这网络的每一个结都附着一种道德要素，因之，传统的道德里不另找出一个笼统性的道德观念来，

① ［美］许烺光：《宗族·种姓·俱乐部》，薛刚译，华夏出版社1990年版，第64—65页。
② 费孝通：《乡土中国 生育制度》，北京大学出版社1998年版，第26页。

所有的价值标准也不能超脱于差序的人伦而存在了。"① 这就是特殊主义的标准。

二、农村家族的功能

在传统乡村社会，家族具有极为重要的作用，具体体现在如下方面：

首先，从其社会功能上说，家族组织是人们获取权威性资源和配置性资源的主要途径。在权威性资源的分配中，传统乡村社会主要依赖于家族组织，依赖于人们在本家族中的身份、地位、辈分及年龄。因为家族是传统社会主要的社会组织，也是村民们主要的归属性组织，所以人们主要从家族中依据自己的成员资格取得某些家族地位与资源。"富家的子孙不仅承袭其父的财产，而且同样承袭他们父辈的权利和荣誉。穷人的孩子不仅与其父同受穷困之苦，而且和父辈一样卑微低下，没有社会地位。"② 另外，家族在配置性资源的分配中也发挥重要的作用，即家族是人们应对风险和获得互助的主要途径。在传统社会中，农业生产的基本特点是资源的分散和各个农户独立经营，若人单力薄则难以抵御天灾人祸，因此客观上需要家族成员的辅助和彼此之间的合作；此外，无论是在日常的生产经营、子女抚育、老人赡养，还是在婚嫁丧葬、建房等事情上，人们也都离不开本家族的帮助。一个家庭在遇到大事、难事等关键时刻，家族组织给予的帮助体现得更为突出。

其次，从其文化功能上说，家族亲缘关系是族人认同的根基。中国人在家族制基础上形成的家族文化，成了中国传统文化的重要体现。人们无论到了哪里，无论在什么时候，只要是本族人，就会有高度的认同感和亲切感。所以，我们发现，中国人无论到了哪里，聚族而居是一个鲜明特征，即使到了异乡他国，也有自己的"唐人街""宗亲会"等家族组织。家族的认同功能还体现在，中国人具有很强的"认祖归宗"观念，"寻根"意愿强烈。有的人即便离开自己的家乡数十年或数代，也总忘不了"老家"，总想着有朝一日回到故土，找到本家亲人。这种亲族认同功能至今仍然存在，在人们的生活中仍有重要的意义。"中国传统家族文化的鲜明特点在于其宗族性。宗族关系是中国传统家族文化的主干关系。宗族关系以血缘关系为标准，表现了一种原始的人际秩序。"③

再次，从其政治功能上说，家族组织是传统乡村社会自治性秩序维护的基础。

---

① 费孝通：《乡土中国　生育制度》，北京大学出版社 1998 年版，第 36 页。
② 许烺光：《祖荫下——中国乡村的亲属，人格与社会流动》，王芃、徐隆德译，台北南天书局 2001 年版，第 7 页。
③ 王沪宁：《当代中国村落家族文化》，上海人民出版社 1991 年版，第 14 页。

传统的中国是一个"家族结构式的国家"，形成了"家国合一"的社会结构。虽然在乡村基层也有官方组织，还有一些民间组织，但是长期以来，在维护乡村秩序和进行乡村治理等方面都离不开家族组织。正如华裔学者杨庆堃所指出的，中国传统社会是由无数半自治性的地域单位构成的，而每个单位都是以亲属系统为核心组织起来的，且它们彼此之间松散地相联系。处于这种去中心化系统核心的是亲属结构，有数量众多的成员，世代延续，有严格的组织，并具有多种社会经济功能。正是这种亲属系统的结构性力量和功能上的有效性，确立了传统社会秩序的稳定性和中国文化的长期延续性。

从历史的角度来看，可以说："在历史上先有父家长制，在此基础上扩延为君主制，在伦理上先有父为子纲，然后才有君为臣纲。宗族通过祠规督促族人完纳赋税，为政府提供经济基础。宗族组织与政府里甲制度结合起来，稳定地方社会秩序，这一切说明宗族制度维护君主专制制度，宗族是专制君主统治的政治工具，这就是宗族的政治功能。"① 尽管新中国成立后，家族制被当作封建残余革除了，农村的家族势力和影响显著弱化了，但在某些地区或某些方面，家族力量依然存在，并仍发挥一定的作用。特别是在调解族内或邻里纷争，协调家族成员之间的矛盾和关系方面，以及村民自治和选举过程中，家族的作用不容忽视。

最后，从其经济功能上说，家族组织是影响经济活动的重要力量。尤其是在传统的自然经济条件下，家族组织不但掌握一定的经济资源，而且直接参与某些经济活动。所以，历史上有些大家族，不但人多势众，而且富甲一方，甚至掌握着一个地区或更大区域的经济命脉。另外，在社会分工不明显、生产力水平相对较低的情况下，家族式生产方式是人们的普遍选择。即便随着商品经济的发达，"家族企业"仍然大量存在。"从家族企业发展的文化背景和时间周期来看，家族企业更是一种特殊的生命力极其顽强的企业组织形式。它不仅广泛地存在于不同意识形态、制度环境、文化背景的东西方各国，而且以其自身的优势适应了一个个国家的不同时代，其发展至今仍然是生机勃勃。"② 当然，家族式企业或经济会随着社会的发展而变化，因此其作用也是在不断改变的。

三、农村家族的演变与发展

1949 年之前，在中国的广大农村，宗族势力普遍存在，并构成了传统乡村治

① 冯尔康等：《中国宗族史》，上海人民出版社 2009 年版，第 26—27 页。
② 应焕红：《家族企业制度创新》，社会科学文献出版社 2005 年版，第 9 页。

理的重要力量。但 20 世纪 50 年代之后的 30 年间，经过土地改革和人民公社化运动，宗族势力的政治、经济基础已不复存在；又由于长期的阶级斗争氛围，尤其是"文化大革命"期间阶级斗争扩大化，使得农村宗族势力逐渐失去其影响力，宗族活动趋于消失。

　　20 世纪 80 年代以来，随着农村政治经济体制的改革、家庭经济的发展以及思想观念领域的解放，特别是由于提倡村民自治，因此在中国的许多乡村，尤其是南方农村，宗族势力得到了一定程度的复兴。家庭联产承包责任制的实行，形成了家庭联产承包经营与集体统一经营相结合的双层经营体制，而家庭也由此重新成为乡村生产和生活的基本单位。于是，家族组织也开始逐步重新进入人们的生活，传统文化开始重新在村民们的生活中发挥作用，亲缘/地缘关系重新登上了历史舞台。

　　目前，农村宗族势力的新发展已引起了学者们的广泛关注。但关于当前中国乡村宗族的发展也存在不同的认识，大致来说，人们对当前宗族势力发展的认识主要体现在如下三个方面。

观点争鸣：对当前宗族势力发展的认识

　　第一，主张宗族势力得到复兴。"复兴说"认为当前宗族势力在乡村中得到明显复兴并发展。对于改革开放以来农村家族力量复兴的现状与原因，许多学者做了研究分析。例如，孙秋云通过对鄂西土家族地区宗族情况调查时发现，1949 年前该地区强大的宗族势力在近四十年的打压下并未泯灭，20 世纪 80 年代中期，一些强大的宗族又重新开始活动，但 20 世纪 90 年代仅限于修族谱。周大鸣则提出，涵盖了血统、身份、仪式、宗教、伦理和法律等诸多要素的宗族理念早已内化为汉民族精神的一个组成部分，它只可能被压抑，一旦环境许可就又会顽强地展现其生命力。[1] 而韩敏通过系统研究指出，宗族的延续为它的成员提供了一种对宗族认同的基础，这种对宗族的认同感正是导致生产责任制实施后伴随着经济和政治制度的放宽而出现的传统实践和信念复兴的因素之一。[2]

[1]　周大鸣等：《当代华南的宗族与社会》，黑龙江人民出版社 2003 年版，第 5 页。
[2]　［日］韩敏：《回应革命与改革——皖北李村的社会变迁与延续》，陆益龙、徐新玉译，江苏人民出版社 2007 年版，第 3 页。

第二，主张宗族势力已被瓦解。"瓦解说"观点与上述观点相反，认为宗族势力在中国农村并没有复兴，而是被逐渐瓦解了。例如王朔柏和陈意新基于对安徽三个村庄的研究，指出改革给予农民经济自主、乡村选举、进城劳动等现代权利，开始了其'公民化'进程，使宗族在大量年轻人离乡后失去了后继力量，宗族与农民的血缘关系被国家与公民的社会契约取代。[1] 这种观点有一定的代表性，也充分关注到了改革开放以来农村所发生的重大变迁。特别是在相对发达的农村地区，各种现代性力量影响越来越大，而各种传统的东西正慢慢失去其影响力。

第三，主张应综合分析当前乡村宗族势力的发展。"综合说"认为当前乡村中的宗族势力"复兴"与"瓦解"并存。如肖唐镖通过对两次大型农村抽样调查得出，自20世纪70年代末至21世纪初的二十余年间，国内有约两成的宗族已重建，其中以华南、西南和华东地区相对明显，而中原、西北和东北地区甚弱。宗族的组织与活动状况在南北方之间也出现明显差异。他得出："宗族的重建或瓦解，在国内农村是同时存在或出现的，即宗族在有些地区的农村重建，但在另些地区却已瓦解或正在瓦解。"[2] 所以他认为任何以重建或瓦解的一端情况来指称全局，都是不恰当的。

"瓦解说"和"复兴说"，一方面受其研究对象或范围限制，所反映的多是局部乡村的情况，而中国地域辽阔，农村区域差异大，因此它们可能都难以总括全局。另一方面，其比较分析的参照时代有所不同，因此会得出不同的结论。"瓦解说"学者多以明清时期宗族盛行时期为参照，而"复兴说"学者多以1949年后集体化时期为参照，所以其结论会有所不同。所以"综合说"较为合理全面，即不能简单地用复兴或瓦解的极端情况来概括全局。其理由除了中国农村南北地域性和时代性存在显著差异之外，还应该考虑以下因素：

首先，宗族势力的强弱具有相对性。明清时期宗族势力较强的乡村，改革开放后宗族势力往往会有复兴的趋势。且宗族势力的强弱是一个连续体，势力越强的乡村，宗族复兴的可能性和强度越大。

其次，现代性力量不容忽视，特别是城镇化、市场化的影响。在那些越是强烈地受到城镇化和市场化影响的乡村，其宗族势力越趋向于弱化。我们不能忽视这种发展趋势。因为伴随城市化而来的流动性、开放性，市民化和市场化所产生

---

[1] 王朔柏、陈意新：《从血缘群到公民化：共和国时代安徽农村宗族变迁研究》，《中国社会科学》2004年第1期。

[2] 肖唐镖主编：《农村宗族与地方治理报告：跨学科的研究与对话》，学林出版社2010年版，第26页。

的平等性、竞争性以及业缘关系的引进，可有效地消解宗族乡村的血缘性和地缘性，削弱宗族势力。

总之，农村家族的演变与发展和整个中国社会的变迁密切相关。我们应该从历史与现实的角度出发，全面认识当前农村家族的发展状况及其对社会和谐整合的作用。宗族是中国农村社会发展和社会秩序维系的重要力量，因此，既要肯定其存在所具有的合理性及积极意义，同时也要认识到社会发展的总体趋势与要求。

小　　结

农村家庭和家族是构成农村社会结构的重要部分，是人们最基本的生活单位和组织形式，它们在人口再生产和社会文化的延续等方面具有重要功能。本章第一节首先介绍了农村家庭的概念、类型及其演变，说明农村家庭结构、家庭关系及其发生的一系列新变化，然后介绍农村家庭的主要功能及其变化。第二节简要介绍了农村家族的内涵与特征、农村家族的主要功能及其变化趋势。本章各部分还结合中国农村社会发展的现实问题，强调了中国农村家庭和家族变迁的一些重要特征。

思考题

1. 如何认识农村家庭的演变趋势？
2. 如何认识中国农村家庭结构的新变化？
3. 如何认识中国农村家庭功能的变化？
4. 如何认识当前中国农村家族的地位与作用？

思考题要点

第四章　农村社区

农村社区是伴随着人类农业文明的发展而产生并发展起来的，且正在经历从传统村落社区向现代社区的变迁。它不仅是人们生产生活的聚居地，亦是由一定的规范、制度及文化结合而成，且具有一定认同感与归属感的社会生活共同体。在农村社区中，不同社区主体的互动形成了特有的权力结构与运行机制，也构成了农村社区的社会政治内核。处于转型时期的当代农村社区建设，不仅涉及"三农"问题本身，更关乎城乡均衡发展、国家整合与社会融合、全面实现现代化等全局性战略。

名词解释

第一节　农村社区的内涵及其特征

一、农村社区的内涵

"社区"概念最早是由德国社会学家滕尼斯提出来的，在其 1887 年出版的《共同体与社会》一书中，他对社区和社会进行了经典的比较分析，并以此阐释近代社会的整体变迁。他认为社区是通过血缘、邻里、朋友等关系结合而成的一种共同体，在此共同体内人与人关系密切、守望相助、富有人情味，以共同的价值观念、情感、习惯等为基础，是自然意志选择的结果，社区形态主要存在于传统的乡村社会中。与此相对应的社会，则是由不同价值观念的异质人口组成，依靠理性、契约关系结成一定关系，是人类意志选择的结果，主要存在于现代城市社会中。从其发展态势看，社区形态必将被社会形态所取代。在滕尼斯的定义中，社会与社区是两种不同的人群结合类型。20 世纪初，美国社会学家查尔斯·罗密斯将德文 Gemeinschaft 译成了英文 Community，滕尼斯意义上的社区随之在其内涵和外延上都发生了变化，既包括了传统的乡村社区，也涵盖了现代都市社区。之后，美国社会学家、芝加哥学派的罗伯特·帕克等人在研究美国城市基础上赋予了社区地域性含义。帕克认为社区包含三方面特征：（1）根据地域组织起来的人口；（2）或多或少整个植根于该地域；（3）其各单元处于一种相互依赖的关系之中。此后，西方学者对社区的定义五花八门，但大体延续了滕尼斯和帕克对社区内涵的界定，即大都同意社区涵盖三个基本要素，即人口、地域和联系纽带。

在中国，作为一个学术概念，社区一词是 20 世纪 30 年代由以费孝通为代表的燕京大学的学生从英文 Community 翻译过来的。20 世纪 30 年代左右，留学归国的吴文藻、费孝通、林耀华、杨懋春等先后发表有关社区研究的论著，其影响波及国际学术界，被马林诺夫斯基誉为"社会学中国学派"，奠定了之后中国社区研究的基础。我国学者和政府对社区内涵的界定主要涵盖一定人口、特定地域、联系纽带与社会活动及互动关系等要素。吴文藻指出，社区是指一地人们的实际生活，其至少要包括三个要素，即人口、人们所居处的地域、人们生活的方式或文化。费孝通认为，社区是一定地域范围内的社会。人类生活是聚众成群相互合作共同生活的。从一般群居发展成为一个共同生活、相互合作的社会的过程中，人类需要一套关于个体间合作的行为规范，并且要求这些合作个体对其行为规范有一个共识，即构成了一个所谓的共同生活的社会。这个社会基于两种不同的人群关系之上：血缘和地缘。郑杭生认为，"社区是进行一定的社会活动、具有某种互动关系和共同文化维系力的人类群体及其活动区域。"① 2000 年 11 月，中共中央办公厅、国务院办公厅转发的《民政部关于在全国推进城市社区建设的意见》对社区作了如下定义：社区是指聚居在一定地域范围内的人们所组成的社会生活共同体。

可见，社区概念发展至今，其内涵大为扩展。一般而言，社区至少包含以下四个要素：

一是一定的地域。社区总是占据一定的地理空间，如村落、集镇。然而，社区不纯粹是一种物理意义上的空间，还具有社会空间的含义。

二是一定的人群。社区中总是居住着一定数量的人口，其人口质量、分布及构成是社区的重要方面。

三是一定的联系纽带。社区中的人们基于共同的需求和共同的利益生活在一起，并逐渐形成了某些共同的行为规范、生活方式以及社区认同等，是一个社会共同体。

四是一定的社会活动及其互动关系。人们在社区中从事各种各样的政治、经济、文化活动以及日常活动，并由此产生了多样化的互动关系。

---

① 郑杭生：《社会学概论新修》，中国人民大学出版社 2003 年版，第 272 页。

综上，社区可理解为：在一定地域范围内，居住在一起的人们由特定的规范、制度及文化等联系纽带结合而成，具有一定的社会活动及互动关系，以及认同感与归属感的社会生活共同体。

依据不同的标准，社区可以划分为不同的社区类型。根据空间特征，社区可以分为城市社区和农村社区。除了天然形成的差别，我国的城市社区与农村社区由于历史原因也形成了社会性的差别。因此，区分城市社区和农村社区对于理解和分析我国社会、促进城乡协调发展意义重大。

与城市社区相比，农村社区具有鲜明的特点：一是人口密度相对较低、流动性小、同质性强；二是以农业为主要产业，经济活动比较简单；三是受到传统习俗的影响较大；四是职业分工程度相对较低，组织结构较为简单；五是以血缘为纽带的家庭、家族作用较大，人际关系比较密切。

根据社区的定义以及农村社区的独有特点，我们可将农村社区界定为：在农村地域范围内，主要从事农业的居民，由特定的规范、制度、文化及血缘等联系纽带结合而成，具有一定的社会活动及互动关系，以及认同感与归属感的社会生活共同体。

二、村落与农村社区

(一) 村落的起源与发展

村落是人类聚集而居的最早形式之一。《史记·五帝本纪》中记载："一年而所居成聚，二年成邑，三年成都。"《汉书·沟洫志》中则称："或久无害，稍筑室宅，遂成聚落。"此处聚落即为村落，后随聚居人口增多及生产、生活形态的变化，出现了农村聚落与城市聚落的分化。

农村聚落可从广义和狭义来理解，"广义的农村聚落是指除城市以外，位于农村地区的所有居民点，包括村落和集镇。狭义的农村聚落是指村落，是以农业（包括耕作业或林牧副渔业）生产为主的居民点。"[1] 传统村落是从事农业的人们生产、生活及社会活动的聚居场所。

村落是人们在适应自然、改造自然的长期历史过程中逐渐形成的聚居形式。人类社会发展之初，人们过着居无定所的采集、狩猎或游牧生活，其居所只能称之为原始居住地。"原始居住地一般建于森林茂密的低山林区，便于男子狩猎、女子采集。在海边，因原始的捕鱼活动，也有原始居住地建立。人类依靠天然的树

---

① 冯淑华：《传统村落文化生态空间演化论》，科学出版社 2011 年版，第 1 页。

果、草根或者鱼、鸟、兽类等食物维持生活，而这些赖以生存的天然资源，单位面积上的产出量有限，单位面积人口容量比较小，因此原始居住地分布大多比较分散，多为临时性的。"① 在第一次社会大分工之后，即农业与畜牧业分离后，人们逐渐饲养家畜、种植作物，为人们定居的生产与生活提供了经济基础，进而出现了"聚落"这一固定居住形式。之后，为了抵御野兽侵袭、与其他集团竞争、预防自然灾害、提高农业生产力，需要集聚聚落中的人力及物力修筑水渠等。当聚落达到一定规模时，为实现生存资源的有效获取及有序分配，随之出现相应的管理阶层及组织制度。"约6 000年以前的西安半坡氏族公社的聚落就有相当的规模。每个聚落都是氏族或胞族的居住地，包括居住区、制陶工场和公共墓葬区三部分。居住区已发现紧排在一起的40余座房基，大的房屋有60~150平方米，中等的有30~40平方米，小的有12~20平方米。房屋中央有一个长塘，供聚暖、煮饭、照明用。"②

生产力的提高带来了更多富余的劳动成果，交换产品、互通有无成为可能，同时也促进了第二次社会大分工，即商业、手工业从农业中分离出来。社会大分工使得基于不同产业的聚落也产生分化，出现了以商业、手工业为基础的城镇和以农牧渔业为主的村落。

村落的形成与发展是人类利用和获取自然资源的过程，同时也是因地制宜、因势利导的过程，因而与自然环境条件密切相关。有学者总结了易于形成村落的十种地形。第一，河流交汇之处。人类最初选择居住之地，以安全为首要因素。河流交汇处，由河道形成天然屏障，有一定的安全保障，再以河道交通之便利，村落逐步发展为城镇和城市。世界和中国的许多大中城市位于河流的交汇口，这些城市大多由村落发展而来。第二，平原的岗地。平原地形起伏有限，较高的地区称为岗地，以岗地为依托建立的村落，易免于水患，易筑圩建墙，防止盗贼入侵。第三，沿海港湾地带。沿海港湾易于渔村的发展。港湾条件较好的渔村可以发展为城镇，进一步发展成沿海城市。第四，河流谷地中的阶地。河谷阶地在河流平原中最具经济价值。村落建于阶地之上，一方面安全，河水高涨时不至于被洪水淹没；另一方面可就近开发河川谷地。第五，盆地中心区。盆地历来是人类选择聚居之地的最佳目标。农耕社会时期，盆地可以提供给人类较丰富的生活、生产资料，四周天然屏障，安全有保障。另外，易于村落形成与发展的地形还包

① 陆林、凌善金、焦华富：《徽州村落》，安徽人民出版社2005年版，第2页。
② 陆林、凌善金、焦华富：《徽州村落》，安徽人民出版社2005年版，第3页。

括山坡与冲积扇的交接地带、沿海平原的山麓地带、平原区的地垒和方山地貌区、山地中的隘口或山谷的入口处以及沙漠中的绿洲等。①

除了地形条件外，气候条件也是影响村落形成、发展的重要因素。具有适宜农业生产的气温、降水、日照及土壤条件的地域，是村落形成及发展的理想场所。

中国封建社会时期，村落规模大小不一。这一时期的大村，多以大地主宅地为中心，四邻住着佃户或者帮工。村落中阶级对比明显，地主居住着宽敞的院落和砖瓦大房，佃户则居住在茅草小屋中。村落街道以通往地主宅地的干道为中轴，而通向四周佃户住宅的都是些羊肠小路。

新中国成立之后，村落发生了巨大的变化，其生产生活条件大大改善，增加了交通、卫生及其他生活服务设施，"如东北地区原来的茅草房大都改建为宽敞的瓦房。大多住房有庭院，中间为住房，前边为仓库、畜舍、禽舍等，房后为菜地或果园，大部分农民厨房内装有压水井。大村有商店、卫生院、学校等。江浙一带许多农村都建有漂亮的楼房。楼房上有平台，前有阳台。楼房外建有新式围墙、农具库等。"②

村落的形成与发展，既与其所处的地理环境密切相关，也与人们所追求的生产生活方式有关，并且后者对村落的重塑产生越来越重要的影响。

（二）村落的类型

传统村落中，农民以农、林、水产等传统农业产业为主，对土地及自然条件的依赖度高，相互间关系更为密切。然而，随着生产工具的改进、科学技术的进步，人类改造自然的能力逐步增强，社会因素在村落发展中发挥着越来越重要的作用。村落是由以地理要素为主的自然因素和以社会组织为主的社会因素共同构造而成，前者包括聚落构成、土地利用、风土人情与性格、交通等问题；后者包括村落社会构成的特点，血缘与地缘的关系，与近邻集团及宗教组织之间的联系等。

从以地理要素为主的自然因素看，中国农村村落的定居形式是分立户居的，其类型主要有以下五种（表4-1）：

①　胡振洲：《聚落地理学》，台湾三民书局1977年版，第15—22页。
②　王恩涌、赵荣、张小林等编著：《人文地理学》，高等教育出版社2000年版，第225—226页。

表 4-1 中国农村村落（自然）类型、分布及特点①

类型	分布地域	特点
园林式	江南水乡、成都平原	两三户散居，各成一个独立的据点，互不相连但守望相助。住户周围竹林掩映，小溪环绕，住户与住户之间远则相距三五百米，近则几十米，整个村落像是一处园林。
碉堡式	华北、甘肃西部及广东、福建客家人聚居的土楼	村庄从外表看围绕着一道坚固的一般是泥土的寨墙，看不到里边人家，整个村民集中在碉堡内，主要是为了安全防卫需要。
稻穗式	甘肃镇原县北部等山区	在山区，土地零星分散，村落依山势延伸较远，居户分散的形状形似稻穗。
繁花式	农村普遍形式	根据地形水流和农作物种植需要，以及祖辈相沿的生活方便，村庄聚居而相连，村有一两条小街，农民日常生活交往往往在街上。
矩阵式	农垦和新建农村居民点	房屋从结构到排列方式都采取营房式。这种形式节省建筑费，又便于管理，但缺点是居民活动余地较少，生活上不甚方便。

　　从以社会组织为主的社会因素来看，依据不同的标准，村落类型划分也见仁见智。日本社会学者福武直根据村落社会的结合主要依据家庭还是依据社会组织为标准，将村落社会划分为同族结合型和讲组结合型。同族结合型村落是由村里的大地主即本家和佃耕农阶层中从属于本家的血缘或非血缘的旁系构成，是主从关系的纵向结合。讲组结合型村落则是由基本平等的家庭构成的横向联系，产生于缺乏同族结合或同族衰退的村落。各个家庭基本上独立于其他家庭，村落是这些个体的集合形态。

　　王汉生等根据工业化水平及社区集体化程度，将中国农村分成了四种类型。这种分类以工业化水平为纵轴，以集体化程度为横轴。四种类型一是高集体化、低工业化类型（如改革前人民公社时期的农村），二是低集体化、低工业化类型（我们目前大部分农村地区），三是高工业化、低集体化类型（如温州地区），四是

① 韩明谟主编：《农村社会学》，北京大学出版社 2001 年版，第 75—76 页。

高工业化、高集体化类型（如苏南地区）。①

王晓毅在《血缘与地缘》中提出了农村发展模式类型，其类型划分以经济发展水平为横轴，以乡村组织的管理程度为纵轴，将农村分为四种类型。第一类是集中的同质社会（如传统的农业社会），第二类是集中的异质社会（如苏南模式），第三类是分权的同质社会（如山区农村），第四类是分权的异质社会（如温州模式）。②

陆学艺主编的《内发的村庄》按照家庭与村落之间的基本结合方式，即各家庭组合成村落的结合方式来划分村落类型，将我国的村落划分为家族村落、家庭村落、族村合一村落和集体村落四种理想型。③

综上而言，我国农村地区地域广袤，由于自然资源及环境、村落传统、经济发展水平等诸多因素的影响，村落之间地域差异明显、类型多样，因而对特定村落类型的理解，需将其置于特定的地理区域、社会历史中去辨识。

（三）村落与农村社区的关系

从现实形态上，我国目前有两种村庄形态：一是村落，即自然村，是人们在长期的生产生活中，为适应所处的自然环境聚居而形成的村落；二是建制村，又称行政村，是国家依据法律规定设立的农村基层管理单位，设有村民委员会，实行村民自治，下设若干村民小组。一般而言，一个行政村包含几个自然村落，也有规模比较大的自然村落被划分为几个行政村，还有一个自然村落就是一个行政村的。

村落与农村社区既有紧密的联系，同时也存在一些区别。村落与农村社区同属农村的人群共同体，村落是农村社区的一种特定形态。而前者更注重强调其自然属性，即形成的自然性、生产的乡土性、成员的同质性与封闭性；后者则更注重其人文属性，即形成的规划性、产业的多样性、成员的开放性与流动性。

就行政村与农村社区的关系而言，它们既有联系也有区别。从相互联系来看，一是行政村一般是政府规划性社区建设的基础，即农村社区大多在行政村的基础上建设起来，各地农村地区的实践形式各不相同，其形式有一（行政）村一社区、多（行政）村一社区、一（行政）村多社区等；二是实践中行政村和农村社区都是在政府的推动下建立起来的，都具有社会管理和公共服务载体的功能。从相互

---

① 北京大学"社会分化"课题组：《工业化与社会分化——改革以来中国农村的社会结构变迁》，《农村经济与社会》1990 年第 4 期。

② 王晓毅：《血缘与地缘》，浙江人民出版社 1993 年版，第 158—163 页。

③ 陆学艺：《内发的村庄》，社会科学文献出版社 2001 年版，第 438—441 页。

区别来看，农村社区强调作为农村基层社会生活共同体的一面，而行政村在现有制度框架下，是农村集体经济组织和村民自治组织单位。

近 20 年来，行政村的数量在急剧减少，这一点从村民委员会数量的变化可以看出。村民委员会数量从 1995 年的 740 150 个锐减至 2015 年的 580 856 个，减少了 159 294 个，如表 4-2 所示。行政村数量之所以迅速减少，一方面由于在城镇化进程中，大量的城郊村、城中村改为农村社区或城市社区；另一方面由于在政府推动下所进行的大规模村庄合并，最终建成规模更大的行政村或者直接建成农村社区。行政村的这种变化，势必对农村社区产生重大影响。一是强化了其作为社会管理或公共服务载体的功能，凸显了政府的影响力，弱化了其作为基层社会生活共同体或自治组织的角色；二是改变了农村社区的边界，不仅扩大了原有社区的地理范围，而且重塑了其社会共同体范围；三是农村社区的形态发生重大变化，即从自然形成的共同体形态向政府规划的社区形态转变。

表 4-2　1995—2015 年村委会数量变化

年份	1995	2000	2005	2010	2015
村民委员会数量（个）	740 150	731 659	629 079	594 658	580 856

数据来源：本表 1995 年数据参见《中国统计年鉴—2002》表 12-3：农村基层组织情况；2000—2015 年数据参见《中国统计年鉴—2016》，表 22-33：自治组织情况。

在长期的历史进程中，农村社区经历了从村落社区形态向现代社区形态的转变过程。人类在寻求适宜的居住及生产场所过程中逐渐形成了一种聚落形式——村落。村落是传统农业社会中最典型、最普遍的农村社区形态。在村落社区形态中，人们往往对农业及与其相关的自然条件有很强的依赖性，并且由此形成的社会关系也具有鲜明的地方性特征。中国传统村落社区，以自给自足的小农经济为基础，是一个相对封闭的社区。在这样的社区中，人们在长期的生产生活中，以血缘、地缘关系为纽带，互动频繁、利益相关性强，是一个相当稳定的、同质性很强的"熟悉"的社会。

随着社会的发展、科学技术的进步，特别是现代化进程的加快，人们对农业依赖程度降低，作为一种农村社区形态的村落，具有了更强的人为建构色彩和现代特征。从 20 世纪 50 年代进行的农村集体化运动，到 21 世纪初进行的合村并组，再到当前的新型农村社区建设，都显现着国家对乡村社会治理能力的提高、治理方式的变化，农村社区更倾向于在国家规划目标下发挥其政治性与社会性功能。现代农村社区与传统村落社区相比，具有了新的特点。一是作为更开放的居住区，不再只依据血缘、地缘等先赋性因素作为其社区界线。二是更为异质化。农村社区居住人口不再仅仅是农业人口和本地居民，也同时会有非农职业及流动人员。三是更具流动性。农村社区居民不再是一成不变的，而是在日益流动的社会中时常变化。四是更富民主性。农村社区秩序不再单纯依靠长老权威，而是基于平等成员基础上的民主参与。

总之，村落是中国传统农业社会中一种典型的农村社区形态。在现代化进程中，农村社区逐渐从村落形态向现代社区形态转变，日益具有更为明显的现代特征。

三、农村社区的特征及其演变

农村社区的特征是和城市社区相比较而言的，并且随着时间的演进而不断变化。

（一）以农业作为主要产业，对自然环境的依存性更强

农村社区是从事农业的居民聚居区域，而农业以有生命的动植物为劳动对象，其主要的生产资料是土地及其附属物。农业再生产的特点在于它是自然再生产与经济再生产的交织过程。一方面，其自然再生产的增殖过程与自然生态环境存在着相互依存的关系，主要体现在农产品生产受到水、土、光、热、气等自然力的作用，要依靠社会与自然间物质和能量的相互转换过程来完成。另一方面，人类对自然进行劳动和物质资料、能量等的投入，以谋取农产品生活资料和生产资料更多的产出，自然力对农户的生产也进行物质与能量的投入，实现农产品的增殖。由此，农村居民在农业生产上与自然界形成一种比城镇居民更为密切的共生共栖的生态关系。

在传统社会，农业是农村社区乃至整个社会的主要产业。我国传统农业属集约型农业，其特点是根据不同的气候、地理条件因地制宜，精耕细作，主要通过劳动力的投入、借助畜力和人工操作的农具来提高单位面积产量。传统农业社区主要包含两种类型：一是以种植粮食为中心、多种经营并举的社区，这是传统农村社区的主导形式；二是以游牧经济为主导的农村牧区。由于农业生产主要依靠天时地利以及人们长期积累下来的耕作或放牧经验，对自然灾害的抵御能力与主动改善耕作条件的能力较弱，因此传统农村社区更多地依存于自然生态。

伴随着现代化进程，农村社区的产业结构日益多样化，某些社区呈现第一、二、三产业并存的局面，然而农业依然是绝大多数农村社区的主导产业。随着育种技术、灌溉技术、机械技术、温室暖棚技术以及农药、化肥等现代农业科学技术的广泛应用，人们对农业作物的掌控能力、自然灾害的防御能力大大增强。与

此同时，较传统农业而言，现代农业对自然环境的依存性大为减弱。但是，与城市社区中的工商业相比，农业以土地及附属物作为主要生产资料，通过与自然的相互作用获取产品的产业特性，决定了其与自然环境的天然依存关系将一直存续下去，只是依存的方式及程度发生了变化而已。

（二）占据广阔的地域，人口密度相对较低

农村社区以农业作为主要产业，农业的主要生产资料是土地及地表附属物（如水体、山丘、草原等），大量的农田、养殖水体、山林、牧场等遍布于广大农村，因而农村社区占据了广阔的地域。《中国统计年鉴—2015》中的表8-1显示，在960万平方公里的土地面积中，耕地面积为135万平方公里，园地面积14万平方公里，林地面积253万平方公里，牧草地面积219万平方公里，其他农用地面积为24万平方公里，仅此五项面积之和就达到645万平方公里，还未包括农村社区居民点用地、河流湖泊及水利设施用地等。

随着城镇化、工业化进程的加快，农村社区人口无论在数量上还是在比重上都在呈下降趋势。《中国统计年鉴—2015》的数据显示（表4-3），农村人口从1950年的4.90亿上升到1995年的峰值8.59亿后，2015年下降到6.03亿，所占比重分别为88.82%、70.96%和43.90%；城镇人口1950年为0.62亿，1995年为3.52亿，2015年为7.71亿，所占比重分别为11.18%、29.04%和56.10%。

表4-3　1949—2014年城乡人口数及构成① 　　　　　单位：万人

年份	城镇		乡村		总人口（年末）
	人口数	比重（%）	人口数	比重（%）	
1950	6 169	11.18	49 027	88.82	55 196
1955	8 285	13.48	53 180	86.52	61 465
1960	13 073	19.75	53 134	80.25	66 207
1965	13 045	17.98	59 493	82.02	72 538
1970	14 424	17.38	68 568	82.62	82 992
1975	16 030	17.34	76 390	82.66	92 420

① 本表1949—2014年的数据摘自《中国统计年鉴—2015》表2-1：人口数及构成；2015年数据来源于《中华人民共和国2015年国民经济和社会发展统计公报》（2016年2月29日）表1：2015年年末人口数及其构成。根据国家统计局印发的《关于统计上划分城乡的暂行规定》第四条"城镇是指在我国市镇建制和行政区划的基础上，经本规定划定的区域。城镇包括城区和镇区"；第七条"乡村是指本规定划定的城镇以外的其他区域"。

年份	城镇		乡村		总人口（年末）
	人口数	比重（%）	人口数	比重（%）	
1980	19 140	19.39	79 565	80.61	98 705
1985	25 094	23.71	80 757	76.29	105 851
1990	30 195	26.41	84 133	73.59	114 328
1995	35 174	29.04	85 947	70.96	121 121
2000	45 906	36.22	80 837	63.78	126 743
2005	56 212	42.99	74 544	57.01	130 756
2010	66 978	49.95	67 113	50.05	134 091
2015	77 116	56.10	60 346	43.90	137 462

就人口密度而言，农村社区人口比城市社区人口稀疏得多。以北京为例，其城乡人口分布差异非常明显，"北京市行政区划面积 1.64 万平方公里，人口密度 909 人/平方公里。但人口分布过于集中在城区，城乡人口密度差距很大。按常住人口计算，2004 年城八区 8% 的土地面积上居住了 62.1% 的常住人口，人口密度高达 6 779 人/平方公里，其中核心区以 0.6% 的土地面积容纳了 13.4% 的人口，人口密度高达 2.17 万人/平方公里；十个远郊区县拥有全市 91.7% 的土地面积，却只居住了 37.9% 的人口，人口密度仅为 376 人/平方公里。核心区的人口密度是远郊区县的 58 倍。"[①]

（三）社会结构相对稳定，流动性较低、同质性较强

传统农村社区是基于自给自足的小农经济和血缘、地缘关系基础上的，形成了相对独立的生产生活空间，正所谓"鸡犬之声相闻，老死不相往来"，具有明显的封闭性。在封建时代"缺乏成熟的市场及市场交易，以自给自足为主；农村家族血缘关系发达，血缘及地缘联系紧密，但缺乏超越血缘和地缘之外的广泛的社会联系；王权通过士绅对乡村社会及社区保持着权力的渗透和干预，也存在一定的社会政治流动，但是，政治权力及政治关系具有明显的单向性和等级性。这些显示，传统乡村在经济生产、社会联系及政治生活方面均存在一些单向的联系，有时这种联系还十分紧密和发达，但是，这些单向联系本身却具有自身的封闭性。人们在经济上、社会上和政治上缺乏独立性、自由选择及自由流动，由此也形成

---

① 孟素洁：《"十五"期间北京城乡差距与农村内部差距分析及对策思路》，《北京社会科学》2006 年第 3 期。

了乡村社区和共同体的封闭性。"① 与此同时，人们大多局限于农业生产，劳动分工程度较低，人们生于斯长于斯，代代生息繁衍于此，社会流动性较低，阶层分化较弱，社会地位相对稳定，人口同质性很强。

新中国成立后，经历土地改革、农业合作化与人民公社化等变革和运动，农村逐渐建立了政社合一的人民公社体制。由于其基本的生产生活与组织管理以生产队为基本单位，生产队事实上成为这一时期农村社区的基本形态。由于当时对经济发展规律和中国经济基本情况认识不足等原因，"轻率地发动了'大跃进'运动和农村人民公社化运动，使得以高指标、瞎指挥、浮夸风和'共产风'为主要标志的'左'倾错误严重地泛滥开来。"② 受此影响，人民公社在土地等生产资料公有制基础上，实行集中劳动、统一分配。农民主要以公社社员身份存在，在生产生活中接受生产队的统一安排。

中共十一届三中全会之后，在农村社区内部，由家庭联产承包责任制开启的农村改革，一方面使农民家庭拥有了经营自主权，解放了农村生产力，促进了农业的快速发展，基本解决了农民温饱问题；另一方面使农民摆脱了对土地的依附关系，作为市场要素的劳动力逐渐流动起来，促进了乡村工商业的兴起与发展。在农村社区外部，由于市场经济的发展、城镇化进程的加快、工商业的发展及户籍制度的松动，农村人口在社区外有了更多的就业选择机会。由此，城乡工商业的发展促使农村社区居民从单一的种植业转向更为广阔的农、工、商等多种行业，从封闭的农村社区经济格局转向更为开放的城乡经济格局。

受市场经济发展与农民经济活动多元化的驱动，农村社区结构更趋开放。一是农民在社区外、特别是城市地区可选择的就业机会越来越多，甚至成为农村劳动力的主要选择，与外界产生紧密经济联系的同时，也提高了农村社区的开放程度；二是随着农民经营自主权的提高、社区内部经济成分多元化与土地流转合法化，社区成员的构成趋于异质化，不再仅仅局限于户籍人口，还包括越来越多的非户籍人口。在一些经济发达的农村社区、城郊村或城中村，出现了人口"倒挂"现象，即外社区户籍人口超过本社区户籍人口。基于集体产权与户籍基础上的农村社区边界趋于模糊。

① 项继权：《中国农村社区及共同体的转型与重建》，《华中师范大学学报（人文社会科学版）》2009年第3期。
② 《中国共产党中央委员会关于建国以来党的若干历史问题的决议》，载中共中央文献研究室编：《改革开放三十年重要文献选编》，中央文献出版社2008年版，第192页。

（四）具有特定的文化习俗与社会治理体制

传统农村社区秩序体系以家庭宗法制为核心。宗法制是以父权、族权为特征的宗族家族制度。在周代，按宗族血缘"授民授疆土"。天子、诸侯、卿大夫、士，既是政治上的君臣关系，也是血缘上的大宗、小宗关系。秦统一后，宗族势力被削弱，皇权增强。汉代之后，以维护皇帝权威和封建秩序为核心的宗法制度逐渐完善。董仲舒创立了以"三纲"为核心的纲常教义。所谓"三纲"，即"君为臣纲，父为子纲，夫为妻纲"，以此确立了天下小家维护皇室大家的伦理基础，也为家族政治化和国家家族化奠定了基础，"孝"成为贯穿其中的主线，实现了家族制度与国家制度的融合、家国同构。

在宗法制下的农村社区，家族是其基本的社会单元。家族的利益与荣誉被置于非常重要的地位。若有族人触犯了诸如"谋反"之类的国法，则会面临被灭族的灾难，而若"忠孝节烈"则会受到旌表，家族俱荣。为维护自身安全与族内秩序，既要遵国法，又要守族规，所谓"国有国法，家有家规"。在"皇权不下县"的传统社会，国家将乡村社区中的权力及责任交付给宗族。直到近现代，族长对族内子弟拥有处罚权，甚至对"逆伦重罪"者处以沉潭之类的死刑；若与其他宗族发生冲突，可能发生大规模械斗及伤亡。可见，传统社会中的农村社区，以宗法制作为其主要的秩序规范，以此维护族权，通过族权治理乡村、补充皇权之不及，进而巩固皇家政权。

新中国成立后，经过社会主义改造和社会主义建设，城市建立了社会主义全民所有制，农村则建立了社会主义集体所有制。人民公社体制则是在社会主义集体所有制基础上形成的特定的农村社会管理制度。人民公社"集党、政、经、军、民、学于一体"，一方面在经济上、社会保障上是一个自给自足的社会实体，另一方面它依据行政逻辑建构起来，受到自上而下的行政管辖，并服从于国家的整体战略。

改革开放之后，家庭联产承包责任制及村民自治的施行，一方面改变了政府与农村社区的关系，农村有了更大的自治空间；另一方面，农村社区内部的组织方式更趋自治，其形式既包括拥有法律保障的村民自治，也涵盖基于传统习俗的家族、宗族自治，还有基于信仰或利益结成的宗教组织、农民合作社等民间组织的自治等。虽然社区自治型组织方式日益明显，但与此并生的利益化倾向也不容忽视。不论是作为正式组织的基层政府、村民自治组织及其相互关系，还是作为非正式组织的各种民间团体、农民个体及其相互关系，都会不同程度上受到利益取向的影响，并时常通过利益杠杆实现乡村关系、社区内部关系的再组织。

　　不容忽视的是，我国农村地域广袤、幅员辽阔，文化习俗地域差异明显。"在中原和边陲、沿海和山区、汉族与少数民族地区等不同类型的农村社区内，具有不同的民情、风俗、习惯、语言、生活方式等。这些因素都在不同程度上影响着各个社区的社会关系、社会制度。'入乡随俗'说明了显性或隐形的地方性制度对农村社区成员具有强有力的约束作用。也正因为如此，农民对所在的农村社区具有强烈的认同意识和归属感。"①

第二节　农村社区的权力结构

　　中国农村地域广袤、类型多样，包括农耕区、牧区、渔区、林区等，不同区域中的生产结构、社会结构与文化结构都存在着一定的差异，也具有不同的社区权力结构。由于篇幅限制，这里主要针对农耕区的农村社区展开分析。

一、农村社区权力结构的内涵

　　现代社会中，人们赋予"权力"诸多定义。霍布斯认为"行动者的权力和有效的动因是一回事"②；罗素认为"权力可以定义为有意努力的产物"③；马克斯·韦伯将权力理解为"在社会交往中一个行为者把自己的意志强加在其他行为者之上的可能性"④；吉登斯认为权力在赋予行动沟通主体和客体关系能力的过程中，还产生了它的"二重性"，即转换能力和支配能力，前者表现为主体本身所具有的自主性，后者表现为主体间的依赖关系；塞缪尔·亨廷顿认为，权力是一个人或群体改变另一个人或群体行为的能力⑤。这些定义的共同之处是把权力看作一个人或一群人对其他人的影响能力，但是这些定义尚未阐明权力的基础，因而并未揭示权力的本质。

① 钟涨宝：《农村社会学》，高等教育出版社 2010 年版，第 126 页。
② ［英］戴维·米勒、韦农·波格丹诺编：《布莱克维尔政治学百科全书》，邓正来译，中国政法大学出版社 2002 年版，第 595 页。
③ ［英］波特兰·罗素：《权力论——一个新的社会分析》，靳建国译，东方出版社 1988 年版，第 23 页。
④ ［英］戴维·米勒、韦农·波格丹诺编：《布莱克维尔政治学百科全书》，邓正来译，中国政法大学出版社 2002 年版，第 595 页。
⑤ ［美］萨缪尔·亨廷顿：《文明的冲突与世界秩序的重建》，周琪等译，新华出版社 2002 年版，第 78 页。

　　在马克思和恩格斯看来，权力的形态与生产力水平及所有制密切相关。随着生产力不断发展，生产关系不断变革，生产资料所有制关系随之变化，权力的形态也随之发生变化。马克思和恩格斯在《德意志意识形态》中，根据所有制基础的不同，将权力划分为四种类型。一是"父权制的部落首领""管辖""部落成员"的权力①，是由部落所有制决定的；二是"公民仅仅共同拥有支配自己那些做工的奴隶的权力"②，由古典古代的公社所有制和国家所有制所决定的；三是"贵族掌握了支配农奴的权力"③，由封建的或等级的所有制决定；四是资本奴役劳动的权力，由资本主义私有制决定，"是与这种现代私有制相适应的"④。虽然马克思认为公共权力的政治性质终将消亡，但是这只有到了共产主义社会高级阶段，当分工消失和劳动本身成了生活的第一需要的同时，集体财富的一切源泉都充分涌流之后才会发生。因此，在社会主义初级阶段，权力及社区权力依然会存在。马克思和恩格斯将所有制引入权力的分析中，阐释了其现实基础及其本质。

　　农村社区权力是权力在农村社区内的特定形态。一方面，由于人类活动的"基本形式当然是物质活动，一切其他活动，如精神活动、政治活动、宗教活动等都取决于它"⑤。农村社区权力归根到底是由人们的物质活动决定的，是由农村社区内的所有制决定的。另一方面，"社会结构和国家总是从一定的个人的生活过程中产生的。"⑥ 同样，农村社区权力是在社区成员的日常生产、生活过程互动中逐渐产生并发展起来，是一种对他人的影响能力。由此，我们可将农村社区权力理解为：在农村社区内部，在特定所有制条件下，一个人或一群人在社会互动过程中形成的对其他人的支配能力。农村社区权力结构则是具有这种支配能力的主体在农村社区内的分布状态及其相互关系。

二、农村社区权力的类型

　　西方学者对社区权力结构的研究，虽然局限在资本主义制度框架内，但对我们理解现代社区中的权力结构仍具有一定的借鉴意义。1953 年，美国社会学家弗洛伊德·亨特出版了《社区权力结构：决策者研究》(*Community Power Structure：A*

① 《马克思恩格斯文集》第 1 卷，人民出版社 2009 年版，第 521 页。
② 《马克思恩格斯文集》第 1 卷，人民出版社 2009 年版，第 521 页。
③ 《马克思恩格斯文集》第 1 卷，人民出版社 2009 年版，第 522 页。
④ 《马克思恩格斯文集》第 1 卷，人民出版社 2009 年版，第 583 页。
⑤ 《马克思恩格斯文集》第 1 卷，人民出版社 2009 年版，第 575 页。
⑥ 《马克思恩格斯文集》第 1 卷，人民出版社 2009 年版，第 524 页。

Study of Decision Makers），可谓社区权力研究的开山之作。社区权力结构自亨特之后成为西方社会学研究的重要议题，并形成两种完全不同的论断。一种是以亨特为代表的精英论。亨特运用"声望法"通过对亚特兰大的社区研究发现，社区精英在社区事务中掌握了社区战略决策的决定权与主动权；社区精英在经常往来过程中相互熟识，并磋商社区事务，形成紧密的权势群体；这类群体中的一些人在公共团体供职，在社会上引人注目，声名显赫，另一些人则通过他人行使权力，其活动和影响一般不为常人所知。另一种是以达尔为代表的多元论。达尔通过对纽黑文市的社区研究发现：美国社区的权力大多是多元分布，没有组织对社区行为有持续的操控权和指挥权，他认为社区权力分散于多个团体或个人之中，每个团体都有各自的中心，并且数个社区组织多元竞争模式要比经营模式更有效。

　　国内外学者们对我国农村社区权力类型研究成果丰硕。一是对传统农村社区权力类型的研究。费孝通在分析乡土中国的社区权力时，区分了同意权力、横暴权力以及教化权力三种类型①；张仲礼关注到士绅在传统农村权力结构中的重要作用；杜赞奇在考察 20 世纪上半叶华北农村时区分了赢利型经纪与保护型经纪两种不同的权力主体；黄宗智则强调了土地占有形态、家族力量和结构对农村社区权力类型的影响。这些研究深刻揭示了传统农村社区中特有的权力类型、权力主体及其影响因素，对于理解与分析农村社会秩序具有重要的参考价值。

　　二是对于当前农村社区权力类型的研究。随着生产力的发展及所有制结构多样化，农村社区权力主体呈现多元化趋势。有学者对农村社区权力进行了分类，王汉生根据精英影响力的来源，将其分为党政精英、经济精英和社会精英②；樊平将当代村落权力区分为体制性权力和内生性权力。更多学者则更关注农村社区内某种权力主体，王铭铭强调了在政治社会变迁中家庭领袖权威的再生产，昭示着非正式权威的兴起；党国印阐释了"乡村权势阶层"的崛起③；吴飞则强调了地方精英特别是宗教精英对当地社会的支配④；杨善华则关注到农村社区的政治精英⑤。

---

① 费孝通：《乡土中国·生育制度·乡土重建》，商务印书馆 2011 年版，第 62—71 页。
② 王汉生：《改革以来中国农村的工业化与农村精英构成的变化》，《中国社会科学季刊》（秋季卷）1994 年。
③ 党国印：《中国乡村权势阶层崛起》，《中国国情国力》1998 年第 5 期。
④ 吴飞：《仪式、道德话语和制度变迁——读赵文词的两本著作》，《中国书评》（香港）1998 年夏季卷。
⑤ 杨善华：《家族政治与农村基层政治精英的选拔、角色定位和精英更替——一个分析框架》，《社会学研究》2000 年第 3 期。

归根结底，农村的生产力水平决定着其包括所有制关系在内的生产关系，土地等农村生产资料所有制又决定着农村社区权力结构。改革开放后，随着农村生产力的发展，以集体所有制为主体、多种所有制经济成分并存，我国农村社区权力结构呈现多元化趋势，形成了以"村两委"为代表的正式社区权力以及以政治精英、经济精英、社会精英等为代表的非正式社区权力。

三、当代中国农村社区权力特征及其演变

（一）集体化时期农村社区权力结构

新中国成立后，新政权开始着手进行社会主义改造与建设，主要是通过土地改革，粮食三定（定产、定购、定销）以及生产集体化运动，最终建立人民公社体制。这一系列变革使得国家权力逐渐深入到乡村社会内部，之前国家、士绅或地主、农民的三元结构逐渐被国家与农民的二元结构所取代，"旧的以分散、自立的小农经济为基础的政治经济体制被巨大的、以集体化和计划经济为基础的党政体制所取代。"[①]

人民公社体制下，在乡村社会中形成了由公社、生产大队、生产队、社员（农民）构成的新型的权力结构。党政关系上，公社书记领导公社主任，大队支书领导大队长；在纵向权力构成上形成了公社主任—生产大队长—生产队长—生产组长为主线的权力结构。对乡村社区权力结构的重塑，也是国家乡村治理方式的转变。根据 1962 年颁布的《农村人民公社工作条例修正草案》，即"农业六十条"，农村人民公社是政社合一的组织，是我国社会主义社会在农村的基层单位，又是我国社会主义政权在农村中的基层单位。处于国家政权末梢的人民公社，也是上级政府决策的执行者。

总而言之，这一时期，农村社区权力结构在社会主义建设过程中重塑，历史地适应了当时的短缺经济及其管理需要，但一定程度上也抑制了农村经济社会发展的活力。

（二）改革开放以后农村社区权力结构

农村家庭联产承包责任制的实施，开启了农村改革的序幕，同时也使农村社区权力结构重组势在必行。在 1982 年通过的《中华人民共和国宪法》第十五条规定："省、直辖市、县、市、市辖区、乡、民族乡、镇设立人民代表大会和人民政府。"之后，中共中央、国务院在 1983 年发出的《关于实行政社分开建立乡政府

[①] 刘豪兴主编：《农村社会学》，中国人民大学出版社 2008 年版，第 149 页。

的通知》中，一方面强调政社分开、乡级政府作为基层政权的地位，另一方面在村级治理层面强调村民委员会是基层群众性自治组织，从而开启了"乡政村治"①的乡村治理格局。在经历了较长的过程之后，村民自治通过法律的形式确定下来：先是 1987 年 11 月《中华人民共和国村民委员会组织法（试行）》通过，直至 1998 年 11 月 4 日第九届全国人民代表大会常务委员会才正式通过《中华人民共和国村民委员会组织法》（以下简称《村组法》），2010 年 10 月 28 日第十一届全国人民代表大会常务委员会第十七次会议对《村组法》再次修订。在乡政村治背景下，农村社区的自治空间大大拓展。在生产力提高、经济快速发展背景下，农村社区权力呈现以"村两委"为主导的正式社区权力、多重非正式社区权力并存的局面。

1. 以"村两委"为主导的正式社区权力

（1）作为社区权力机构的村民委员会由村民直接选举产生，对村民负责

《村组法》第二条规定，"村民委员会是村民自我管理、自我教育、自我服务的基层群众性自治组织，实行民主选举、民主决策、民主管理、民主监督。村民委员会办理本村的公共事务和公益事业，调解民间纠纷，协助维护社会治安，向人民政府反映村民的意见、要求和提出建议。"农民从一直以来的被管理者演变为村庄决策的参与者、执行者、监督者。

（2）村党支部与村民委员会的领导与被领导关系

《村组法》第三条规定："中国共产党在农村的基层组织，按照中国共产党章程进行工作，发挥领导核心作用；依照宪法和法律，支持和保障村民开展自治活动、直接行使民主权利。"在实际操作中，不同地方进行了创造性实践，比如党政一肩挑等，然而村党支部在其中的领导地位是不变的。

（3）纵向权力配置中的"乡—村"关系。

《村组法》第四条对乡镇政府与村民委员会之间的关系作了明确规定："乡、民族乡、镇的人民政府对村民委员会的工作给予指导、支持和帮助，但是不得干预依法属于村民自治范围内的事项。村民委员会协助乡、民族乡、镇的人民政府开展工作。"可见，法律已经明确界定了"乡—村"关系，即指导与被指导关系，村民委员会依法具有社区范围内的自治权。

2. 多重非正式社区权力并存

"两委"组成人员所拥有的社区权力是体制赋予的。除此之外，还有一些农村

---

① 乡政村治，包含"乡政""村治"两个层面，"乡政"即国家在乡镇设置最低一级政府，代表国家对乡村进行管理；"村治"即村民自治，在农村成立自治组织，实行民主选举、民主决策、民主管理和民主监督。

精英由于具有某方面资源或权威优势而具有社区影响力，可大体分为政治精英、经济精英和社会精英。

（1）政治精英。政治精英是指在农村社区公共事务中发挥领导、管理、决策、整合等功能的人。有些政治精英通过选举或组织任命成为村"两委"班子成员，也有一些政治精英虽然不是"两委"班子成员，但由于其热衷社区公共事务，在社区决策、管理等方面具有一定的影响力，也可能成为之后"两委"班子的潜在人选。

（2）经济精英。改革开放后，农村社区出现了一批"经济能人"，他们率先适应市场经济，凭借着个人能力先富起来，大多是农村经济组织的创始人、带头人。他们大多接受过一定水平的教育，同时对农村社区人情世故非常熟悉，其经济上的"先富"示范，使其具有了广泛的社区影响力。

（3）社会精英。社会精英主要涉及那些在品德、能力、经验、威望等方面受到社区居民普遍尊重的人。他们的德行一般符合农村社区居民传统价值观，并在社区事务处理过程中逐渐树立起个人威望。社会精英一般而言年龄较大，以维护村庄秩序为己任，是社会传统的维护者和传承者，依靠自身在家族中的地位而对社区产生影响，使其在社区事务中具有一定的话语权。

总之，改革开放后，随着农村生产力水平的提高及市场经济的快速发展，农村社区权力主体呈现正式社区权力与非正式社区权力并存的格局。当然，正式社区权力主体与非正式社区权力主体之间的构成并不是一成不变的，而是可以相互转化的，并且现实中的社区权力主体也不是某个单一的精英类型，而往往是多种精英类型的混合体。

第三节　农村社区建设

一、农村社区建设的内涵与意义

（一）农村社区建设的内涵

农村社区建设是一个规划性社会变迁的过程，政府在其中发挥了关键性作用，并对社区建设及农村社区建设给予了特定的内涵。2000年11月，中共中央办公厅、国务院办公厅转发的《民政部关于在全国推进城市社区建设的意见》中指出："社区建设是指在党和政府的领导下，依靠社区力量，利用社区资源，强化社区功能，解决社区问题，促进社区政治、经济、文化、环境协调和健康发展，不断提高社区成员生活水平和生活质量的过程。"2006 年 10 月，党的十六届六中全会讨论通过的《中共中央关于构建社会主义和谐社会若干重大问题的决定》首次完整地提出"农村社区建设"的概念，要求"全面开展城市社区建设，积极推进农村社区建设，健全新型社区管理和服务体制，把社区建设成为管理有序、服务完善、文明祥和的社会生活共同体"。可见，政府明确界定了社区建设及农村社区建设的主体、资源及目标。

农村社区建设具有特定的时代内涵，必须将其置于当前农村社会发展的大背景下去理解。首先，农村社区建设的规划性与内生性并存。有些农村社区建设是居民为满足其特定需求而自发进行的，同时从中央政府到地方政府，对农村社区建设具有特定的目标、任务与要求。其次，农村社区建设主体的多元性。农村社区建设不仅依靠党和政府，而且需借助社区内外的多种力量共同推进。再次，农村社区建设内容的综合性。农村社区是社区居民生产、生活的统一体，社区建设要素涉及经济、政治、文化、社会等多方面。最后，农村社区建设目标的明确性，即将农村社区建设成为社会生活共同体。

由此，我们把农村社区建设定义为：在中国共产党的领导下，由政府主导，借助社区内外多种力量，整合社区资源，将农村社区建设成为管理有序、服务完善、文明祥和的社会生活共同体的过程。

（二）农村社区建设的意义

新中国成立后，特别是改革开放之后，农村经济社会取得长足进步，然而由于历史原因，农村社区仍然面临诸多问题，在此背景下进行农村社区建设意义重大。

1. 重建农村社会生活共同体。农村社区不仅是农村居民的生产场所，更是社会生活聚居区。改革开放后，随着经济转型、体制转轨，集体化时期形成的社会组织方式已经不能适应市场经济的发展要求，也无法适应新时期社区居民的生产生活需要。农村社区建设旨在满足社区居民多层次、多元化需求，以重塑社区认同感与归属感，使之真正成为一个服务完善、文明祥和的社会生活共同体。这样，农村社区建设一方面通过动员各方面力量，整合社区资源，为社区居民提供完善的社会保障，提高社会安全感，满足其社会安全的需要；另一方面，社区认同感与归属感的重塑，有利于社区成员联系纽带的强化及互帮互助、相互协作局面的形成。

2. 完善农村治理基本单元。农村社区向来是社会治理的基本单元，在整个社会治理体系中具有重要的地位。中共中央办公厅、国务院办公厅 2015 年 5 月印发的《关于深入推进农村社区建设试点工作的指导意见》（中办发〔2015〕30号）也指出，"农村社区是农村社会服务管理的基本单元。"随着人民公社体制的解体、农村自治组织体制的实施，农村社区治理发生了重大变化。农村社区建设在满足社区居民基本需求基础上，还要在党和政府指导下实现管理有序的目标。农村社区建设不仅是提高社区居民生产生活质量的举措，同时也是国家实现农村社会治理目标的重要方式。

二、当代中国农村社区建设实践

（一）农村社区合作化与集体化建设

新中国成立初期，中国共产党为进一步推进新民主主义革命：在经济上，在农村推行土地改革及社会改造，变地主土地所有制为农民个体私有制；在政治上，消灭地主阶级及剥削制度。经过一系列革新措施，农村建立了自耕农所有制，摆脱剥削制度的束缚而自主经营。中共七届二中全会报告中，强调必须谨慎地、逐步地而又积极地把"占国民经济总产值百分之九十的分散的个体农业经济和手工业经济"引向现代化和集体化的方向，其办法是组织各种类型的合作社。之后，中共中央制定了过渡时期的总路线和总任务，即要在一个相当长的时期内，逐步实现国家的社会主义工业化，并逐步实现对农业、手工业和资本主义工商业的社会主义改造。以此为依据，开始开展农业社会主义改造，并制订了1956年至1967年的全国农业发展纲要。1956年一届人大第三次会议通过的《高级农业生产合作社示范章程》提出了"建设社会主义新农村"的目标，指出农业社会主义改造的主要方式就是推行合作化、集体化及人民公社化。经过社会主义改造，个体所有制变为集体所有制，并成为单一的经济成分，商品经济也被计划经济所取代。人民公社制度是这一时期社会主义新农村的理想形态，并在农村运行20余年。

人民公社制度是中国共产党人对农村社区进行社会主义式的探索与建设，它整合了农民与农村社会，保证了国家对乡村的有效治理，并且从宏观上通过汲取农村资源推进了城市化与工业化进程。对农村社区而言，这一时期，在人民公社制度下，在经济建设方面，有效地动员了有限的人力、物力及财力，治理大江大河、大规模进行农村水利建设，改善农业生产基本条件，引进现代农业技术，促进了农业的现代化进程；在社会建设方面，逐步建立了养老、合作医疗、"五保"供养制度的社保体系，改善了农民的生存状况；在政治建设方面，通过社员选举、民主监督及群众会议等形式保证了农民的政治参与，一定程度上促进了乡村政治的民主化进程。然而，人民公社制度的弊端也是显而易见的。农业上的"一大二公"及集中经营、分配上的平均主义，在此过程中主要依靠政治动员、行政命令等强制手段，使农民失去自主性，进而丧失积极性。与此同时，在"以粮为纲"、以农补工的背景下，农村经济受到严重阻碍。最终人民公社体制由于高额的经济、社会成本及低效的产出而难以为继。

（二）农村社区的家庭联产承包责任制与村民自治

20世纪70年代末之后，农村社会发生了两方面的重大变化：一是经济上从"三级所有、队为基础"的生产体制向"分田到户"的家庭联产承包责任制转变，后者得到普遍推广；二是政治上从"政社合一"到"政社分离"，恢复乡镇建制，在乡镇以下实行村民自治，形成"乡政村治"格局。

20世纪70年代末80年代初，家庭联产承包责任制的实施，确立了以家庭承包经营为基础、统分结合的双层经营体制，使农民获得了土地使用权及生产经营自主权，解放了作为生产力的农民。与此同时，以农产品的购销体制为核心的计划经济体制，向全面放开农产品市场变革，农村经济从"以粮为纲"向多种经营转变，农村经济市场化及工业化迅速发展。在经历乡村生产力的迅速回升与农村经济的短暂繁荣后，随着国家宏观政策的放开及工业化、城镇化对农村劳动力的需求大幅提高，农民务工经商等非农职业选择机会不断增多，由此农民流动频率与规模也急剧攀升，出现了农村社区"空心化"问题。

在"乡政村治"格局下，乡镇政府是国家的最基层的政权，村民委员会则为群众性自治组织，实行民主选举、民主决策、民主管理及民主监督。村民自治制度，从法制层面确立了农民的社区主体地位，具有重要的意义。

改革后，农民获得了一定的经济和政治权益，但是受到计划经济体制和城乡二元结构的延续性影响，农村社区仍然面临着管理、服务和制度等多方面问题，新时期的农村社区建设势在必行。

三、当前中国农村社区建设的经验

新时期以来，我国农村经济社会快速发展，农民生产生活水平大大提高。然而，受到城乡二元结构、计划经济体制残余、社会结构失衡等因素的影响，城乡差距逐渐拉大，农村地区出现了诸多问题，严重阻碍了我国全面建设小康社会的进程。由此，推进农村社区建设，对于重建乡村秩序、城乡均衡发展和全面实现现代化意义重大。基于此，党和政府连续在一系列重大决定中将农村社区建设作为其重点工作。

2003 年 10 月，中国共产党十六届三中全会通过的《关于完善社会主义市场经济体制若干问题的决定》中提出了"农村社区服务"、农村"社区保障"、"城乡社区自我管理、自我服务"的要求。2005 年 10 月，《中共中央关于制定国民经济和社会发展第十一个五年规划的建议》中，提出"建设社会主义新农村"的目标，其具体内容为"生产发展、生活宽裕、乡风文明、村容整洁、管理民主"。2006 年9 月，民政部下发通知，要求在有条件的地区开展农村社区建设，并下发了《全国农村社区建设实验县（市、区）工作实施方案》，决定利用 1 至 2 年的时间开展农村社区建设实验活动。2006 年 10 月召开的党的十六届六中全会提出了"全面开展城市社区建设，积极推进农村社区建设，健全新型社区管理和服务体制，把社区建设成为管理有序、服务完善、文明祥和的社会生活共同体"的要求，将农村社区建设作为之后一个时期的重点工作。

21 世纪以来，各地在积极探索农村社区建设过程中，形成了各具特色的实践经验，其中以"三社互动"的成都温江经验、"城乡统筹"的温州经验、"社区社团化治理"的青岛经验为代表。

（一）"三社互动"的成都温江经验①

近年来，成都市温江区立足自身实际，探索出"三社互动"的社区建设经验。"三社互动"是以社区为平台、社会组织为载体、社会工作者为主导，以满足居民需求为导向，通过社会组织引入专业资源和社会力量，提供专业化、有针对性的服务，把矛盾化解在社区，实现社区建设、社会组织建设、社会工作人才队伍建设互相促进和良性互动的一种社区治理模式。成都温江"三社互动"的具体实施经验可概括为"一个核心""两大平台""三大工程""五大路径"。

首先，"一个核心"指的是发挥社会组织党建的核心引领作用。2017 年 8 月，温江区成立了社会组织联合会综合党委，以此为核心，激发社会组织活力。一是完善组织体系，加强工作指导。温江区坚持登记审批同步、年检审核同步、评估指导同步，采取单位组建、行业归建、区域联建和党建活动双覆盖，将社会组织日常管理与推动"两个覆盖"相结合。二是结合专业特长，优化服务功能。温江区按照"行业特点相近、党员特长相近"的原则，开发实施"特殊群体照顾""社区文化与教育发展""社区生态与环境发展""社区创业与生计发展""社区健康与卫生发展"五大组团。三是开展特色活动，落实党建责任。通过开展"互助学

---

① 田妍莉：《成都市温江区："1235"促进城乡社区发展治理》，《中国社会工作》2018 年第 12 期。

堂"等特色活动，引导社会组织参与社会治理、提供公共服务、承担社会责任，从保证政治方向、团结凝聚群众、服务人才成长、推动行业发展、营造先进文化、加强自身建设六个方面，落实社会组织的党建责任。

其次，"两大平台"指的是"智慧民政"平台和三级民生服务网络平台。一是建设"智慧民政"线上平台。2015年以来，温江区依托"智慧民政"线上平台，以便民服务中心、网格化服务工作站、网格员等为载体，通过"前台一口受理、后台分工办理"的模式，将服务深入社区。二是建设三级民生服务网络线下平台。温江区依托"智慧民政"线上平台，搭建区、镇（街）、村（社区）三级民生服务网络，全面收集居民需求信息。同时，整合教育、民政、司法等20多个单位的人力、资金、政策资源，打造了203个服务站，开通了98个民生服务热线。依托志愿服务信息管理系统开展志愿者招募注册、信息发布、动态记录、人员培训及服务评价等工作，将生活照料、为老服务、法律援助、医疗救助、文化娱乐等志愿服务内容以菜单的形式在线上进行全面展示和办理，实现了志愿服务全参与、内容全覆盖、信息全共享。

再次，"三大工程"指的是孵化培育、人才发展、监督管理。一是加强孵化培育。2015年，温江区社会组织孵化中心正式运营，为初创期的中小社会组织提供联合办公场所支持、能力建设培训、注册指导咨询等公共服务，为草根组织提供专业化孵化培育，为起步阶段的社会组织提供"陪伴式"的个性化服务。二是推进人才发展。2013年以来，温江区先后出台了《温江区社工人才中长期发展规划纲要（2009—2020年）》《关于加强社会工作者队伍建设　推进社会工作发展的意见》及6个配套文件，建立了"1+7"社工人才培养、引进、管理、评价、使用、督导和激励机制。三是抓实监督管理。在稳步推进年检工作的同时，会同相关业务主管单位进行随机实地抽查；修订社会组织等级评估细则，完善评估指标，委托第三方开展社会组织等级评估，确保评估的"公平、公正、规范"。同时成立了社会组织联合会，探索通过枢纽型社会组织对社会组织进行自律性管理。

最后，"五大路径"指的是三社善动、关爱援助、公益创投、志愿服务、社区营造。在三社善动方面，温江区以社区建设为平台、社会组织培育发展为载体、社会工作人才队伍建设为重点，推动社会工作专业服务。社会工作专业服务促成了社区居民的能力提升，搭建了"共同服务、共同发展、共同分享"的服务平台，初步建立起社区社会支持网络和多元参与格局。

在关爱援助方面，温江区打造了"政府+社会"（体制政策救助+社会关爱援助）相结合的关爱体系。一方面，由政府牵头，负责困难群众基本生活救助、统筹部门协作、落实政策执行及服务监管；另一方面，作为政府救助补充，由专业社工牵头，主要负责困难群众关爱和发展性救助。通过购买服务，引进、培育、吸纳优秀社会组织和社工人才参与关爱援助，为救助对象提供社会融入、能力提升、资源链接等专业服务，建立健全物质资金帮扶与心理社会支持相结合、基本救助服务与专业化个性化服务相补充、政府主导和社会参与相衔接的新型关爱援助服务模式。

在公益创投方面，温江区于 2013 年面向本土社会组织公开征集并实施了为老、青少年、家庭、助残、社区服务 5 大类 32 个公益创投项目。之后，市、区、镇（街）投入种子资金 600 余万，支持扶老助残、邻里互助等公益创投项目 600 余个，初步形成了"政府引导支持、社会力量参与、群众受益"的社区治理新局面。

在志愿服务方面，温江区通过"社工+志愿者"的联动机制，打造了"公益银行·志愿积分""夕阳恒美·爱心接力""滴水涌泉"等志愿服务品牌项目，订制了 2 大类、23 个大项、93 个小项的志愿服务菜单，开通了 59 个服务热线，鼓励引导 7 万余名志愿者参与社区治理和社区服务。

在社区营造方面，温江区立足社区需求，在 116 个村（社区）广泛开展可持续总体营造行动，策划实施"社区微基金""迎晖映月故事馆"等 58 个社区营造项目。同时，运用村（居）民议事会议、民情恳谈会、社区论坛、社区对话、社区评议和民主听证会等多样化的社区协商载体和协商形式，倡导居民参与社区公共事务，激发自组织、转化自组织、协商寻求社区共识。

（二）"城乡统筹"的温州经验[①]

温州社区建设的经验，主要是立足本地城镇化及农民的公共服务需求，着力调整社区治理结构：一是推动农民的市民化转变、建立开放型社区；二是优化人口和资源分布的同时，调整地方事权体系，凸显社区服务功能；三是培育社会组织及社会工作专业人才，提升社区服务的效率、质量及专业化水平，满足社区居民的多元化服务需求。其具体举措如下：

1. 实施"三分三改"。所谓"三分"即政经分开、资地分开、户产分开。政经分开就是把村"两委"组织与村级集体经济组织分开，把农村居民社会成员身份和经济成员身份分开；资地分开就是把非土地资产与土地资产分开，分类处置现有的土地和资产；户产分开就是把户口与产权关系分开，使农民在农村所享有

---

① 项继权、李增元：《经社分开、城乡一体与社区融合——温州的社区重建与社会管理创新》，《华中师范大学学报（人文社会科学版）》2012 年第 6 期，第 1—9 页。

的各项权益不因户口转换而改变。所谓"三改"即股改、地改及户改。股改就是对村级集体经济中的非土地资产进行股份制改革，按现代企业制度运行，而对土地资产则建立土地合作社，保持集体所有性质不变；地改就是农用地在"三不变"（权属不变、用途不变、量质不变）的前提下进行流转，宅基地的用益物权用来帮助农民进镇入城，农村集体建设用地进入市场；户改就是以"两实"（实有人口、实有住所）为依据，按居住地登记户口的户籍管理制度改革。通过"三分三改"，一是把政企、政资分开，将村作为经济合作社和土地合作社的主体而非一级自治组织；二是明晰农民和集体的产权，分离集体产权与村籍身份之间的关联，破除产权与宗族血缘所带来的社区封闭性，推动农民向市民转变、农村社区向开放型居住社区转变、集体经济向合作经济转变；三是因地制宜地改革村级组织：一方面将城中村、城郊村转变为城市社区；另一方面将有条件的村庄进行合并，同时设立农村社区，不具备条件者，则组建农村居民联合社区。

2. 推动乡镇功能区建设及新社区试点。温州市以镇为单位，按照现代化小城市和新城区的标准，编制镇域（功能区）总体规划；实行"一镇一政策"，以镇（功能区）为单位制订具体政策措施；实行"一镇一平台"，整合现有资源，积极建立融资平台；实行"一镇一试点"，各县（市、区）在起步阶段确定一个试点镇（功能区），每个镇（功能区）确定一个试点新社区，进行农房改造集聚建设，推动农村人口及资源向中心镇和中心村集中。

3. 改革地方事权体系。为凸显社区管理服务功能，温州市主要调整了社区与县市乡镇和村级组织的事权关系：一是将原属于村委会组织承担的行政管理和社会服务功能上提到社区，由社区行使；二是推进县市区和乡镇权力下放。根据层级差别，制订两类目录，将287项原本由县（市、区）办理的事权调整下放到乡镇（街道）办理，80项原本由县（市、区）办理的事权调整下放到社区办理。

4. 建设协同管理服务平台。在人口相对集中、辐射功能较强、交通相对便利的地段同步规划、同步建设农村新社区便民服务中心，农村社区便民服务中心按照"统一管理体制、统一服务标识、统一窗口受理、统一服务规范"的标准化建设和职责、人员、制度、工作、经费、场地"六到位"的要求，为社区居民生产生活服务。

5. 培育社会组织及社会工作专业人才。（1）培育社会组织。为满足社区居民的多样化服务需求，提高服务供给效率及质量，温州市引导发展各类社会组织，涉及能够协助政府承担事务性工作、提供公益性服务的生活服务类、社区事务类、文化体育类等社区社会组织。与此相适应，温州市转变政府职能及推进事业单位改革，逐渐从政府包办社会服务转向政府购买社会组织购买社会服务。（2）培育社会工作人才。温州市一方面要求各地引入专业社会工作理念、培育社区志愿服务队伍，建立"社工引导志愿者、志愿者协助社工"的工作机制，实现社区居民有效的自我管理；另一方面，推动社区工作人员专职化，要求每个社区的专职社区工作者应不少于 5 人，规模在 2 000 户以上的社区按每 400 户配备 1 人，分工负责社区党务、社会保障、民政事务、治安调解、妇女儿童保护、文体卫生等工作；新居民较多的应按新居民每 2 000 人增配 1 人。

（三）"社区社团化治理"的青岛经验

2013 年起，青岛市经济技术开发区开始探索建立"三会共治、三园协同、三社联动"的城乡社区社团化治理和项目化运作新模式，形成"社区党组织领导、社区居民委员会主导、社会组织协同、社区公众参与、民主法治保障"的社区治理新模式。

1. 推动"三会共治、三园协同、三社联动"。（1）经济开发区各街道成立社区发展促进会，并由促进会建设社会组织创意园，负责培育发展社区社会组织，整合街道社会组织和社会力量，强化社区的组织、服务、自治、监督功能以及推动社区社会组织的孵化、发展与成熟；（2）在管区成立社区联合会，由联合会建设社会组织孵化园，联合会的主要职能是建设社会组织创意园或创新园，按照各社区特点，集中在民主法治、治安平安、社会保障等方面统筹规划，根据居民需求划分类别集中培育，优化社区资源，避免重复建设；（3）在社区成立社区公益协会，由公益协会建设社会组织公益园。由社区发展促进会、联合会、公益协会提供社区的"民主法治、文化体育、教育科技、生态健康、治安安全、社会保障"这 6 大类服务以及"特色服务"，构成社区治理体系的"三会共治"模式，形成社区、社会组织、社会工作者的三者联动机制。

2. 政府购买社会服务。针对社区居民地方特性与利益诉求多样化特点，青岛市经济技术开发区进行社会组织改革，按照政务类、事务类、服务类基本分类，通过"项目招标、创意投标和示范评标"等方式，由政府向社会组织购买服务。

2015 年 5 月，中共中央办公厅、国务院办公厅发布的《关于深入推进农村社区建设试点工作的指导意见》，更为强调农村社区治理机制的改善与社区服务水平的提升。农村社区建设不仅涉及"三农"问题本身，更关乎城乡均衡发展、国家整合与社会融合、全面实现现代化等全局性战略。现代化进程中的各种"三农"问题依然存在且层出不穷，仍然制约着社会主义现代化的进程，因此农村社区建设的探索之路仍需继续。

小　结

　　作为社会生活共同体，农村社区经历了从村落社区到现代社区的演进，农村社区越来越具有开放性、异质性、流动性和民主性等特征。伴随着生产力的发展和所有制的多样化，农村社区权力呈现以"村两委"为主导的正式社区权力主体与多重非正式权力主体并存的局面。新中国成立以来，农村社区建设的探索从未停止过。21世纪以来的农村社区建设，既是解决"三农"问题的现实策略，也是实现城乡均衡发展的重要步骤，对我国全面实现现代化具有重要意义。

思考题

　　1. 请结合农村社区特征及其演变，谈谈对"农村社区"内涵的理解。

　　2. 以某一农村社区为例，阐释其社区权力结构。

　　3. 结合当前的探索实践，试述农村社区建设的意义。

 思考题要点

第五章　农村社会组织

农村社会组织作为农村社会的一个重要构成要素，在农村的政治、经济和文化等方面都扮演着重要的角色。农村社会组织不仅是农民融入社区乃至更大区域内生活的关键纽带，而且对农民的生产生活、社区的运行与发展都产生着举足轻重的影响。本章主要探讨中国农村的社会组织，在介绍农村社会组织的内涵与特征及其分类的基础上，着重分析农民专业合作经济组织和村民自治组织的特征、功能及其运行与演变。

名词解释

第一节　农村社会组织概述

一、农村社会组织的内涵与特征

（一）农村社会组织的内涵

虽然不同的学者对社会组织有不同的定义，但通常而言，对社会组织的分析都包含具有结构特征的组织实体和具有实践特征的组织过程两部分。就组织实体而言，社会组织又包含广义和狭义两种理解，其中广义的社会组织泛指一切人类共同活动的群体，包括家庭、家族和村社等各种初级群体及社会团体等次级群体；而狭义的社会组织则主要是指人们为了实现某种共同目标，将其行为彼此协调与联合起来所形成的社会团体①，它是相对初级群体而言的次级社会群体。就组织过程而言，社会组织主要是指各要素整合成为一个有机体的过程。

农村社会组织通常是指农村地区内的社会组织，它是农村中为完成特定的社会目标、执行特定的社会职能，并根据一定的规章、程序而进行活动的人群共同体；它是农村社会从无序到有序发展的一种状态和过程，是一定社会成员所采取

---

① 郑杭生主编：《社会学概论新修》，中国人民大学出版社 1994 年版，第 244 页。

的某种社会生活方式。①

无论是作为实体的社会组织还是作为过程的社会组织，它们都是由特定的要素所构成。具体而言，这些要素包括以下方面：

第一，组织成员。社会组织是由一定的组织成员所构成的，通常这些组织身份的获取或延续是具有条件性的，他们加入该组织或延续这一组织身份要经过一定的考核。在农村社会，即便是家族组织这种具有较强血缘纽带性的社会组织，如果族员有伤害家族利益的行为，其可能被家族在族谱上除名。

第二，组织目标。任何组织的存在都是以特定的目标为前提的，组织目标同样也是组织吸纳、动员组织成员的一个重要方式。通常，组织的目标也是组织成员加入组织时的预期收益。例如，农民专业合作经济组织的一个重要组织目标就是促进社员合作以追求社员利益的最大化，而这本身也是农民加入这一组织的动力。

第三，组织规范。它是组织成员之间相互期望的一套行为模式，构成组织内部得以整合的基础；既包括组织成员的行为规范，同时也包括组织领导管理组织成员的准则。在农村社会组织中，由于组织类型的不同，有的组织以成文的组织规范（如规章制度等）为主，有的组织则以不成文的组织规范（如约定俗成的习惯等）为主。

第四，组织权威。它是组织内部合法化的权力，是维持组织有效运行的必要手段。就组织权威的存在形式而言，它包括正式权威和非正式权威两类。前者是正式职位或制度所赋予的权威，后者则主要是因人格特质和人际关系等所形成的权威。在特定的组织中，正式权威与非正式权威既可能集中在同一人身上，也可能分属不同的人所有。例如，在村庄之中，拥有非正式权威的既可能是拥有正式权威的村委会主任，也可能是其他具有人格魅力的家族族长。正式权威与非正式权威之间的关系通常会对组织的运行产生直接的影响。

除了上述基本的要素外，相当一部分社会组织的存在与运行还以一定的物资条件为基础。

（二）农村社会组织的特征

农村社会组织是嵌入在农村社会结构中产生与发展的，因此农村社会结构所固有的特性形塑了它同城市社会组织所不同的一些特征。具体而言，与城市社会组织相比，农村社会组织通常具有以下明显的特点。

第一，从组织成员的构成来看，农村社会组织主要是由农民或农业经营者所

---

① 李守经主编：《农村社会学》，高等教育出版社 2000 年版，第 73 页。

构成。而农民或农业经营者所固有的、内生性的行为逻辑会影响并形塑农村社会组织的基本特性。

第二，从组织目标来看，绝大多数的农村社会组织都是围绕农村社会生活、农业生产与经营而建立和形成的，它们的目标与宗旨也多是为了维系社会秩序和发展农业生产。

第三，从组织内部的关系纽带与互动规则来看，农村社会组织成员之间的整合多依赖于血缘和地缘这种先赋性的纽带，其彼此之间的互动更多的是依循情理原则，而不是法理原则。

第四，从组织的结构特征来看，农村社会组织的规模一般较小，结构较为简单，且组织分化程度较低。通常而言，组织的复杂程度同组织内部的分工及外部环境的不确定性存在密切关系，外部环境的不确定性越大，组织内部分工就越细，组织结构的复杂程度也就越高。相对于城市社会及其社会组织而言，农村社会更为稳定，因此农村社会组织的结构更为简单。

第五，从组织的变迁过程来看，农村社会组织的变迁速度明显要比城市社会组织缓慢。组织变迁是组织适应其外部环境的产物，相比城市社会而言，农村社会的变迁更为缓慢，这使得嵌入在其中的农村社会组织也无须过多调整便可以适应，因此农村社会组织的变迁便较为缓慢。

二、农村基层社会组织的类型

对于农村社会组织的类型，依据不同的标准和维度可以有不同的划分。具体而言，以组织利益受惠的对象为基础，可以将农村社会组织划分为互惠组织、服务组织、经营性组织和公益组织四类；依据组织权力类型和成员服从方式的不同，可以将农村社会组织划分为强制性组织、功利性组织和规范性组织三类；依据组织成员的关系纽带不同，可以将农村社会组织分为同质共同合作的组织和异质分工合作的组织两种。以下将着重以组织内容为区分标准，对县以下农村基层主要社会组织的类型与功能进行介绍。

依据组织所涉及的内容，可以将农村基层的社会组织划分为政治与行政组织、经济组织、事业组织、宗族组织和宗教组织等。

（一）政治与行政组织

这类组织主要包括农村党团组织、乡镇政府、村民委员会、妇联等，它们在农村中主要承担着行政管理与政治整合的功能。这些政治与行政性的组织并不是农村自古以来就有的，它们是近代中国国家政权建设的产物。在传统时期，代表皇权的政治与行政组织并没有深入到乡村，即"皇权不下县，县下唯乡绅"，只是到了晚清之后，面临亡国亡族的危机，国家开启政权建设工程，代表国家权力的政治与行政性组织才开始突破原有"不下乡"的约束，逐步向下渗透。正如历史学家罗荣渠所指出的那样，在后现代化国家中，"市场发育不成熟，在经济生活中未形成自动运转机制，政治权力即中央国家作为一种超经济的组织力量，就在现代化过程中一度或长期发挥巨大的控制与管理作用。"[①]

观点争鸣：传统时期中国的乡村治理

（二）经济组织

农村经济性组织主要是农村社会中以经济生产与经营活动为主的组织。在当代中国农村基层最典型的经济组织形态就是乡镇企业和农民专业合作经济组织。

乡镇企业主要包括乡（镇）办企业、村办企业、农村合作企业和农村个体企业等形态。与国有企业这一城市的经济组织相比较，乡镇企业存在以下典型特征：在所有制形式上，乡镇企业是集体或私有企业；在资金来源上，乡镇企业主要依靠乡镇或村的投资、银行贷款、私人投资以及外来投资；在组织管理上，乡镇企业管理灵活，不仅大量采用计件工资，而且可以自主地解雇职员；在组织目标上，乡镇企业以利润为导向，而不是完成国家制定的生产计划；在原料来源和产品销售上，它不是由政府供给和分配，而是购之于市场，同时销往市场；与国有企业拥有稳定的技术人才不同，乡镇企业需要自行寻求技术；与国有企业由政府支持不同，乡镇企业则主要依赖它所在的地方社区的支持。

农民专业合作经济组织是农村家庭联产承包责任制的产物。人民公社解体之后，农民重新转换到以一家一户为单位的生产与经营模式，但随着市场经济的深入发展，单个农户应对市场能力不济的缺陷却日渐呈现出来，在此背景下，一部分农民自发组织建立了应对市场风险的各种合作经济组织。为了将这些组织同传统的合作经济组织区分开来，而将其称为农民专业合作经济组织。根据农民专业合作经济组织产生与发展所依赖的动力源不同，它可以分为内生动力型和外力推动型两个基本类型，其中依据具体动力来源又可以进一步区分为农民自发型、政府推动型、项目引导型、企业带动型四种亚类型。其中农民自发型的合作经济组

---

① 罗荣渠：《现代化新论——世界与中国的现代化进程》，北京大学出版社1993年版，第124页。

织是农民在生产经营过程中，遇到了仅仅依靠个人和家户力量难以解决、阻碍自身发展的重大问题时，由一人或数人发起，多人或多户自发参与，组成"农户+农户"模式的专业协会或合作社。政府推动型的合作经济组织是指在农村经济改革中，为适应城镇化和就业市场等经济体制改革的需要，地方政府与当地农民建立起"政府+农户"模式的"官办"合作经济组织。这些组织通常是在得到政府或政府职能部门的政策、资金、技术支持过程中发展起来的。项目引导型的合作经济组织主要是一些国际援助项目在其项目实施过程中，依据国际援助项目的参与式理念，通过提供一定项目资金的资助和项目专家的指导，引导农民建立"专业协会+农户"模式的合作经济组织。企业带动型的合作经济组织是企业为了自身的生存和发展，以"公司+农户"等模式与农民建立"合作伙伴"关系，以合作经济组织的形式与农民开展有限的合作。

（三）事业组织

事业组织是指不以营利为目的，从事教育、文化、科技、体育、卫生等事务，其经费来源为国家、地方财政拨款或多种渠道筹集的组织。在当前农村基层，这类组织的典型代表是乡村学校、医院等。这些组织在传播科学技术、提升农民的人力资本、保障农村居民的医疗健康以及生活保障等方面发挥着不可替代的作用。农村中的事业组织除了上述正式性的组织之外，还包括一些非正式性的组织，例如红白理事会、老年人协会以及农民自发组织成立的互助、公益和慈善性组织等。这些非正式性组织通常是由村民自发兴办、自筹资源、自我管理的，它们是村民自我服务的一种努力，不仅提升了农村居民的生活与保障水平，而且提升了农村社会的组织化程度，为农村社会的发展提供了组织基础。

（四）宗族组织

在农村，由于宗族总是与家族相交织，因此在很多时候宗族组织与家族组织的概念并未作严格区分。一般而言，宗族是指农村中按男性血缘世系聚族而居与按宗法规范结合而成的特殊社会组织，它是依据真实的血缘关系联结而成的宗族性团体，具有稳定的组织，对其成员有系统的约束力。其最典型与最极端的表现就是在祖先祭祀、宗族财产、伦理、宗子继承以及参加宗族活动等方面，对于族人有着严格和成型的规定，因而这不同于那些临时的、仅为某一单个的具体行动目标而形成的亲属联合。① 中国的宗族组织通常具备以下四个要素：一是男性血缘系统的人员关系；二是以家庭为单位；三是聚族而居或拥有相对稳定的居住区；

---

① 钱杭、谢维扬：《宗族问题：当代中国农村研究的一个视角》，《社会科学》1990年第5期。

四是有组织原则、组织机构和领导人进行管理。①

中国的宗族组织内部也有不同的组织形态，弗里德曼曾指出中国宗族的内部裂变可以分成 A 式和 Z 式两种极端状态。A 式的宗族一般处于规模较小的宗族社区中，族内的成员基本都是同一房支且分化不大，基本都是较为贫穷的农民；Z 式的宗族则一般是处于规模较大且较为富裕的宗族社区，族内的成员分属不同房支且多有分化，既有农民也有绅士、官宦、商人等。这两种不同的宗族裂变模式源自农村社会内部发展的不均衡性，其中较为贫穷的房族由于难以支付新建祠堂与祖田的成本而较少分房；较富的房支则因为有较富足的资产而可以轻易地设置新的祠堂和祖田。

（五）宗教组织

宗教组织是根据宗教信仰而产生的组织形态和组织过程。有资料显示，改革开放以来，农村宗教组织数量有一定幅度的增长，而宗教组织的快速发展是多方面原因共同作用的结果。一方面，在社会转型过程中，当大量的农村中青年进入城市务工，留守在农村的老弱妇孺对精神慰藉的需要大大增加，在传统的文化空间和文化传统衰弱的情况下，农村宗教组织的发展便具有相应的社会基础。另一方面，农村宗教组织的迅速扩张与农村基层正式组织的涣散也有一定的关系，即正是由于基层正式组织的涣散，宗教组织形成了对正式组织的功能替代，农民不得不走向宗教组织来寻求社会互助。再一方面，农村社会保障体系的薄弱也是宗教组织在农村快速发展的重要原因，当既有的社会保障体系无法为农民提供有效的保障时，农民开始转向宗教组织，以期通过神灵的庇护来化解个人与家庭所面临的生活困境和风险。实证的调查数据也证实了农村宗教组织的发展同社会保障体系薄弱之间的内在关联，即农村低水平的社会保障是诱致当前部分农村地区"宗教热"现象的原因，而伴随着新型农村合作医疗的开展，农村社会保障体系的保障能力逐步加强，这使得宗教对农村居民的吸引力明显下降。由此可见，由政府和社会所提供的社会保障与宗教组织提供的社会保障之间具有替代作用。②

就上述五类组织而言，政治与行政组织、经济组织、事业组织和正规的宗教组织主要是正式组织，而宗族组织则主要是非正式的组织。所谓正式组织是人们为了达到某一共同目标而联合起来形成的社会团队，它通过正规途径创立，有健

---

① 冯尔康等：《中国宗族社会》，浙江人民出版社 1994 年版，第 7—11 页。

② 郑风田、阮荣平、刘力：《风险、社会保障与农村宗教信仰》，《经济学（季刊）》2010 年第 3 期。

全的制度和完善的管理，组织新成员的加入和参与组织活动都有明确的规定和严格的要求①；而非正式组织是相对于正式组织而言的，它主要是由私人发起或社会成员在相互交往中自发组合形成的，组织成员间大多具有相似或相同的价值观和社会认同。虽然非正式组织没有正式的法律地位和制度化的组织规范，但这并不意味它在农村中所发挥的作用有限；相反，它发挥的效用可能比正式组织还明显。例如在关于中国乡镇企业发展的研究中，刘世定便指出，在指令性计划经济向市场经济转变的过程中，非正式组织和社会关系的作用扩张使乡镇企业的发展得以穿越制度障碍，并形成对正式制度的功能替代。在他看来，非正式组织和社会关系具有与正式组织和正式制度同样的功能，即减少人们活动过程中的不确定性。②

当然，非正式组织所发挥的并不仅仅只有正功能，当非正式组织所依循的组织规范同正式组织的规范相悖离时，非正式组织的存在将大大增加正式制度的执行成本，从而降低正式制度的有效性。以国家计划生育政策的执行为例，在计划生育政策尚未调整之前，因为生育政策以控制生育率为重要特征，在这种情况下，那些具有宗族组织村庄的村民更有可能合力抵制国家推行的生育政策，使得这些地方的计划生育政策执行难度增大、执行成本增加；相比之下，在那些没有宗族组织的村庄，国家计划生育则更容易落实。

三、中国农村基层社会组织的发展现状

（一）中国农村基层社会组织体系的演变

在中国历史上，由于特定社会经济条件的限制，农村社会的生产与生活方式一直变动不大，各朝各代的农村几乎都是在复制与传承传统的生产与生活方式，而农村不同社区之间的差异与变化也仅仅在于村庄社区的密度和规模。对于农村社会而言，人与物之间最基本的经济联系是农民对土地的生存依赖；人与人之间最基本的社会联系是不同层次的亲缘关系以及由此所勾连起来的"差序格局"。在此基础上，农村形成了比较稳定的社会组织体系，亲缘关系渗透到社会组织的各个方面，影响着甚至决定着社会组织的决策和活动。③ 在伦理本位与长老统治的农村社会，由于族权是其主导性的权力，因此宗族亦相应地构成了传统农村基层社

---

① 袁亚愚编著：《新修乡村社会学》，四川大学出版社 1999 年版，第 175 页。
② 刘世定：《占有、认知与人际关系：对中国乡村制度变迁的经济社会学分析》，华夏出版社 2003 年版，第 39—40 页。
③ 农村组织制度课题组：《农村社区组织与管理体制改革（上）》，《农村经济与社会》1989 年第 4 期。

会最为强大与核心的社会组织。

与宗族和村社这一"小共同体"相伴随的，则是国家权力在乡村的渗透与发展。国家权力在乡村的渗透从农村基层的正式组织体制的演变过程可以窥见一斑。在商朝时期，"里"作为居民点的统称，不仅是一种自然聚落，而且也是一种行政建制。朝廷按里分民，在里中设置了"里君""里人"等主管官员。进入春秋战国后，朝廷在里之上又设立了乡、县等行政层次。秦汉时期进一步沿承了里邑体制，在秦制中，约二十五户为一里，汉制则百户为一里。到魏晋南北朝时，村坞体制逐渐取代了之前的里邑体制，这也意味着国家对于编户齐民的失控。在此期间，战乱不断，百姓流离，籍贯和户籍与实际居住地逐渐分离，这使原有的乡里制度无法发挥作用。与此同时，村和在战乱中应运而生的坞、堡、壁、垒则在农村社会秩序的形成中发挥着越来越大的作用，但这些组织都不是国家行政系统的正式组成部分，而是在豪族庄园、聚坞的基础上自发形成的。这些自发形成的社会组织无论是在内部结构还是外部与国家的关系，均与此前的乡里制度大相径庭。隋唐统一之后，朝廷试图重建乡里制度，但是由于大量人丁被贵族豪门所控制，因此朝廷不得不一再进行检括。朝廷与领主之间对乡村和农民控制权的争夺一直延续到宋朝建立，才以前者的胜利而告终。隋唐尤其是宋代以后的里社时期，里代表朝廷官治延伸至村的触角，社则代表村中民间组织的形成。到清代，农村社会中的行政组织虽然名称五花八门，但实质责任却基本相同，即村级组织的主要责任无非是两个：为官府催办差钱和维持地方治安。根据历史学家对清代地方政府档案的研究发现，在 19 世纪上半期的地方政府，官府在村一级的实际办差人员是牌头和甲长，但这些牌头和甲长是为应付官府而设，是一种被动的组织，他们不是村庄中的领袖，也没有能力领导全村的公益事业。在农村社会拥有实质性治理权力的组织及其载体则主要是宗族组织和士绅群体。

当晚清中国的国门被西方列强的坚船利炮打开之后，中国亡国亡族的危机便成了社会的第一危机。在这一背景之下，中央政府面临着双重的压力，一方面需要完成国内的政治整合，结束国内军阀割据的状态，实现国家的统一和领土、主权的完整；另一方面，国家亦需要通过经济建设，特别是工业建设，来实现国家的富强。对于当时政府而言，无论是政权建设还是经济建设，都需要政府具有强有力的社会动员与资源汲取能力。而这两者能力的提升则又有赖于国家加强整体的政治整合，完善全国范围内以社会动员与资源汲取为主要内容的组织与管理体制。正是基于这种需求，国家开启了政权建设的工程，国家的权力开始突破原有"不下乡"的约束，逐步向下渗透。中华人民共和国成立之后，虽然独立统一的民族—国家建立起来了，但推进国家富强的工业化建设仍然需要国家继续保持对乡村社会的强动员与汲取能力，甚至要求更进一步地加强对乡村社会资源的汲取，以获得作为晚发后现代化国家进行工业化建设所需要的资本积累。从 20 世纪 50 年代开始，国家在农村通过"统购统销"的流通体制和人民公社的组织体制这两个制度体系，占有了农业剩余，并将其转化为城市工业发展的资本①。通过近三十年的积累，中国作为落后的农业国逐步步入现代化，但在这一过程中，中国的农业和农民也付出了较大的代价。

伴随着人民公社体制的解体，农民生产生活的决定权逐步扩大。农村的社会空间得到了释放，一部分村庄或社区的宗族传统开始复兴，农民对宗族的认同随着祠堂的重修和族谱的续修而得到强化，血缘和地缘组织在部分农村开始复兴与发展。但是由于各地农村的宗族传统不同以及诱发宗族传统复兴的因素存在差异，宗族认同以及基于此形成的宗族组织在不同区域的农村之间亦存在着明显的不同。例如，在江西、福建等地的农村，宗族组织得到了迅速复兴与发展，并在村庄或社区的发展中发挥着重要作用；而在其他许多地区，宗族组织则未能获得复兴与发展。与宗族组织的复兴与发展几乎同时，一部分地区的农民基于生产经营的需要开始联合起来，成立合作经营组织以应对市场风险，农村经济组织由此孕育和发展。

（二）当前农村基层社会组织的发展现状

随着农村社会的转型与发展，农村社会组织在农村经济社会发展中所扮演的角色也越来越重要。将当下的农村基层社会组织置于古今与城乡的时空脉络之中，则可以发现当前农村基层社会组织的发展存在以下典型特征：

第一，当下的农村社会组织在总体数量上少于城市社会组织，且组织的结构也更为简单。组织通常是组织成员为了应对其个人无法解决的困难时才会产生，而且组织的数量与复杂程度往往同成员社会需求的多样性以及组织所嵌入社会结构的复杂性（或组织面临的不确定性）有密切的联系。虽然转型期农村社会组织的数量较之于传统时期有了较大幅度的增长，且组织内部结构的复杂程度也有相应的增长，但与城市社会相比，其在总体数量上显得稀少，且组织结构也显得简单。

第二，利益和趣缘正逐渐成为农村社会组织的重要整合纽带，但血缘、地缘

---

① 温铁军：《中国农村基本经济制度研究——"三农"问题的世纪反思》，中国经济出版社 2000 年版，第 141 页。

关系依然是农村社会组织最基本、最核心的纽带。伴随着农村合作经济组织（特别是跨区域的专业技术合作组织）以及农村宗教组织的发展，利益与信仰等后赋性的关系正成为构成农村社会组织的重要整合纽带，但血缘和地缘等先赋性在农村社会组织中的主导地位并未改变，其仍然是农村社会组织中最基本、最核心的纽带，甚至许多新型合作经济组织也是依托地缘与血缘纽带而建立的。从农村社会组织的发展趋势来看，先赋性社会纽带的整合功能正在逐渐减弱，传统的人情、伦理法则也在不断弱化；而与此同时，后赋性社会纽带的整合功能在不断加强，现代的效率、营利法则也在不断强化。

第三，在不同地区间农村社会组织的数量与发展速度存在着明显的差异。以农村合作社为例，截至2010年3月底，全国依法登记的合作社已超过27万家，其在经济发达的地方和经济落后的地方都有分布，但地区之间的差异却十分明显，即整体而言中部最多，东部次之，西部最少，其中数量分布最多的五个省是山东、湖南、陕西、河南和湖北，最少的省、自治区是青海、海南、宁夏、新疆和福建等。①

第二节　农民专业合作经济组织

一、农民专业合作经济组织的内涵与特征

（一）农民专业合作经济组织的内涵

在社会政策领域，虽然农民专业合作经济组织的培育与发展一直受到政府部门的重视，但长期以来，对这一组织形式的表述却不尽统一。有的将其称为农村专业合作经济组织，有的则将其称为农民专业合作社。依据农业部对农民专业合作经济组织的定义，它是特指在社会主义市场经济条件下，广大农民为解决生产经营中的信息、技术、资金、供销等方面的实际问题，在家庭经营基础上，按照自愿、民主的原则组建而成的经济组织。这些称谓不一的背后事实上正体现着不同部门对农民专业合作经济组织的内涵定位存在着较大的分歧。

这种分歧不仅体现在社会政策领域，同样也体现在学术研究领域。在学术界，不同的研究者对其具有不同的理解与界定，但归纳起来主要有三种理解：第一种是最宽泛的理解，即认为所有与农村、农业有关的，具有合作经济特征与属性的各种组织（不论其是否冠名为合作社或合作组织）都可以称为合作经济组织，它

① 邱勇：《中国特色社会主义农村合作经济组织研究》，云南人民出版社2014年版，第184页。

包括社区性合作经济组织、农民专业合作社、专业技术协会、农村合作基金会、农村股份合作企业、农村信用社、农村供销合作社等。第二种是相对狭义的理解，认为农村合作经济组织仅仅包括以农民为主体的合作经济组织，比如农村社区性合作组织、专业合作社、专业技术协会、农村合作基金会、农村股份合作企业等，而不以农民个体为主体的农村信用社和农村供销合作社则并不包含其中。第三种是最狭义的解释，它是指以农民为主体，由农民依据自愿、民主、平等和互利等原则组织起来的专业合作组织。它认为农村合作经济组织仅仅指由农民自己创办和运行的专业合作社，它是以农民为主体，遵循自愿、民主、平等、互利的合作基本原则，组织制度安排最接近真正的合作经济。① 在上述三种解释中，对农民专业合作社和农民专业协会的归属，研究者基本已经达成共识，认为它们是不可置疑的农民合作经济组织，研究者们的分歧主要在于农村集体经济组织（含乡、村、组三级）、农村供销合作社和农村信用合作社的归属判断上。在第二和第三种解释者看来，虽然农村供销合作社和农村信用合作社在其成立之初可能是由农民根据自愿、平等、互利的原则组建的，但基于种种原因，它们已经背离了农民合作经济组织的性质，因此不再属于农民合作经济组织。② 对于农村集体经济组织，只有最狭义的第三种解释者将其排除在农民合作经济组织的体系之外，因为在他们看来，农村集体经济组织并没有遵循自愿原则，不承认个人产权，自主性差，因此并不是真正意义上的农民合作经济组织。

综合上述对农民专业合作经济组织的理解，在最狭义解释的基础上，我们认为农民专业合作经济组织主要是指，在家庭联产承包经营的基础上，以农民为主体，以服务社员为主旨，依照自愿加入、退出自由、民主管理等原则组建，按章程进行生产经营活动，谋求全体成员共同利益的经济组织。

（二）农民专业合作经济组织的特征

农民专业合作经济组织是农民在应对经济生产与经营过程中形成的组织形态，它具有以下典型的特征：

1. 农民专业合作经济组织具有民办性的特征

民办性特征一方面体现在该组织组建过程的非官办性，即是由农民在自愿的基础上组建的；另一方面则体现在它是以农民为主体，借由该组织平台农民实现

---

① 傅晨：《中国农村合作经济：组织形式与制度变迁》，中国经济出版社 2006 年版，第 24—25 页。

② 曹泽华主编：《农民合作经济组织：中国农业合作化新道路》，中国农业出版社 2006 年版，第 10 页。

了彼此间在生产、流通和金融领域的合作。农民专业合作经济组织的民办性特征直接决定了其最终将利润留给农民，而不是其他利益主体，从而真正实现"民组织、民受益"。

2. 农民专业合作经济组织具有自由加入与退出的特征

农民作为独立经营者，拥有加入或退出合作经济组织的自由。凡从事合作经济组织所经营产品的农民，若愿意接受合作经济组织提供的服务并愿意遵守合作经济组织章程，经申请，缴纳一定会费或投入一定股金，都可以成为合作经济组织的成员；同样，当其办理相关手续后，亦可提取自己的股金退出合作经济组织。从契约的视角来看，在农民专业合作经济组织内部，组织成员之间具有较为对等的契约关系，这为真正实施加入和退出权提供了制度基础和保障。

3. 农民专业合作经济组织对内以服务为主旨，组织利润最终返还给社员

农民专业合作经济组织作为一个市场利益主体，虽然在市场竞争中以赢利为目的，但在组织内部，它是以服务为主旨，而不是以赢利为最终目的。特别是对于组织成员而言，其加入合作经济组织的目的主要在于获得合作经济组织所提供的服务。对于最严格的合作社而言，合作社的社员有义务惠顾合作社，这是对合作社的贡献，因为交易额是合作社赖以存续的基础。社员和合作社之间的交易额越大，则说明社员参与合作社的经济活动越多，对合作社的贡献就越大，所以也就享有越多的剩余索取权。按交易额实行盈余返还、把社员对合作社的贡献和合作社对社员的回报联系起来，是合作社激励机制的重要组成部分，也是合作社扩大市场份额、增强竞争能力的重要手段。

4. 农民专业合作经济组织具有扁平化的权力结构特征

农民专业合作经济组织的组建是以服务组织成员为目的的，它是为了促进成员的整体经济利益和福祉的增长，它内部的管理与权力结构具有扁平化的特点，其以一人一票为基础，限制资本的最高票数和最高分红比例。农民专业合作经济组织通过民主管理的方式实现社员对合作经济组织的控制权。农民专业合作经济组织通过民主选举产生理事会和监事会，前者对组织的生产经营进行管理，后者则对前者的运作进行监督。组织的重大决策由组织成员（代表）大会直接（间接）地以投票的方式并且以少数服从多数为原则来做出。农民专业合作经济组织扁平化的权力结构体现在组织内部的一人一票上。随着农民专业合作经济组织实践的发展，为了增加组织的资本，组织的一人一票原则有时也会有所变通，但是农民专业合作经济组织一般都有最高票数的规定，同时还有对于资本分红最高比例的限制，其目的是防止资本主导组织的发展和运营。

5. 农民专业合作经济组织一般具有平等、互助、合作的组织文化

在近年来不断涌现的农民合作经济组织中，农民专业合作经济组织不仅是一个经济组织，在一定程度上还能满足组织成员的社会和文化需要。它不仅讲求效率，而且注重公平。"自助、自我负责、民主、平等、公平、团结"的价值观和"诚信、公开、社会责任和关心他人"的道德观正在逐渐成为其重要的组织文化。

二、农民专业合作经济组织的功能

农民专业合作经济组织的孕育与发展为分田到户之后农村统分结合的双层经营体制中"统"的层次增添了新的内容，它的发展有效补充和完善了统分结合的双层经营体制，弥补了现有双层经营体制运行中存在的缺陷，同时也在一定程度上解决了引导农民进入市场的组织资源供应不足的问题。总体而言，农民专业合作经济组织的发展为农民的生产经营、企业的运营以及政府的管理带来了深远的影响。

（一）降低了农民生产经营的成本

通过农民专业合作经济组织这一平台，农民不仅可以联合起来购买使用大型的生产资料（如农业机械、加工设备等），降低独立购买这些生产资料时必须支付的交易成本；可以统一批量采购农用生产资料，获得较低的市场价格；还可以联合引进、使用先进技术，降低单个农户提高技术水平的成本。与此同时，通过农民专业合作经济组织进行农产品的交易，可以降低单个农民的交易成本，即农民可以大大降低包括界定和保障农产品产权的费用、发现交易对象和交易价的费用、讨价还价的费用、订立和执行交易合同的费用、监督违约行为并对之进行制裁的费用以及维护交易秩序的费用等。农民通过专业合作经济组织来销售农产品、购买生产资料，可以使多个成员到市场进行的多次交易变为一次性交易。由于交易费用与交易次数成正向关系，成员的数量越多，交易的市场越复杂，这种转换将大大降低农民的交易费用，进而使农民获益。

（二）提升农民的风险抵御能力

对于农民而言，其从事的农业生产经营活动至少面临三个方面的风险——自然风险、技术风险和市场风险。农民专业合作经济组织通过将分散的农户组织起来，风险共担、利益同享，这不仅可以减少自然风险对单个农户生产经营的影响，提高其抵御自然风险的能力，而且农民专业合作经济组织在技术推广和使用上能够降低单个农户引入新技术带来的风险。此外，农民专业合作经济组织作为一个整体参与市场交易，可以有效地提升其与交易对手谈判时的地位，抵御市场各方对农民利益的侵蚀，提高农民在市场中的地位。近几年，伴随着电子商务和网络

经济的发展，一部分农民专业合作经济组织开始积极利用网络资源参与市场经济，提升应对市场风险的能力。

（三）实现资源合理配置

农民专业合作经济组织建立的初衷就是"合作"，即使分散的农业生产者间的生产要素（技术、农机与资金）互通有无，相互协作，实现资源的合理配置。这一合作贯穿于农产品从种植、加工到销售的全部过程。在技术互助方面，组织成员可以便捷且低成本（甚至是无偿）地从组织中获得技术指导；在农机互助方面，由于一家一户的农业机械器具不尽相同，甚至于很多农户无农机具，合作经济组织则可以将不同的农机聚集共同使用，对提高农业生产效率起到重要作用；在资金互助方面，农民专业合作经济组织内部可以以公益金的形式在成员资金短缺时给予帮助，帮助其解决生产和经营的困境。

（四）降低了交易成本

农民专业合作经济组织的存在使得企业无须与单个农民进行互动和交易，避免与分散农户进行交易时可能面对的违约风险，且农民专业合作经济组织对组织成员生产经营质量具有较好的管控能力，使得企业（特别是龙头企业）能够更为稳定地获取高质量的生产原料。

（五）提升互动效益并降低互动成本

农民专业合作经济组织对自身行业的发展比较熟悉，从而可以帮助政府制定有关的产业政策，并协助落实。中国加入世界贸易组织后，政府对农业的宏观调控手段将集中在"绿箱"和"黄箱"政策方面①，而这些政策的落实若依靠传统的行政渠道，不仅执行成本高昂而且效率低下。新型农民合作经济组织的发展为落实国家对农民和农业的扶持提供了一个新的渠道。此外，针对这些合作经济组织，政府可以通过发布相关的农业产销、科技和政策等信息，提高对农业经济调控的针对性和有效性。与此同时，农民也可以通过利用农民专业合作经济组织把

---

① 所谓"绿箱"政策措施是指对农产品贸易和农产品生产没有扭曲作用，或者最多只有微不足道的影响作用，而实行的支持措施。"绿箱"政策措施主要包括：农业一般服务，为保障粮食安全储备而提供的补贴，国内粮食补贴，单亲家庭的收入补贴，收入保险和收入安全网计划中的政府补贴，自然灾害救济补助，农业生产者退休或转产补助，通过资源停用计划提供的结构调整援助，农业生产结构调整性投资性补贴，环境保护下的补贴，区域发展援助计划下的补贴。"黄箱"政策是指农业协定将产生贸易扭曲、需减让承诺的国内支持政策。"黄箱"政策措施主要包括：价格补贴，营销贷款，面积补贴，牲畜数量补贴，种子、肥料、灌溉等投入补贴，部分有补贴的贷款项目。参见丁学东主编：《世界贸易组织与农业政策》，中国财政经济出版社2004年版，第36页。

自己的意愿和要求及时反映给政府，与政府进行有效互动。

三、农民专业合作经济组织的发展

正如前文所述，农民专业合作经济组织的产生与发展源自家庭联产承包责任制实施之后，农民对产前、产中和产后联合的需要。在最近的三十余年中，农民专业合作经济组织先后经历了缓慢发展和快速发展两个阶段。

第一个阶段是从改革开放到新农村建设前的缓慢发展时期。

1979 年 4 月，党在中央工作会议上提出对整个国民经济实行"调整、改革、整顿、提高"的方针，坚决纠正前两年经济工作中的失误。在这些方针的指导下，党和政府通过提高农副产品的价格，推行各种形式的联产计酬责任制，恢复并适当扩大自留地，恢复农村集市贸易，发展农村副业和多种经营，极大地调动了农民的积极性。加之农业科技的引进（良种、化肥、农药、农业机械的普及），农业的产出大幅度增长。但是家庭经营条件下也出现了一家一户农民难以解决的问题，市场经济条件下农民家庭更加需要合作才能够适应新的挑战，于是农民合作经济组织便在农村经济体制改革的过程中产生了。例如，在 1980 年四川省郫县成立了全国最早的专业协会"养蜂协会"，同年 5 月广东省恩平牛江镇出现了杂优稻研究会。起初，这些组织还属于新生事物，尚处于自生自灭的自发状态中，到 20 世纪 80 年代中后期，这些组织开始得到一些政府的支持而开始迅速发展。1986 年 1 月，国家科委、中国科协联合提出，把支持推动协会的发展和提高作为农村科普工作的重要内容；1987 年下半年，由国务院农村发展研究中心、农牧渔业部、商业部和中国科协组成的农村专业技术研究会联合调查组赴四川、山东、广东调研，并于年底召开全国农村专业技术协会理论研讨会。之后，随着农村经济体制改革的不断深入，越来越多的农产品实行市场调节，农民对农业生产及其产前、产后服务产生了新的需求，从而出现了一批具有一定科技水平，同时又有综合服务能力的农民合作经济组织，组织的规模也迅速扩大。据农业部 2000 年统计，各类专业合作组织 140 多万个，供销合作社兴办各类专业社 2.6 万个，带动农户 1 220 万户；供销社系统发展龙头企业 283 个，带动农户 600 多万户，组织农民兴办各种专业合作社 17 833 个，入社农户 507.84 万户。就农村而言，保守地估计，全国已登记和未登记的乡村两级民间组织在 300 万个以上，占全国民间组织总数的三分之二以上。[1]

---

[1]　王贵宸编著：《中国农村合作经济史》，山西经济出版社 2006 年版，第 570 页。

第二个阶段是新农村建设以来的快速发展时期。

2005 年新农村建设政策的出台不仅调整了工农业在国民经济体系中的战略位置，促使工业反哺农业，同时也为农民专业合作组织的发展营造了良好的外部环境，为其提供了一个难得的发展机遇。此一时期，农民专业合作经济组织获得了迅速的发展，据农业部的统计资料显示，截至 2017 年 9 月底，全国依法登记的农民合作社达 196.9 万家，是 2012 年的 2.86 倍，是 2007 年的 76 倍，特别是近 5 年年均增速达到 37.2%。农民合作社的服务领域不断拓宽，各类农民合作社生产经营涵盖了农业生产的产前、产中和产后各阶段，连接了农业经营的收购、营销、储运各环节，融合农村产业一产、二产、三产各业态，基本克服了农户家庭分散、小规模经营的困难，提高了农业的组织化、市场化程度。[①] 促使这一时期农民合作经济组织快速发展的原因主要有两个方面：其一是政府在政策与资金上的倾斜和扶持为农民合作经济组织的发展创造了良好的外部环境。《中华人民共和国农民专业合作社法》（2006 年 10 月 31 日第十届全国人民代表大会常务委员会第二十四次会议通过，2017 年 12 月 27 日第十二届全国人民代表大会常务委员会第三十一次会议修订）和《农民专业合作社登记管理条例》（国务院令第 498 号）的出台，赋予了农民专业合作社明确的法律地位，并规范了其管理与运作，这使得农民专业合作组织的市场主体地位获得明确承认，其在农村经济社会发展中的功能与作用得到了相应的认可。不仅如此，中央还予以专项财政补贴扶持农民专业合作经济组织的发展。仅 2006—2010 年，中央财政对农民专业合作社的扶持资金即达到 11.31 亿元，带动省级财政 27.02 亿元以及地市县财政 57.8 亿元。其二是中国市场经济的发展使得农民农业生产经营的风险进一步加大，这直接增加了单个农户应对市场风险的成本，而使得组织起来从事生产经营的收益相应增加。如果说第一个原因是农民专业合作经济组织迅速发展的外部环境，那么第二个原因则是它迅速发展的内部原因，后者直接促使农民改变原有的、单家独户的生产经营方式，而以组织化的形式来应对市场与风险。

第三节　村民自治组织

村民自治组织是农民自我管理、自我服务的组织，它构成了正式治理组织体

[①]　彭超、杨久栋：《2018 中国新型农业经营主体发展分析报告（二）——基于农民合作社的调查和数据》，《农民日报》2018 年 2 月 23 日，第 4 版。

系的一个有效补充，在整合农村基层利益、维持农村基层秩序等方面发挥着重要的功能。

一、村民自治组织的产生与发展

对于中国村民自治的产生历史，学术界尚存在一定的分歧，有研究者认为，在中国历史上曾有不少的政治家推行过村民自治制度，如秦汉时期的乡官推举制度、太平天国时期的乡官制度、晚清时期的乡镇自治以及民国革命时期的一些类似的做法等，这些都带有明显的自治色彩，可以视为是中国村民自治的历史实践。也有研究者认为，比较完整意义上的中国村民自治的历史应始于元明时期，因为元代除了沿承唐代的乡里制和金代的社制之外，还设置了都图制，并在农村成立了组织严密的村社组织，设置了社长以劝导乡里、助成风俗，同时设置了村社之约，以处罚之法来进行管理，并办有社学，对乡村子弟进行教育。造成上述分歧的部分原因是研究者对村民自治内涵的界定存在差异。事实上，在中国传统社会的乡村政治结构中，尽管具有一定的自治色彩，但那只是"乡村自治"而不是"村民自治"，传统的"乡村自治"是相对于国家治理而言的，即国家的权力并未完全渗透、支配乡村社会，且传统"乡村自治"的主体是家庭或家族；而近代以来的村民自治（特别是当代的村民自治）不仅包含着"乡村自治"，而且与传统的乡村自治不同，它不是族长与族权的自治，而是普通村民的自治，其立制的基本精神是以个人为主体的，村民是以"个人"这一身份进入乡村政治领域的。

村民自治组织的产生与发展同村民自治的制度实践几乎是同步的，而对以个体为主体的村民自治制度进行历史追溯则不得不提及河北定县翟城村的村民自治实践。由翟城村米鉴三、米迪刚父子推动的村治实践可谓是村民自治的典范。米鉴三于 1902 年便开始进行村治规划，在本村先后创办高等小学校、女子国民学校、女子高等小学校，并开展了民众识字和公民教育工作。1914 年，定县县长见翟城村学务发达、风俗良善，遂呈请省部创办模范村。此时正值米迪刚从日本留学归国，他根据日本地方自治的经验，在学理上提升翟城村治模式，以求达到"一般村治，在家与省县之间，取得显然平列之对等地位"[①] 的目的。在取得县政府的支持后，翟城村自治公所于 1915 年 10 月成立。自治公所设村长总管本所一切事务，设村佐协助村长工作，另设书记、股员若干人，其中庶务股管理教育、保卫、户籍、劝业、慈善、土木、卫生、征兵、记录，及其他不属于财务股的一切事务；

---

① 李景汉编著：《定县社会概况调查》，上海人民出版社 2005 年版，第 115 页。

财务股管理全村纳税、银钱簿籍、出入款项、预算决算等事。全村细分为 8 个自治区，其中每区设区长一人，掌管本区一切事务。另外，公举学务委员一人，负责督察本村义务教育的实施。由村长、村佐及各股股员、各区区长组成村会，村长兼任会长，凡关于自治的重要事务及村民的一切建议，均须由村会讨论议决。随着定县县长转任山西，翟城的村治模式也随之扩散到山西，并演化为山西的村制模式。由翟城的村治到山西的村制，不仅用字不同，而且在内涵上也发生了极大的变化，后者关注的重点从自治转向了行政。山西省署 1917 年颁布的《各县村治简章》规定：村内居民凡足三百户者应设村长一人，村副一人；村民在三百户以下者，得查度情形，或一村设一村长，或指定主村联合邻村合设一村长，但联合村其距离主村不可太远。1918 年重新修正各县村制简章时，其将人口的限制从三百户减少到一百户。据修正后的简章规定，一百户以上的村落，便可独立编成一村，设村长一人，村副一至四人；不满一百户的村落，可以联合起来编成一村，主村内设村长，副村内则酌设村副。1922 年，阎锡山在此前的基础上提出"行政之本在于村"，倡导"把政治放在民间"；接着公布了《改进村制条例》，设置村公所、村民会议、村监察委员会、息讼会、保卫团等机构，废除了昔日管理村财政的社首制。继山西之后，云南、浙江、江苏等也在本省推行了村制。1928 年 9 月国民政府颁布了《县组织法》。该法基本参照山西和江苏的做法，规定县以下实行四级制：县下划区，区下设村和里，村里下编闾，闾下编邻。在此后两年中，国民政府先后重定、修正了《县组织法》及其施行法，公布了区自治和乡镇自治的施行法，确定乡为地方自治团体，设乡民大会、乡公所、乡长和副乡长、调解委员会、监察委员会等立法、执行、司法、监察机关。

　　回顾新中国成立之前村民自治组织的产生与发展历程，虽然此一时期村民自治组织在农村社会管理中发挥了一定的功能，但这种组织的产生本质上是政府在外部环境发生变化后对农村基层治理策略的改变，即它是政府在国门被西方列强打开后，为了加强对农村社会的控制与资源汲取而采用的新的管理手段。

　　新中国成立后，随着人民公社体制的建立，农民被整合到政社合一的人民公社之中，其中生产大队作为农村最基层的单位实现着对农民的组织与管理。人民公社的最大贡献在于其建立了强有力的农村地方党政权力，有助于工农业和整个国民经济的恢复与发展；其弊端则在于党政权力对农村经济和社会生活的过度干预。[1] 20 世纪 80 年代初，随着人民公社体制的废除和家庭联产承包责任制的兴起，

---

① 张乐天：《告别理想：人民公社制度研究》，上海人民出版社 2005 年版，第 400 页。

相当一部分农村基层的组织体系处于瘫痪状态，在此情况下，农民创造了自己管理自己的组织形式——村民委员会。村民委员会最初出现于广西的罗城、宜山一带（名称不统一，有的称"村管会"，有的称"议事会"或"治安领导小组"）。村民委员会这一新的基层组织形式出现以后，立即得到正在考虑如何解决随着经济体制改革而建立新的基层组织体系问题的中央决策层的重视。在中央的重视和支持下，不少地方在进行政社分开、建立乡政府的试点过程中，开展了在乡以下建立村民委员会的试点。尽管当时村民自治的意识尚不明晰，但是，村民委员会的出现无疑为村民自治提供了组织准备和依托①。需要指出的是，此时村民委员会这一内生型村民自治组织的产生同农村社会结构的变化之间具有明显的内在关系。因为在20世纪80年代，当家庭联产承包责任制在全国范围内推行时，原有的"三级所有、队为基础"的人民公社体制在失去其存在的基础后迅速解体。当政社分开后，国家权力由基层向上收缩，在乡（镇）一级恢复建立基层政权，而权力向上收缩的直接后果便是农村基层的组织"真空"。以村民委员会为代表的村民自治组织的产生与发展则正好填补了这一组织性的"真空"，实现了村级治理模式的重构。与此同时，伴随着家庭联产承包责任制的实施，农村社会的利益格局随之发生了改变，农民由之前组织安排的被动者转变成有着独立利益和主动性的利益主体，同时他们的自身利益与村庄的行政、经济、资源等紧密地联系在一起，这给农民参与村务民主管理提供了强有力的驱动力，也激发了他们监督村干部的积极性。在这种情况下，村民自治组织的产生与实践显然具有巨大的原生动力。

　　1982年通过的宪法赋予了村民委员会以"基层群众性自治组织"的地位。虽然从1982年"村委会"入宪到1987年制定《中华人民共和国村民委员会组织法（试行）》（以下简称《村组法》），关于村民自治的必要性与可能性以及具体的制度安排一直存在着争议，但这并没有制约农村基层村民自治实践的发展。各地的村民自治在"制度创新"的激励之下持续展开，这也在一定程度上有力支持了国家的立法意志和立法经验。《村组法》的制定与实施标志着以村民委员会选举为中心的村民自治在国家法律制度上正式确立，村民自治从此进入"组织法时代"。这也使得此一时期的村民自治与民国时期的村治存在明显的区别，即此一时期村民拥有法律所赋予的选举权和自治管理权。但是，《村组法》颁布后，村民自治组织的发展与实践在地区之间并不平衡。这一方面体现在各地具体贯彻落实《村组法》的进程不一致。自1988年至1995年，虽然全国先后有24个省、市、自治区制定

① 徐勇：《中国农村村民自治》，华中师范大学出版社1997年版，第21页。

了实施《村组法》的办法，但仍有 6 个省、市、自治区没有制定。在已制定实施办法的 24 个省、市、自治区中，具体时间也不同。其中，福建、浙江 2 省为 1988 年；甘肃、贵州、湖北、湖南 4 省为 1989 年；河北、黑龙江、辽宁、青海、陕西 5 省为 1990 年；天津、山西、四川、吉林、新疆 5 省、直辖市、自治区为 1991 年；河南、宁夏、山东、内蒙古、安徽 5 省、自治区为 1992 年；西藏为 1993 年；江苏、江西 2 省为 1994 年。另一方面，一些地方不仅没有认真贯彻落实《村组法》的民主自治原则，反而进一步强化了对农村基层的行政干预。再一方面，许多地方即使制定了实施《村组法》办法，村民自治的发展也不平衡。相当一部分农村并没有严格按照《村组法》的要求运作，村民自治仍然停留在制度条文层面。[①] 尽管村民自治的制度实践尚存上述问题，但正如任何新生事物的成长和发展都将经历一个曲折的过程一样，农村基层的民主管理与村民自治虽然面临了短暂的曲折，但它是一个历史趋势，经过几十年的探索、总结与创新，当前中国农村村民自治的经验不断丰富，制度不断健全，业已形成了包含以村民会议和村民代表会议为主要决策机构、以村民委员会为管理执行机构、以村务监督委员会为监督机构的组织体系，并逐渐形成了决策权、执行权和监督权适度分离而又相互制约的结构体系与运行机制。

二、村民自治组织的特征

村民自治组织作为中国农村最基层的群众性自治组织，它同其他类型的农村社会组织相比，具有以下典型特征：

第一，就空间范围而言，村民自治组织具有明显的地域边界。单个村民自治组织所覆盖的范围并不是无限大的，依照《村组法》的规定，村民委员会一般设在自然村，几个自然村可以联合设立村民委员会，大的自然村可以设立几个村民委员会。在这种相对有限的边界内，村民之间彼此相互熟悉或半熟悉，这使得村民的自治与民主管理具有现实操作性。因为熟悉或半熟悉使得村民之间拥有了充裕的、相互了解的空间，村民能够通过日常的接触而选举自己信任的村干部。另外，地域的有限性能够最大限度地保障辖区内农民利益的一致性，因为辖区内的经济、社会发展水平通常具有较大的同质性，且在文化、风俗习惯等方面存在高度相似性，便于农民进行民主管理；而一旦区域扩大，农民利益的分化加剧，将大大增加民主自治的整合难度。

---

① 徐勇：《中国农村村民自治》，华中师范大学出版社 1997 年版，第 34—35 页。

第二，就组织成员的构成而言，村民自治组织具有有限开放性的特征。对于村民自治组织的成员构成，《村组法》规定，拥有本村村籍者除依照法律被剥夺政治权利者之外，凡年满十八周岁的村民，不分民族、种族、性别、职业、家庭出身、宗教信仰、教育程度、财产状况、居住期限，都有选举权和被选举权。同时，作为村民自治组织中的主要决策机构，村民会议也是由本村十八周岁以上的村民或每户派代表构成组织。这一特征使得它与共青团、妇联、协会等群众性组织具有很大不同，即后者一般对其成员的年龄、性别、职业以及价值观等社会属性都有多重限制。村民自治组织所具有的有限开放性特征使得村民自治组织的决策具有普遍代表性，也使得基层的民主自治落到实处。

第三，就组织运作而言，村民自治组织具有自治性的特征。按照《村组法》的定位，村民委员会是村民自我管理、自我教育、自我服务的基层群众性自治组织，它自主地办理本村的公共事务和公益事业，调解民间纠纷，协助维护社会治安，向人民政府反映村民的意见、要求和提出建议。村民委员会作为村民自治制度具体实施的重要载体，也是村庄中村民进行自我管理、自我教育和自我服务的最为核心的组织平台，而村民委员会的自治性则又具体表现在：村民委员会的领导成员由村民直接选举产生，村内重大事务由村民大会或村民代表会议讨论决策，对村级社区事务实行民主管理，对村集体经济收支账目及干群的行为等进行民主监督。[①] 当然，自治并不意味着村民自治组织可以不受任何约束，也不是"自己想怎么干就怎么干"，它需要在现有的法律与制度框架之中进行治理实践。

三、改革开放以来村民自治组织的实践

从广西宜山、罗城两县的农民自发组织成立村民委员会到当前全国范围内广泛实施村民自治制度，村民自治组织几乎普及中国的所有农村，它们在推动农村基层民主、促进经济发展、维护社区秩序等方面都发挥了积极的作用，但同时也应该客观地看到，当前村民自治组织的运行与实践仍然面临一定的困境，其功能的充分发挥也受到一定的制约。

（一）村民自治组织实践取得的成就

从当前村民自治组织产生的历史背景来看，它是在人民公社解体之后孕育发展的，其直接使命是解决人民公社制度解体后农村社会的重新组织化问题。村民

---

① 李守经、邱馨主编：《中国农村基层社会组织体系研究》，中国农业出版社 1994 年版，第112 页。

自治组织的成立与运作有效利用了人民公社时代的制度遗产，即行政村和土地集体所有制互相加强产生的村集体意识和制度，它的存在与运作对农村社会的发展起到了积极的作用。回顾《村组法》颁布和我国村民委员会建设的 30 周年，村民委员会建设已经逐步进入法制化、制度化的轨道，村民自治的发展不仅造就和培养了一代又一代懂民主、懂法治、依法管理、依法治村的新型农民，同时也保障了农村社会的稳定与有序。

1. 村民自治组织的有效运转为农村社会提供了稳定有序的社会秩序

人民公社解体之后，农村社会出现了权力真空，此前经由公社来提供的各种公共物品也缺失了供给主体。与此同时，伴随制度约束的降低以及农村市场经济的发展，赌博、盗窃、迷信等各种社会越轨事件频繁发生，公益事业无人管理，社会治安混乱不堪。这一系列社会问题的出现迫切地需要重建基层组织，而村民自治组织正是在这一结构背景下孕育与发展的，它的产生使得农村社会治理有了组织化的载体。依托这一组织平台，农民通过民主选举、民主决策、民主管理、民主监督来实现自我管理和自我服务，形塑出农村社会良好的社会秩序。

2. 农民自治组织的运转为农村经济的发展起到了良好的促进作用

《村组法》对村民自治组织经济功能进行了相应的界定，即村民委员会应当支持和组织村民发展生产、供销、信用、消费等各种形式的合作经济，承担本村生产的服务和协调工作，促进农村社会主义生产建设和社会主义商品经济的发展。事实上，以村民委员会为主的农民自治组织不仅通过提供服务来促进农民的家庭生产，而且它还直接参与村庄集体经济的发展之中，依法管理本村农民集体所有的土地和其他财产，保障集体经济组织和村民、承包经营户、联户或者合伙的合法财产权和其他合法的权利与利益。

3. 农民自治组织的有效运作大大降低了政府进行农村治理的成本

任何社会治理手段都存在一定的治理成本，而且政府进行社会治理的手段越正式、治理的内容越多，其所要承担的治理成本就越高。村民自治组织的存在与实践则提供了一种不同于政府机构管理的治理形态，前者依赖由社区自身选举的村干部来进行村庄社区的治理，与政府部门的正式官员不同，这些村干部任职无须支付财政工资①，这极大地降低了农村基层治理的成本。

---

① 在税费改革之前，村组干部的工资主要是由村民的"三提五统"进行补助，税费改革取消"三提五统"后，村组干部的工资才由财政支出，但其工资比乡镇干部要低得多。

4. 从更为宏观的层面看，村民自治组织的产生与发展极大地完善了中国的民主制度

村民自治是中国农村基层民主中最为核心的一环，也是农民政治参与的重要表现。村民在村民自治组织这一平台上，通过民主选举村干部、民主决策和管理村庄事务、民主监督村民自治组织的运行，推动村庄治理的民主化，在实质上体现并发展着社会主义民主。正如彭真所说的："有了村民委员会，农民群众按照民主集中制的原则，实行直接民主，要办什么，不办什么，先办什么，后办什么，都由群众自己依法决定，这是最广泛的民主实践。他们把一个村的事情管好了，逐渐就会管一个乡的事情；把一个乡的事情管好了，逐渐就会管一个县的事情，逐步锻炼、提高议政能力。"[1]

（二）当前中国村民自治组织实践面临的困境

村民自治为农村社会的治理提供了新的路径，但是受农村自身条件的限制和外部因素的影响，村民自治在发展过程中暴露出不少问题。

1. 村民自治组织实践困境的表征

首先，村民自治组织实践的内部困境。这一层面的困境主要体现在以下两个方面：

第一，组织角色的冲突降低了组织运行的绩效。村民委员会虽然是农民自治的群众组织，但在中国的政治体制中它又在一定程度上构成了地方政府在村庄中的"代理人"。这一组织角色同村民选举过程中对村民委员会的"当家人"组织角色形成了内在的张力，这种角色的冲突在村干部的身上得到最明显的体现。即村干部除了自主管理本村事务外，还要负责向政府反映村民的意见、要求和建议。因为依照《村组法》的规定，村民委员会要协助乡、民族乡、村镇的人民政府开展工作，村干部需要在本村代办乡镇政府交给的任务，扮演着政府"代理人"的角色。由此可见，在这种体制中，处于国家与社会之间的村民委员会及村干部呈现出双重的角色，即村干部同时扮演着政府"代理人"和村民"当家人"的双重角色。双重角色的权力来源不同，不同委托人对村干部的期盼也有差异，其中政府希望村干部有效地贯彻落实政务，村民希望村干部为村民提供良好的服务。在大部分事务上政府和村民的利益与预期的冲突是能轻易协调的，但也有时候这种双重角色之间的冲突很不容易协调。需要强调的是，这种冲突并不是本质的冲突，即政府同村民之间并不存在本质的冲突，二者在预期和利益上的冲突更多的是局

---

[1] 《彭真文选（1941—1990）》，人民出版社1991年版，第608页。

部利益与整体利益的冲突，它在现阶段是必然存在的，是不可消灭的。

第二，组织规章制度不健全制约了组织的规范化运作。村民自治组织的有效运作是建立在规范化的制度基础之上的，唯有如此才能确保其运作的公正性与有效性，但在现实社会中，有的以村规民约代替村民自治章程，形成干部治村的局面；有的虽然建立了规章制度，但并没有按章办事，没有做到依法管理，以章治村。

其次，村民自治组织实践的外部困境。这一层面的困境主要体现在以下三个方面：

第一，农村非正式组织制约和干扰村民自治组织的运转。在一部分地区，宗族组织或利用血缘纽带关系或者拉帮结派形成利益团伙，采用非正当手段控制村民选举，以获得对村民自治组织的控制。除此之外，目前，部分农村的黑恶势力也通过各种方式和手段"入侵"村民自治组织，这种"入侵"大致可分为两种情况：一是部分村庄的恶霸、地痞、无赖依靠威逼、胁迫、恐吓或收买等非法手段控制村委会选举，通过选举，成为村级组织的合法"当家人"；二是村庄能人的"黑恶蜕变"，农村黑恶势力的扩张，使村民自治组织不再是一个自我管理、自我教育和自我服务的农民组织，而蜕化成鱼肉农民、欺压良善的工具。①

第二，村民委员会与村党支部的关系不顺影响了村民自治组织的运转。村民自治是我们国家民主政治建设的一项重要内容，它必须坚持党的领导，因此村民委员会的管理与工作也应该在党支部的领导下来完成；要在村庄之中实行真正的民主自治，也必须坚持村民会议是村庄中的最高决策机构，它的行为与决定只要不违反国家的法律和制度，任何个人和组织都不得擅自干预。然而，在少数地区，村民委员会与村党支部的关系尚未完全理顺，一部分党支部和村民委员会之间的"领导"关系变成了"替代"关系，令村民委员会的权力虚置化。

第三，村民委员会同乡镇政府的关系不顺也成为制约村民自治组织有效运转的重要原因。虽然依照《村组法》，乡镇政府和村委会存在工作上的指导与被指导的关系，但在具体什么内容上进行指导，以什么样的方式进行指导等具体问题上却并没有清晰的界定，这种具体制度的缺失在一定程度上导致了村民委员会同乡镇政府关系的不顺。这种不顺的关系有两种主要的表现形式，即"过度自治化"和"附属行政化"，前者主要是指"村民自治超出了法律规定的范围，村自治组织擅自做出不属于村民自治范围的决定，或随意增加村民的非法定义务，违法限制

① 薛刚凌主编：《农村法治建设研究》，中国方正出版社 2009 年版，第 40 页。

村民的自由权利；或无正当理由，拒不接受乡镇政府布置的国家各项任务"；而"附属行政化"则主要是指"村民自治在一定程度上名存实亡，乡镇政府仍把村委会当作自己直接的下属行政组织，沿用传统的领导方法进行指挥管理，或继续控制村委会的人事权，对经村民民主选举产生的干部随意调动、任免；或对属于村委会自治范围内的生产、经营等村务活动横加干涉，随意发号施令，采用行政命令管理模式"。① 上述关系的不顺割裂了乡镇政府与村民委员会之间的有机联系，使得村民自治组织的运行陷入困境。

2. 造成当前中国村民自治组织实践困境的原因

造成上述农村村民自治组织运作与实践出现内外困境的原因是多方面的，归纳起来主要有以下几个方面：

第一，村庄集体经济的薄弱导致村民自治组织运作的乏力。拥有一定的组织资源是一个组织赖以存在和正常运作的必要基础，村委会作为群众自治组织，本身在维护群众合法权益、履行基本职责的过程中也必然离不开相应的物资与权威支持；但是，对相当一部分的村庄而言，村庄财政的空壳化极大降低了村民自治组织的治理能力。不仅如此，村级债务也逐渐成为制约和束缚村民自治组织有效运行的力量。以经济发展较好的江苏农村为例，2012 年江苏省村级债务总额即达 482.15 亿元，村均达 269.2 万元，这一数字比 2010 年分别增加 76 亿元和 47 万元。② 组织资源的匮乏不仅使得村民对村庄事务的关心程度下降，而且使村民自治组织的自身运转及其动员能力急剧弱化。

第二，农村社会的分化使得村民自治组织的整合难度大大增加，进而影响了组织运作的绩效。组织的成本通常与组织对象的同质性程度呈负相关性，即在同质性较强的社区，村民自治组织通过协商而达成一致的成本要比异质性强的社区低得多。在农村社会，伴随着市场化改革的深入与拓展，农村的社会流动增加，就业开始多样化，农民的异质性也因此大为增加，这使得农民的利益发生了极大的分化，在这种情况下，村民自治组织通过协商达成一致的组织成本也要大大增加。

第三，农村社会的空心化和老龄化使村民自治的基础弱化。伴随着农村人口进城务工的不断增加，村庄中大量的青壮年劳动力都从农村流向城市，在农村形成了以留守老人、留守妇女和留守儿童为代表的"三留守群体"，这客观上造成了

① 彭向刚：《我国村民自治存在的问题与对策探讨》，《吉林大学社会科学学报》2001 年第 1 期。
② 《2012 年江苏村级债务达 482 亿 比 2010 年增 76 亿元》，《新华日报》2013 年 9 月 25 日。

农村社会空心化和老龄化的特点。相比外出务工的群体而言，农村留守群体在参政意识和参政能力上都处于弱势，他们或是不关心村庄的公共事务，或是无力参与村庄公共事务，这使得村民自治的基础大大弱化。

3. 解决当前中国村民自治组织实践困境的路径

村民自治组织在实践中所面临的困境既有来自村民的原因，也有来自村庄和基层政府的原因，因此，要解决村民自治组织的实践困境，同样需要针对上述原因展开相应的努力。

第一，强化集体经济建设，夯实村民自治组织运作的经济基础。集体经济的存在是吸引村民参与村民自治的重要动力，它使得农民的利益与其参与行为呈现出直接相关关系，从而形成对村民参与行为的强激励。此外，村民自治组织本身的运转也需要一定的物质条件，集体经济的存在则能降低村民参与村庄公共事务时需个人支付的成本。鉴于此，各级政府应通过政策扶持等多种渠道加强农村集体经济建设，通过盘活集体资产、规范扶持村级集体资金管理、服务指导农村集体经济组织运营等方式，促进集体经济的发展，夯实村民自治组织运作的经济基础。

第二，依托村庄既有社会资源，创新村民的多元整合机制。村民自治的本质是依据地域原则对村民进行组织和整合，动员其参与到村庄的建设与管理之中。当村民都被"束缚"在村庄土地上时，村民之间的同质性较强，血缘、地缘以及随之衍生出的情理规则在村民的整合中发挥着重要的作用。伴随着大量的农民进城务工，一方面农民之间的异质性增加、彼此之间的利益也发生了分化；另一方面，农村社会自身也发生了"空心化"和老龄化。在这种情况下，旧有纽带的整合功能日渐降低，各地必须针对区域性的社会资源，探索包括村庄认同、社区利益等新的整合纽带，不断创新和强化多元的整合机制。

第三，理顺村民委员会同基层政府和村党支部等组织间的关系，构建村民自治组织良性运行的外部环境。当前要充分释放和发挥村民委员会在村民自治中的积极作用，就必须理顺其与基层政府和村党支部等组织之间的关系，依据《中华人民共和国村民委员会组织法》等法规、制度，规范基层政府和村党支部等组织的运行，确保在基层政府的指导下和村党委的领导下，村民委员会的相对独立性和自主性，构建村民委员会良性运行的外部环境。

需要指出的是，解决当前中国村民自治组织实践困境的路径并不是唯一的，也没有办法制订出一套放之四海而皆准的治理方案，各地必须因地制宜，结合不同地方的资源和社会结构来探索化解村民自治实践困境的具体措施。

小　　结

　　农村社会组织是农村中为完成特定的社会目标、执行特定的社会职能，并根据一定的规章、程序而进行活动的人群共同体；它是农村社会从无序到有序发展的一种状态和过程。农民合作经济组织和村民自治组织是比较典型的农村社会组织形态，它们是农民参与社会生活以及市场竞争与互动的主要组织平台，这些组织的存在和发展有助于克服单个农民在生产生活中所无法应对的风险与困境，但这些组织的产生与运作是通过嵌入特定的社会结构之中来实现的，外部结构的特征与变化会直接影响到组织的运行及其绩效。

思考题

1. 什么是农村社会组织？农村社会组织有哪些基本特征？

2. 简述农民专业合作经济组织的特征。

3. 农民专业合作经济组织具有哪些功能？

4. 简述村民自治组织的特征与功能。

5. 试联系实际谈谈当前村民自治组织实践面临的主要困境及其存在的原因。

 思考题要点

第六章　农村社会分层与流动

社会分层与社会流动是理解社会结构的重要概念。要把握农村的社会结构特征及其趋势，除了要考察农村家庭、社区与社会组织等要素及由它们的关系构成的横向结构外，还需要深入考察由阶级、阶层等不同社会等级层次及其关系所构成的纵向结构。本章将在对阶级、阶层的基本概念与马克思主义阶级分析法进行梳理的基础上，对农村社会分层与社会流动的含义与功能，中国农村社会分层与社会流动的历史、现状与趋势进行探讨。

名词解释

第一节　阶级阶层及其分析方法

一、阶级阶层的含义

平等既是社会主义核心价值观的基本内容之一，也是社会和谐的基石。然而，由于人获取资源的能力和机会不尽相同，人类社会一直存在资源分配的不平等。社会学家们用社会分层这一概念工具来分析社会资源分配的不平等，即社会成员在社会资源占有方面呈现出的高低有序的等级或层次现象，用社会流动这一概念工具来分析社会成员在社会分层结构中地位和位置的变化，用社会分层与社会流动分析和说明社会的纵向结构。

社会分层的结果是层，即社会成员在社会资源占有方面所处的等级或层次。在社会分层研究中，阶级（class）和阶层（stratum）是用来表明社会成员社会分层地位的两个基本概念。就马克思主义者对上述概念的认识而言，尽管马克思本人从未对阶级阶层给出明确的定义，但马克思和恩格斯的众多著述及人们对马克思主义阶级理论的解读表明，阶层泛指因社会成员社会经济地位或谋生方式不同而区分的社会层次，阶级则主要特指因生产资料占有性质的不同而形成的经济地位群体①。

上述定义表明，阶级与阶层是既相互联系又相互区别的两个概念。

阶级与阶层的联系主要在于：其一，两者均表明社会成员在社会资源占有过程中所处的不同位置，在分层研究中往往被学者们合并为"阶级阶层"一个概念使用，或者相互代替使用。其二，两者可能存在相互包含关系。一方面，一个阶级内可能包含若干个阶层，如在我国，总体而言，一切以工资收入为主、从事非农劳动的社会主义劳动者都属于工人阶级的范畴。具体而言，当前我国的工人阶级由以体力劳动为主的蓝领工人、以脑力劳动为主的白领工人、知识分子与科技人员、国家和企事业单位管理干部等不同阶层构成，此外，进城就业的农民工也是有别于传统产业工人的一个特殊阶层。另一方面，依照特定标准划分出来的同一个阶层可能分属于不同的阶级。中国社科院社会学研究所"当代中国社会结构变迁研究"课题组将中国社会各阶层划分为社会上层、中上层、中中层、中下层和下层五大等级。其中，社会上层由高层领导干部、大型国有企业经理、国有企事业单位高级专业技术人员及大私营企业主构成。从阶级属性来看，高层领导干部、大企业经理、高级专业技术人员属于无产阶级范畴，大私营企业主则属于有产阶级范畴。

阶级与阶层的主要区别在于：其一，阶级主要反映社会成员经济地位的不平等；阶层则不仅反映社会成员经济地位的差异，还可能反映政治和社会地位的差异。其二，阶层主要反映社会分层的结果，即"谁得到了什么？"；阶级主要反映社会分层的过程或机制，即"谁是怎样得到的？"；其三，从马克思主义的观点来看，阶级主要在"质"的层面反映社会成员的社会分层地位差别，即社会成员在社会资源分配体系中处于支配地位，还是被支配地位；阶层主要在"量"的层面反映社会成员的社会分层地位差别，即社会成员实际占有社会资源的多寡。

二、马克思主义阶级分析法

马克思主义阶级分析法体现的是一种冲突论的分析视角。在《共产党宣言》中，马克思和恩格斯旗帜鲜明地指出："至今一切社会的历史都是阶级斗争的历史""至今的一切社会都是建立在压迫阶级和被压迫阶级的对立之上的"②。基于

---

① 如，列宁指出，所谓阶级，就是这样一些集团，由于它们在一定社会经济结构中所处的地位不同，其中一个集团能够占有另一个集团的劳动。详见《列宁选集》第4卷，人民出版社2012年版，第11页。

② 《马克思恩格斯文集》第2卷，人民出版社2009年版，第31、43页。

冲突论视角，马克思、恩格斯、列宁等马克思主义经典作家分析了阶级的起源、阶级划分的依据和阶级分化的走向。

在阶级的起源方面，马克思主义认为，"阶级的存在仅仅同生产发展的一定历史阶段相联系"①，"生产以及随生产而来的产品交换是一切社会制度的基础"②。生产力的发展会引起社会分工的变化，而"分工的各个不同发展阶段，同时也就是所有制的各种不同形式。这就是说，分工的每一个阶段还决定个人在劳动材料、劳动工具和劳动产品方面的相互关系"③。从这个意义上讲，社会分工很不发达，社会结构只限于家庭的扩大；潜在于家庭中的奴隶制，是随着人口和需求的增长，随着战争和交易这种外部交往的扩大而逐步发展起来的。阶级是社会分工发展的产物。在原始部落社会，生产力十分低下，随着生产力的提高和社会分工的发展，社会产品有了剩余，私有制也随之产生，社会日益形成对立的阶级。"只要社会总劳动所提供的产品除了满足社会全体成员最起码的生活需要以外只有少量剩余""这个社会就必然划分为阶级"④。可见，资源的稀缺性是社会分层的根源，社会分层是"社会生产不大发展"⑤的历史阶段人们对社会资源进行竞争的过程和结果。

在阶级划分的依据方面，马克思主义经典作家认为，生产资料是最重要的社会资源：一方面，生产资料的占有状况直接决定社会成员在生产过程中的地位和角色，即他们是处于领导者、决策者、监督者和管理者的地位，还是处于服从者、执行者、被监督者和被管理者的地位。生产资料的占有状况也决定着社会成员的财富分配方式与多寡⑥，即他们是通过利润、地租等形式获取大部分的社会财富，还是只能通过实物或货币工资等形式领取仅能够维持生活甚至不足以维持生活的极少部分社会财富；另一方面，生产资料的占有状况直接决定人们的生活方式，即占有大量生产资料的人主要靠利用生产资料剥削他人而生活，占有少量生产资料的人主要通过自己的劳动来养活自己，不占有任何生产资料的人则不得不通过出卖自己的劳动来谋生。可见，生产资料的占有状况不仅决定社会成员经济收入的多寡，而且决定其社会地位的高低。基于生产资料的重要性，马克思主义经典作家将生产资料的占有状况视为最重要的社会分层标准，即阶级划分依据。马克思主

---

① 《马克思恩格斯文集》第 10 卷，人民出版社 2009 年版，第 106 页。
② 《马克思恩格斯文集》第 3 卷，人民出版社 2009 年版，第 547 页。
③ 《马克思恩格斯文集》第 1 卷，人民出版社 2009 年版，第 521 页。
④ 《马克思恩格斯文集》第 9 卷，人民出版社 2009 年版，第 298 页。
⑤ 《马克思恩格斯文集》第 9 卷，人民出版社 2009 年版，第 298 页。
⑥ 《列宁选集》第 4 卷，人民出版社 2012 年版，第 11 页。

义经典作家指出，在私有制社会，由于人们对生产资料的占有状况不同，社会日益分化为两大对立阶级。在前工业社会，由于对土地资料的占有状况的不同，社会成员日益分化为拥有土地的阶级（即奴隶主、地主）和从事生产劳动的阶级（即奴隶、农奴和自耕农）两大对立阶级；在工业社会，由于对资本占有状况的不同，社会成员日益分化为拥有资本的资产阶级和靠出卖劳动力维持生计的工人阶级两大对立阶级。

在阶级分化的走向方面，马克思主义经典作家认为，经济地位不同的阶级有着不同的政治立场和意识形态。然而，经济地位的一致性只是阶级形成的基础，"经济条件首先把大批的居民变成劳动者。资本的统治为这批人创造了同等的地位和共同的利害关系。所以，这批人对资本说来已经形成一个阶级，但还不是自为的阶级"①。基于对 19 世纪资本主义社会形态的考察，马克思主义经典作家指出，在资本主义社会，社会化大生产与资本主义私人占有之间的矛盾，也必然越加鲜明地表现出来。资本主义的矛盾性表明，生产手段的增加不但不会带来工人生活水平的提高，而是会导致工人的无产化和贫困化的双重过程，这将导致无产阶级与资产阶级的对立，并导致个别工厂中生产的组织性和整个社会中生产的无政府状态之间的对立，从而使资本主义社会的阶级斗争显得更为激烈。资本主义经济越发展，资本家对无产者的剥削越彻底，社会资源分配就越不平等，无产者与资本家的利益冲突就越深；无产者对阶级利益的认识越深化，他们就越有可能形成阶级意识并质疑资本主义统治的合法性，并越有可能参加反对现存统治秩序的斗争；无产者将在反对资产阶级的斗争中联合成一个自为的阶级，通过革命消灭资本主义社会，并建立无产阶级自己的政权。届时，阶级差别将会消失，一切社会的对抗性质也将消失。

综上所述，一方面，马克思主义的阶级划分采用的是经济分层标准，即根据社会成员对生产资料这种经济资源占有状况的不同将其划分为不同的阶级；另一方面，马克思的阶级划分采用的是一种定性分层标准，侧重于强调不同阶级之间质的差别，即社会成员在生产关系体系中所处的地位。

三、马克思主义阶级分析法在中国的运用

在我国，阶级分析法作为马克思主义最重要的理论基石之一，曾经在相当长的时期内是中国共产党和中国学者理解社会分层的唯一分析方法，为指导中国新

———————————
① 《马克思恩格斯选集》第 1 卷，人民出版社 2009 年版，第 654 页。

民主主义革命提供了重要的理论依据。如在《中国社会各阶级的分析》中，毛泽东明确指出："谁是我们的敌人？谁是我们的朋友？这个问题是革命的首要问题。中国过去一切革命斗争成效甚少，其基本原因就是不能团结真正的朋友，以攻击真正的敌人""我们要分辨真正的敌友，不可不将中国社会各阶级的经济地位及其对于革命的态度，作一个大概的分析"[①]；"我们的主要目的，是要明了社会各阶级的政治经济情况""我们的终极目的是要明了各种阶级的相互关系，确定哪些阶级是革命斗争的主力，哪些阶级是我们应当争取的同盟者，哪些阶级是要打倒的"[②]。基于上述观点，毛泽东等老一辈无产阶级革命家多次开展中国城乡阶级阶层调查分析，正确指出了新民主主义革命时期中国的阶级构成及其阶级关系，为中国共产党确立"农村包围城市"的革命道路，夺取新民主主义革命的胜利提供了决策依据。

新中国成立以后，中国共产党领导全国人民实现新民主主义革命到社会主义革命的转变。1956年，随着对农业、手工业和资本主义工商业的社会主义改造的基本完成，中国开始进入社会主义初级阶段。到此，剥削制度在中国已经消灭，"剥削阶级作为阶级已经不再存在，他们中的绝大多数已经改造成为自食其力的劳动者"[③]。然而，由于对新生的社会主义社会和全国规模的社会主义建设事业，缺乏充分的思想准备和科学研究，加之对马克思主义阶级分析法的误解或教条化，毛泽东等中共领导人误认为社会主义改造基本完成以后小生产还会每日每时地大批地产生资本主义和资产阶级，因而形成一系列左倾的城乡经济政策和城乡阶级斗争政策，并导致了"文化大革命"的发生。[④]

1978年12月召开的中共十一届三中全会果断停止了"以阶级斗争为纲"，做出了把工作重点转移到社会主义现代化建设上来的战略决策。1981年6月27日通过的《中国共产党中央委员会关于建国以来党的若干历史问题的决议》再次明确指出："在剥削阶级作为阶级消灭以后，阶级斗争已经不是主要矛盾"[⑤]。基于这一论断，1978年改革开放以来，尤其是在20世纪80年代末至21世纪初，随着改革

① 《毛泽东选集》第1卷，人民出版社1991年版，第3页。
② 《毛泽东选集》第1卷，人民出版社1991年版，第113页。
③ 中共中央文献研究室编：《改革开放三十年重要文献选编》（上），中央文献出版社2008年版，第186页。
④ 中共中央文献研究室编：《改革开放三十年重要文献选编》（上），中央文献出版社2008年版，第199—200页。
⑤ 中共中央文献研究室编：《改革开放三十年重要文献选编》（上），中央文献出版社2008年版，第213页。

开放的顺利推进，一些学者对社会形势的整体判断较为乐观，认为我国的对抗性社会矛盾基本消失，我国实际生活中出现了许多不能或很难用阶级概念来概括的社会群体。因此，在一段时间内，有学者提出，在剥削阶级已经消灭的当前中国社会，运用阶层分析法开展社会分层研究更有利于促进社会主义和谐社会建设。

需要指出的是，阶层分析法固然是理解改革开放以来中国农村社会结构变迁的一种重要方法，但它无法取代马克思主义阶级分析法的指导地位。尤其是近年来，随着市场化改革的深入，一方面，市场经济逐渐取代中央计划分配体制，开始在社会资源与机会分配过程中发挥决定性作用；另一方面，社会成员在社会经济地位、价值观念、意识形成、生活方式等方面的差别日益扩大，社会日益分化与多元化。特别是 1998 年全面推进的国有企业改革、教育改革、住房制度改革，由于其改革规模大、步伐快、手段激烈，影响社会良性运行与协调发展的不稳定性因素日益增多，马克思主义阶级分析法的理论指导价值更加凸显。

第一，坚持阶级分析法是应对加速转型期社会结构新变迁、新形势的现实需要。当前，中国社会正处于两次大转变的交汇点上。一方面，从全球化背景来看，中国社会正处于世界范围内的市场化潮流之中，并已深深卷入全球化漩涡之中，同时也不可避免地进入世界经济体系之中并受到世界不平等经济格局的影响；另一方面，改革开放以来，随着社会主义市场经济体制的建立，我国的所有制结构发生了巨大的变化，原来单一公有制的结构已为公有制为主体条件下多种所有制共同发展所替代。资本的力量再次出现，劳资关系紧张时有发生。在生产资料公有制为主体、多种所有制并存的背景下，社会的阶级阶层结构会发生什么变化、有何特征？阶级阶层关系如何？阶级阶层矛盾和冲突的现实特征与发展趋势如何？如何通过国家治理体系创新，促进社会主义社会阶级、阶层整合？只有运用阶级分析法，才能更好地解释新时期社会不平等形成的原因，才能寻找到减少和消除社会不平等的有效途径。

第二，坚持阶级分析法是提升社会分层研究解释力的科学需要。"谁得到了什么？是怎样得到的？"历来是社会分层研究最重要的命题。现实社会中存在着两种不同层次的社会分层结构，即社会分层的表面结构和社会分层的深层结构。社会分层的表面结构主要是回答"谁得到了什么"，社会分层的深层结构主要是回答"是怎样得到的"。事实上，对于上述两个命题的回答，社会分层研究中存在着"分配论"和"关系论"两种不同理论模式。分配论以韦伯的"三位一体"理论和涂尔干的职业分层理论为代表，该理论体系强调社会资源在社会成员之间的不平等分配，往往根据社会成员对经济资源、政治资源与文化资源三种不同类型资源的占有情况对其进行分层，分析社会成员在社会资源占有量方面的差异。研究社会分层的表层结构，难以切中社会分层的本质。以马克思主义阶级理论为代表的关系论强调的是社会关系中的不平等，即根据社会成员对重要资源占有状况的不同将其划分为不同的阶级，并注重分析社会成员在社会资源占有上本质性的差别。它认为重要社会资源的占有不仅决定或限制了社会成员在生产、交换、分配和消费中的地位和角色，而且决定或限制了其阶级意识和阶级实践。从这个意义上讲，马克思主义阶级分析法注重分析社会分层的深层结构，更有助于全面考察当前中国社会分层的内在机制、社会后果及其与社会变迁的动态关系。

需要指出的是，坚持阶级分析法进行社会分层研究并不是为了扩大阶级斗争。其原因在于，尽管当前中国贫富差距问题严重，但总体而言，中国社会阶级阶层构成与阶级关系的基本性质仍然没有发生根本性改变，各阶级阶层都是中国特色社会主义事业的建设者，不同阶级阶层之间的差别主要是经济财富占有量的差异，并不存在根本性的利益冲突和质的差别。作为社会主义的建设者，不同阶级阶层之间只是分工的不同而已，没有高低贵贱之分。从这个意义上讲，运用阶级分析视角进行社会分层研究并不是为了扩大阶级斗争，而是为了防止阶层、阶级冲突的激化，防止人民内部矛盾演变为敌我矛盾，进而促进社会主义和谐社会建设。

第二节　农村社会分层

一、农村社会分层的含义与功能

社会分层既可以视为一个客观过程，又可以视为一种主观方法。作为一个客观过程，农村社会分层是指农村社会成员在社会生活中因获取社会资源的能力和机会不同而呈现出高低有序的等级或层次的现象或过程；作为一种主观方法，农村社会分层是根据一定的标准将农村社会成员划分为高低有序的等级或层次的方法。

关于社会分层，学术界分别形成了功能论和冲突论两种不同的观点。功能论与冲突论关于社会分层的争论给我们的一个重要启示是，农村社会分层既可能具有正功能，也可能具有负功能。

农村社会分层的正功能主要表现为：第一，合理的社会分层有助于激励个人为追求理想的社会经济地位而努力进取，形成一种有序的竞争机制，从而激发个人潜能与社会活力；第二，合理的社会分层使社会资源得到优化配置，并能增强人们对自己和他人社会经济地位的认同，有效化解因资源稀缺和利益分化而产生的紧张与冲突，从而促进社会稳定与和谐。

农村社会分层的负功能主要表现为：第一，不合理的社会分层可能导致社会经济地位的封闭性与凝固性，封锁弱势群体通过努力改善自身处境的正常途径，阻碍个人进步与社会发展；第二，不合理的社会分层可能加剧贫富两极分化，造成阶层对立与冲突，从而引发社会冲突与社会问题，影响社会稳定与和谐。

由此可见，农村社会分层的功能性质主要取决于社会分层是否合理。那么，什么样的社会分层才是合理的呢？综合学界的观点，合理的农村社会分层应至少具有如下特征：

一是分层机制的公平性，即阶层地位的自致性，表现为：一方面，农村社会成员阶层地位主要依靠个人能力与自身努力而获得，而不是依靠性别、种族、背景或家庭出身等与生俱来的先赋特征；另一方面，社会成员对社会资源的竞争应遵循能力优先或业绩优化原则，以确保竞争在公平、有序的条件下进行。

二是阶层结构的开放性，表现为不同阶层之间的边界是开放的，从而使每个人都有通过自己努力获得向上流动的机会，以确保社会有一种"能者上、平者让、庸者下"的择优汰劣机制。

三是层际差距的适度性，表现为既不因不同阶层之间社会资源的占有状况过于平均而使社会发展失去活力，又不因不同阶层之间社会资源的占有状况过于悬殊而导致两极分化和阶层对立，而是让阶层差距保持在相对较小的适度范围内。

四是阶层关系的整合性，表现为不同阶层在维护自身利益的同时，有良好的层际互动与沟通，不同阶层之间呈现出相互依存、功能互补的层际关系，而非相互矛盾、根本对立的关系。

二、中国农村社会阶层结构的历史变迁

（一）中国古代农村的社会分层

如马克思所言，在阶级和等级产生之前，人类经历了漫长的原始群居和氏族平等协作生活。随着生产力的提高和财富的积聚，在原始社会末期，中国开始出现社会分层，那些勇力和智慧超群的杰出人物被拥戴为氏族、部落或酋邦的首领，他们较之其他氏族成员更容易得到人们的尊敬和服从。然而，由于社会财富相对有限，不同氏族成员在生活资源分配方面的差异并不显著。因此，中国早期的社会分层主要是以氏族成员的个人禀赋与能力为主要依据的功能主导型分层。

夏朝的建立标志着中国开始进入私有制社会，农村社会阶层结构亦随之复杂

化。从经济分层标准来看，因对土地和劳动力的占有状况不同，农村社会成员分化为贵族、自由民和奴隶三大阶级；从政治分层的标准来看，因政治与社会地位不同，社会成员分化为君王、贵族（包括卿、大夫、士三等）、平民和奴隶。在西周时代，平民阶级中开始出现工商业者这一新的阶层，他们中的上层接近于封建领主贵族，下层则往往接近奴隶。西周灭亡后，中国开始进入春秋战国时期，其社会阶层结构出现一些新的变化，具体表现为：从阶层构成来看，工商业者的地位有所上升，官僚地主、军功和事功地主开始崛起，庶民阶级大量成为编户齐民、佃农和雇农；从阶层关系来看，在等级制度日趋完备的同时，等级地位的凝固性程度下降。上层社会对下层人士的开放性程度有所提高，下层人士可以通过努力下学上达，跻身官僚阶层，商人、农夫也可以通过多种渠道得到爵位、改变地位。这样，社会较前代充满了生机和活力，从而使等级制度更具有韧性，集权政治也更加稳固。

自秦始皇统一六国到清朝前期，封建专制主义中央集权正式形成并不断强化，成为中国古代社会的主要政治制度，封建地主制取代领主制成为中国古代社会的主要经济制度。与之相应，农村社会分层较之先秦时期呈现出一些新的特征：

首先，在阶层构成方面，农村阶层结构更加复杂。依据经济分层标准，农村社会成员因对土地和劳动力占有状况的不同，分化为地主和农民两大阶级，其中地主阶级细分为大地主和中小地主两大阶层，农民阶级内部细分为自耕农、佃农和雇农三大阶层；依据政治分层标准，农村社会成员因权力和特权占有状况不同分化为皇室、贵族官僚、绅衿（含弟子员、士族中非出仕人员、科举制下的有功名者）、平民、半贱民和贱民奴婢六大等级；依据声望分层标准，农村社会成员因职业声望的高低分化为士、农、工、商四大阶层，其中，"士"属于特权阶层，"农"属于平民阶层，"工""商"从业者中如乐人、剃头匠、手工业者、商人多被列入贱民或半贱民阶层。

其次，在分层机制方面，农村社会成员各种阶层地位密切相关、凝固性强。在封建专制集权主义统治下，占地较多的大地主或为皇亲国戚，或为官僚缙绅，或为豪门家属，这些人既拥有雄厚的经济实力，又享有较大的政治特权，也有机会供子弟读取功名，因而无论在经济地位、政治地位还是社会声望方面均处于较高层次；中小地主阶层虽不能与大地主相比，但在一定社区范围内，他们有较强的经济实力，有条件供养子女读书，且往往被推举为宗族首领，因而拥有一定的政治权力。至于农民，他们不仅在经济上处于被剥削地位，而且在政治上也处于被压迫境地。唯一的例外是，在"重农抑商"的社会背景下，商人是经济地位较高但政治地位与社会声望相对较低的阶层。然而，商人可以通过"捐输钱帛"获得官位、爵衔、学衔，成为官僚地主的一员，从而实现其经济地位、政治地位与社会地位的统一。由于经济、政治与声望地位密切相关，农村社会成员一旦进入某个阶层等级序列，就很少改变其身份，其结果便是"有特权者恒有权""有产者恒有产""贱民则恒受压抑"，从而使社会阶层地位呈现出较强的凝固性。

第三，在阶层关系方面，阶层界限分明，等级结构严密，阶层矛盾突出。在封建专制主义中央集权统治下，社会成员被划分为"贵""良""贱"三个等级，其中，"贵"包括皇室、贵族官僚和绅衿，这个等级高居社会上层，掌握统治权力，享有很大特权；"良"包括庶民地主、自耕农、佃农、雇农、商人和手工业者，这个等级具有自由身份，虽然财产悬殊很大，但都处于被统治地位，不享受任何特权；"贱"包括佃仆、雇工、依附民和奴婢等，这个等级没有人身自由，仅能从事轿夫、吹鼓手、厨役、剃头匠、裁缝、乐人、娼妓、家内服役等卑贱行当，不能与良民联姻，更不得参加科举、出仕做官。封建专制主义中央集权统治下的等级结构不仅体现在政治方面，而且渗透在人们的衣、食、住、行、婚丧、节日、娱乐、医疗等一切社会生活领域。如在服色制度方面，历代王朝都制定了不同等级的男女着装样式，包括针对皇帝官员的十二章服制度，针对商人、手工业者、士卒、贱民的一系列歧视性法令；在交通制度方面，历代王朝都有对天子、后妃、皇子、百官车舆的规制，并对平民百姓做出很多限制，如唐朝规定庶人、商贾、僧侣不能骑马。在严密的等级结构下，统治阶级与特权阶层残酷剥削与压迫被统治阶级与无权阶层，常常激起下层人民的周期性反抗。因而，从本质上讲，封建专制主义中央集权统治下的阶层关系是一种对立冲突型关系。

第四，在阶层意识方面，农民等级观念强烈。在严密的等级制度下，名分观、门第观和血统论在古代中国农民的头脑中刻下了深深的烙印。其中，名分观强调"尊卑贵贱，不逾次行"[1]"君君、臣臣、父父、子子"（《论语·颜渊篇》），处于不同等级的人应各安其位、各守本分，即为臣仆要忠于君主，为子要孝敬父母，为妻要忠于丈夫，为徒要尊敬师长，不可"出其位"（《论语·宪问篇》）。门第观的要旨是：一方面，社会身份有尊卑贵贱之分，其权利、义务理应有所差别，即高门大户注定要为官作宦、锦衣玉食、重堂巍阁、使奴呼婢，寒门细户则注定要承应差徭、输纳国课、食牛马之食；另一方面，不同等级社会成员之间有明确的

① （汉）司马迁 撰，（宋）裴骃 集解，（唐）司马贞 索隐，（唐）张守节 正义，《史记》（点校本二十四史修订本），中华书局 2014 年版，第 314 页。

身份界限，其交往婚配只能限于同类，正所谓"门当户对"。血统论的基本主张是：人种优劣、高低贵贱是与生俱来的。较之平民、贱民，君王贵胄天生就高人一等，因此，身份世袭罔替理所当然，"贵者恒贵、贱者恒贱"天经地义。名分观、门第观与血统论从不同角度肯定了等级制的合理性，深刻影响着中国古代农民的社会生活，强化了其乐天知命、安守本分的生存伦理，从而维持了等级关系的相对稳定与平和。

（二）中国近代农村的社会分层

在近代，整个中国处于剧烈的经济与政治动荡期，但在中国延续数千年的封建土地所有制始终未发生根本性改变，同时，由于民族资本主义的力量十分弱小，未能将乡村纳入资本主义经济体系中，因此，近代中国农村社会分层结构的基本框架是中国古代农村社会的延续。然而，由于近代中国先后经历了列强入侵、辛亥革命、军阀混战、抗日战争和解放战争等一系列剧变，乡村固有的组织结构、经济形态受到巨大冲击，相应地，农村社会分层结构也呈现出一些新的特征。

第一，在阶级阶层构成方面，地主阶级内部结构变化明显，农民阶级分化加剧。地主阶级内部结构的变化表现在两个方面：一是军阀官僚地主的出现。辛亥革命后，各类军阀官僚依仗军事政治特权，采取低价强买、武力掠夺等手段，霸占了大量土地，在全国迅速形成一个新的军阀官僚地主阶层。二是工商地主的出现。一方面，受军政官吏大肆兼并土地的影响，一些高利贷者、商人和资本家也争相获取土地，成为一方地主；另一方面，原有的地主在工商利润的驱动下，开始向近代工商业投资。据调查，在1930年，江苏省有71.12%的地主在同时经营着工商业和高利贷。可见，辛亥革命以后，近代中国农村的地主，尤其是一些大地主，已由旧式收租型地主转变为集地主、军政官吏、工商者于一身的多元型地主。农民阶级的分化则表现在：一是随着农村商品经济的发展，一些从事经济作物生产和商业经营的农户发家致富，成为农村中的富裕阶层或上升为地主；二是在帝国主义和封建主义双重压迫下，一些农民无以为生，被迫背井离乡，沦为游民；三是随着农民的土地被大量兼并，自耕农和半自耕农迅速减少，佃农、雇农等无地农民迅速增多。在中国农村土地改革以前，占乡村户数5%左右的地主占有40%~50%甚至更多的耕地，占乡村户数3%~5%的富农占有15%~20%的耕地，而占乡村户数90%以上的中农、贫农、雇农等仅占有20%~40%的耕地。[①]

---

① 董志凯：《解放战争时期的土地改革》，北京大学出版社1987年版，第3页。

第二，在分层机制方面，政治权力的决定作用明显，社会声望的影响弱化，阶级、阶层地位稳定性降低。在战事频繁、动荡不安的近代中国，农村社会成员阶级、阶层地位的上升越来越依靠政治权力。一方面，那些拥有军事政治特权的军阀官僚地主、汉奸、地方豪强凭借强权大肆兼并甚至侵占土地，与之相应的则是无权势者的大批破产，形成乡村社会日益贫困的一极；另一方面，在革命根据地，中国共产党通过土地改革，没收公共土地及地主阶级的土地，将其无偿分配给广大农民，从而使得地主的经济地位大大削弱、富农经济地位略有下降、中农经济地位得到巩固、贫雇农经济地位显著上升。与政治权力的决定作用形成鲜明对比的是，社会流动性增强使得宗族势力在农村社会中的影响力减弱，科举制的取消使得乡村士人进入官僚体系从而提高家族地位的道路不复存在，由此造成宗族和学识所带来的社会声望对农村社会分层的影响大大减弱。在阶级、阶层地位与政治权力密切相关的背景下，农村社会成员阶级、阶层地位的稳定性程度大大降低。如随着清朝的灭亡，昔日皇亲贵胄逐渐家道中落；随着军阀势力的衰败，许多豪强地主的财产迅速减少；由于土地改革，革命根据地社会成员的阶级、阶层地位发生了根本性变化。

第三，在阶级、阶层关系方面，阶级、阶层对立严重，阶级、阶层冲突频繁。在帝国主义、封建主义和官僚资本主义三座大山压迫下，近代中国的贫苦农民不仅受租佃关系和雇佣关系的长期盘剥，而且承担着繁重的苛捐杂税和兵役、差役，并常常因战乱、破产而不得不承受颠沛流离之苦。面对沉重的剥削和难以为继的生活困境，中国农民改变现状的需求日益迫切，反抗意识亦日益高涨。在这一背景下，作为被统治阶级的农民与作为统治阶级的地主、官僚资产阶级之间的对立日益突出，阶级冲突时有发生。

第四，在阶级、阶层意识方面，农民等级观念淡化、平等观念增强。受西方自由、民主和平等思潮的影响，近代中国农民的平等意识日益高涨。如在太平天国运动中，以洪秀全为代表的农民势力对社会不平等进行了批判。他指出，"上帝面前人人平等"，理想的社会应该是"普天之下皆兄弟"、"有田同耕，有饭同食，有衣同穿，有钱同使"的大同社会。尽管太平天国运动最终以失败告终，但其平等思想却深入民心，并推动中国农民通过一次次的平等运动冲击、动摇并最终削弱封建专制统治。在中国共产党的领导下，中国农民积极投身于民主主义革命之中，并成为中坚力量。

三、当代中国农村社会分层

（一）新中国成立以来的农村阶层结构变迁

新中国成立以来，中国农村社会阶层结构经历了巨大的历史性变迁。这一变迁大致可以分为三个阶段：农村土地改革时期（1950—1958年）、集体化时期（1958—1978年）和改革开放时期（1978年以来）。

1. 土地改革时期的农村社会分层

新中国成立以后，中央人民政府于1950年开始进行土地改革。为了给土地改革提供依据，政务院发布了《关于划分农村阶级成分的决定》及其补充决定。上述决定使用经济与政治双重分层标准，将中国农村的阶级成分划分为十四种：（1）地主，含恶霸、军阀、官僚、土豪、劣绅、破产地主和管公堂[1]；（2）资本家，含手工业资本家和商业资本家；（3）开明绅士；（4）富农；（5）中农；（6）知识分子；（7）自由职业者；（8）宗教职业者；（9）小手工业者；（10）小商和小贩；（11）贫农；（12）工人、手工工人；（13）贫民；（14）游民。据统计，在当时的48 402万农村人口中，贫雇农占52.37%，中农占33.13%，富农占4.66%，地主占4.75%，其他阶级阶层占5.09%。[2]

为调动农民的积极性，促进农村经济恢复，在土地改革中，除了把地主阶级作为消灭对象外，党和政府对其他阶级阶层都采取了保护政策。由于农民获得了土地，生产关系得到调整，农民收入有了较大提高。原来的富裕中农、中农生活水平继续提高，原来的贫雇农生活水平也有了根本改善，中国农村阶层结构呈现出中农化趋势。据统计，从土改结束到1953年年底，中国贫雇农由总户数的57.1%下降为29%，中农由35.8%上升为62.2%，富农则由3.6%下降为2.1%，贫雇农与中农合计占到农村农户总数的91.2%。[3] 与此同时，为避免两极分化，发展农业生产力，提高农民生活水平，中央开始了对农业的社会主义改造，通过互助组、初级社、高级社的形式使农民逐渐走上集体化道路。1956年，中国农村完成社会主义改造，至此，农村社会各阶层都成了社会主义的集体农民，中国社会只剩下两个阶级和一个阶层，即工人阶级、农民阶级与知识分子阶层。

2. 集体化时期的农村社会分层

在集体化时期，剥削阶级已被消灭。然而，受"左"倾错误思想的影响，在

---

[1] 管公堂指管理各种祠、庙、会、社的土地财产者。

[2] 杜润生主编：《中国的土地改革》，当代中国出版社1996年版，第560页。

[3] 莫日达：《我国农业合作化的发展》，统计出版社1957年版，第31页。

1962 年的中共八届十中全会上，毛泽东把社会主义社会中一定范围内存在的阶级斗争扩大化和绝对化，发展了他在 1957 年反右派斗争以后提出的无产阶级同资产阶级的矛盾仍然是中国社会的主要矛盾的观点。在 20 世纪 60 年代至 70 年代的多次政治运动中，尤其是"文化大革命"期间，过去的地主、富农仍然被认定为地主、富农，还有一些社会成员被地方当权者贴上"反革命""坏分子"和"右派"之类的政治标签，他们因家庭出身和政治表现而沦为阶级斗争的对象。此外，农村社会成员还因劳动人事及干部编制管理制度被划分为干部与非干部两大阶层，因户籍制度被分割为农业与非农人口两大类型。于是，在集体化时期，中国农村与城市社会一样，实行的是身份制分层。在身份制分层模式下，中国农村的社会阶层结构呈现出如下几个特征：

一是经济上分化程度很低。在集体化时期的平均主义分配制度下，农民的经济差别被夷平。据国家统计局推算，1978 年中国农村基尼系数为 0.22，接近于绝对平均水平，全国有 2.5 亿农民生活在贫困线下，占农村总人口的 30.7%[①]。可见，当时中国农民实际上构成了一个在经济上没有分化的、普遍贫困的公社社员阶层。

二是政治身份相对凝固。人民公社化运动以后，农村的阶级阶层划分成为纯粹的政治身份等级分层。在集体化时期，农村社会成员均被打上父辈甚至祖辈的阶级烙印，个人命运亦受到父辈、祖辈的阶级成分影响。完全失去土地的原来的地主和富农及其子女继续被定为地主和富农，已成为公社社员并共同占有土地财产的原来的贫、下中农仍然被定为贫、下中农。[②]前者在入学招工、参军、入团、入党和分配工作等方面均受到歧视，后者则是优先照顾的对象。直到 1979 年 1 月，中共中央作出《关于地主、富农分子摘帽问题和地、富子女成分问题的决定》，地主、富农家庭出身的农村社会成员才得以获得农村人民公社社员身份，并享受同其他社员一样的待遇。

三是户籍身份对社会经济地位的影响显著。从 1958 年开始，中国实行了严格的城市户口登记制度。这种制度将国民划分为非农户口与农业户口两大类，它与一系列相关制度或次级制度发生作用，使得二者在资源获取方面呈现出显著差别。前者享受低价定量粮食供应，后者则自耕自食；前者享受低价凭票副食品供应和

---

① 王卓：《中国贫困人口研究》，四川科学技术出版社 2004 年版，第 45 页。
② 刘祖云、田北海、戴洁：《转型期的中国社会分层：从理论到现实的探讨》，湖北人民出版社 2009 年版，第 134 页。

现金补贴，后者则依靠自养自食和市价购买；前者享受低租甚至免租的福利住房和住房补贴，后者则靠自建自管；前者享受公费医疗，后者则自费看病；前者有退休养老金，后者则是家庭养老或自己养老。除户籍身份外，编制身份也呈现出等级化特征。如在人民公社内部，干部被分为两类：一类是属国家干部编制的脱产干部，他们有非农户口，吃商品粮，由党委政府派遣，主要担任公社党委书记、社长、武装部长、农林助理、文教助理等职，工资由财政支出，是农村社会地位最高的阶层；另一类是没有国家干部编制的不脱产干部，他们属农业户口，没有商品粮，从公社社员中选拔产生，主要担任公社机关办事员、秘书、生产大队支部书记、队长或生产队队长、会计、记工员等职，要靠参加集体劳动挣工分获得口粮和现金。客观地讲，在物质空前匮乏、城市容纳能力与社会供给能力严重不足的背景下，城乡二元户籍制度和编制制度有其历史必然性，对促进工业化积累、城市稳定做出了重要历史贡献。然而与此同时，户籍身份与编制身份犹如一道不可逾越的鸿沟，阻碍了集体化时期中国农民的向上流动。

3. 改革开放以来的农村社会分层

改革开放以来，中国农村社会阶层结构发生了重大变化：一方面，随着国家的工作中心转移到经济建设上来，政治分层意识日益淡化。另一方面，随着家庭联产承包经营体制的推行和城镇化、市场化进程的推进，越来越多的农民从农村、农业中分化出来而转向城市与非农产业，原来具有相同农民身份的农村居民逐渐分化为具有明显阶层特征的不同群体。

对于改革开放以来的农村社会阶层构成，学术界主要有三种代表性观点：

一是运用职业分层标准来划分农村社会阶层。即根据家庭联产承包责任制及市场化改革推行以来个体主要从事的职业，将农村社会成员划分为农业生产经营者阶层、亦工亦农阶层、农村知识分子阶层、农村基层干部阶层、乡镇集体企业劳动者阶层、乡镇集体企业管理者阶层、个体户和私营企业主阶层七大阶层。

二是以经济收入为标准来划分农村社会阶层。即根据个体经济收入与社会资源的分布状况，将农村社会成员划分为新富阶层、中等收入者阶层和贫困者阶层三个基本的社会阶层：（1）新富阶层，由人均收入相当于农村人均纯收入 3 倍以上的家庭所组成，其突出特点是：自身素质较高；拥有相对较多的"关系资源"。（2）中等收入者阶层，由人均纯收入介于农村人均纯收入的 1/2 以上、3 倍以下的农村家庭构成，其突出特点是：经济上解决了温饱问题或温饱有余；很少有高层次关系资源，社会交往多限于亲戚、乡邻之间；有一定商品经济意识，但缺乏规模经营的能力和条件。（3）贫困者阶层，由人均纯收入相当于农村人均纯收入的

1/2 以下的家庭和孤、老、寡户组成，其突出特点是：尚未解决温饱问题；自身素质较低，基本上不具备现代生产技术和商品经济的经营能力，或者家庭主要劳动力久病、残疾。

三是以职业类型、使用生产资料的方式和对所使用生产资料的权力为标准对农民进行分层。根据这一标准，改革以后的中国农民被划分为以下八大阶层：（1）农业劳动者阶层。他们主要从事种植业、养殖业劳动，以农业收入为主要生活来源，是中国大部分农村的主体劳动者。其内部从高至低又分为四层，即农业专业户或承包大户、比较富裕的农业劳动者、温饱型农业劳动者和贫困农户。（2）农民工阶层。这是中国特有的一个阶层，他们常年或大部分时间在城镇从事第二、第三产业劳动，但其户籍身份还是农民，因而享受不到城镇居民的各种市民待遇。作为城乡二元结构体制下的特殊阶层，农民工具有社会身份的双重性（表现为职业身份的自致性与户籍身份的先赋性并存）、社会地位的双重性（表现为在农村的优越地位和在城镇的弱势地位并存）和社会生活的双重性（表现为既习惯乡村生活方式又熟悉都市生活方式）等特征。（3）雇工阶层。这是现阶段农村的工人阶级，他们受雇于私营企业或个体工商户。与在资本主义制度下受雇于资本家的工人不同，他们在农村拥有足以谋生的承包土地和生产资料。他们愿意受雇于私营企业或个体工商户，主要是因为做雇工的收入比种田高。（4）农民知识分子阶层。由在农村从事教育、科技、医药、文化、艺术等智力型职业的知识分子组成。（5）个体劳动者与个体工商户阶层。由农村里拥有某项专门技术或经营能力、自有生产资料或资金、从事专业劳动或经营小型工商服务行业的劳动者和经营者组成。（6）私营企业主阶层。由生产资料私有、自主经营、以营利为目标且雇工在 8 人以上的企业主组成。这些人掌握着大量的经济资源，为巩固经济地位并获得更大发展，他们中的一些人开始谋求政治上的发展，有的当上人大代表、政协委员，有的竞选成为基层干部。（7）乡镇企业管理者阶层。由乡镇集体所有制企业的经理、厂长以及主要科室领导和供销人员组成。他们有集体企业的经营权、决策权，是乡镇企业的实际控制人和管理人。（8）农村管理者阶层。即乡村两级的农村基层干部，是农村政治、经济、社会生活的组织者、管理者，具体包括国家编制的脱产干部、半脱产干部、享受常年固定补贴的干部和村里享受误工补贴的干部四类。

在上述观点中，第一、二类观点分别从职业分化和贫富差距角度揭示了中国现阶段农民阶层分化状况的两个方面，第三类观点则较为全面地描述了现阶段中国农村社会的分层结构，因而在学术界和实际工作部门产生了较大的影响。

（二）当前中国农村社会阶层分化的特点

改革开放以来，农村社会阶层结构发生了巨大变化，农民已经分化为从事不同职业、具有不同利益和不同社会地位的多个阶层。然而，城乡分割的二元格局结构尚未完全打破，非农产业就业岗位不充分，农民从事非农职业的时间较短，农村社会阶层分化远没有达到稳定、成熟的程度。相应地，当前中国农村社会阶层分化呈现出明显的过渡性特征。

首先，职业分化与身份转变不同步，导致农民阶层分化不完全。一方面，农民通过进城务工、个体经营或开办企业进入城市和非农产业，在职业上成为"非农民"；另一方面，尽管他们已经进入非农行业并已在城市生活多年，但由于户籍制度及相关制度的限制，他们在社会身份上仍然是"农民"。由于职业分化与身份转变不同步，从事非农职业的农民在城市经济、政治、文化等领域均受到排斥或歧视，上述遭遇强化了其"无根"心理，即生活上对城市的向往和精神上对农村的认同。他们中的多数人不断在城市与农村之间、农业与非农产业之间徘徊，从而使得农民的阶层分化只是一种浅层的、暂时性的职业分化。

其次，农民职业分化不平衡，农村社会阶层结构不尽合理。在当前中国农村的八大阶层中，农业劳动者阶层和农民工阶层两大劳动密集型阶层人数最多，农村知识分子、乡镇企业管理者等知识密集型阶层所占比例则明显偏低，从而使得当前中国农村社会阶层结构呈现出"倒丁字"形态，即底层比例过大、中间阶层和上层比例极小，这种阶层结构形态与"橄榄球型"的现代阶层结构形态相去甚远。

再次，农村阶层差距过大。从层间差距来看，据国家统计局统计，按五等分法分组计算，2016 年，1/5 的农村最高收入户的人均可支配收入是 28 488 元，而 1/5 的农村最低收入户的人均可支配收入仅为 6 006.5 元[①]，二者相差 9.5 倍。从地区差异来看，在 2016 年，东部地区农民人均可支配收入为 15 498.3 元，是中部地区农民人均可支配收入（11 794.3 元）的 1.31 倍，是西部地区农民人均可支配收入（9 918.4 元）的 1.56 倍；从 1985 年到 2016 年，上海农民人均年收入由 775.8 元提高至 25 520.4 元，甘肃农民人均年收入则由 295.26 元提高至 7 456.9 元，两地农民收入差距由 2.3 倍扩大到 3.4 倍[②]。阶层差距过于悬殊必然引发低收

---

① 国家统计局：《中国统计年鉴—2017》，国家统计局官方网站发布。
② 1985 年的数据计算口径为人均纯收入，数据来源于国家统计局：《中国统计年鉴—2006》，中国统计出版社 2006 年版，第 370 页；2016 年的数据计算口径为人均可支配收入，数据来源于国家统计局：《中国统计年鉴—2017》，国家统计局官方网站发布。

入阶层的相对剥夺感，其至激化阶层矛盾与冲突。

最后，农民阶层意识增强，主观阶层地位认知偏低。2010 年的一项研究发现：在 4 138 个农村综合社会调查样本中，64%的农村居民具有农民阶级意识，45%的人具有阶级冲突意识，2.3%的人有阶级行动意识，表明当代农民并非仅为一个自在阶级，他们多数人已经意识到自己所属群体的共同特征和共同利益。研究同时发现，绝大多数农村居民（97.7%）认为个人的社会阶层地位属于中层以下，其中，有高达 47.4%的居民认同下层，有 27.5%的人认同中下层，意味着多数农民有较强的"社会底层"阶层意识。[①] 一般而言，那些自认为处于社会底层的群体比较缺乏对现行社会制度的信任，他们更有可能使用消极的、无所作为的方式来逃避自己面临的利益冲突问题，甚至可能采取更为极端的激烈冲突方式来解决问题。因此，主观阶层地位认知偏低不利于农村社会整合与社会稳定。

（三）中国农村社会阶层分化的趋势

农村社会阶层结构合理化是社会现代化的必然要求。随着城乡一体化进程的推进，中国农村社会阶层分化的总体趋势是：农村人口不断向城市转移，农村社会阶层结构趋于简单化，农业劳动者将成为农村社会的最主要阶层，其在中国社会各阶层中的比重将大大降低；农民将成为一个职业身份，而不再具有政治和经济上的分层意义。具体而言，中国农村社会阶层分化将沿着如下三个方向发展：

一是农民群体由非稳态分化向稳态分化转变。由于农民职业分化与身份转变不同步，中国农村的阶层分化呈现出较强的非稳态性。2001 年以来，中国开始稳步推进户籍制度改革。其中，2001 年颁布的《国务院批转公安部关于推进小城镇户籍管理制度改革意见的通知》，标志着小城镇户籍制度改革全面推进；2012 年颁布的《国务院办公厅关于积极稳妥推进户籍管理制度改革的通知》指出，要引导非农产业和农村人口有序向中小城市和建制镇转移，逐步满足符合条件的农村人口落户需求，逐步实现城乡基本公共服务均等化；2014 年颁布的《国务院关于进一步推进户籍制度改革的意见》确立了我国新型户籍制度改革的目标，即"进一步调整户口迁移政策，统一城乡户口登记制度，全面实施居住证制度""到 2020年，基本建立与全面建成小康社会相适应，有效支撑社会管理和公共服务，依法保障公民权利，以人为本、科学高效、规范有序的新型户籍制度，努力实现 1 亿左右农业转移人口和其他常住人口在城镇落户。"2016 年《国务院关于实施支持农业

[①]　陆益龙：《乡村居民的阶级意识和阶层认同：结构抑或建构——基于 2006CGSS 的实证分析》，《江苏社会科学》2010 年第 1 期。

转移人口市民化若干财政政策的通知》就实施农业转移人口市民化若干财政政策做出了专门的政策安排。可以预见的是，随着农村土地流转制度与新型户籍制度改革的推进，农村剩余劳动力向城市转移的制度化障碍会逐渐消除，非农职业农民市民化的后顾之忧亦会减少。届时，农民群体的分化将呈现出稳态化特征：他们要么会成为纯粹的农民，即新型农业经营主体，要么彻底转变为市民，而不会继续在农村与城市之间作"钟摆式"流动。

二是农村社会分层由身份制分层向非身份制分层转变。当前农村社会分层仍有一定的身份制色彩，其突出表现为仍有农民工遭遇着与市民"同工不同酬、同工不同权"的境遇。随着新型户籍制度、劳动人事制度和社会保障制度改革的全面推进，城乡壁垒将逐渐被拆除，户籍身份的分层意义将会逐渐消失，农民将成为一个纯粹的职业身份。

三是农村阶层分化由分化型分化向整合型分化转变。"倒丁字"型的农村阶层结构形态、层际差距与地区差距扩大化的分层现状表明，中国农村阶层分化仍处于分化型分化阶段。随着社会主义新农村建设和城乡一体化进程的推进，新型农业经营者将成为中国农村最主要的社会阶层，其人数将会大大减少，其收入水平将大大提高；农民工将真正成为中国工人阶级的一部分和城市的新市民；私营企业主、个体劳动者、个体工商户、农村知识分子等非农职业阶层将不再是农民，而是和城市从事相同职业的社会成员一样，成为中国现代阶层结构体系内中间阶层乃至中上阶层的重要组成部分，农村社会阶层结构将渐趋简单化。随着税收制度与城乡一体化社会保障制度的完善，农业劳动者与非农职业阶层之间的经济差距将会缩小，"中间大、两头小"的"橄榄球型"阶层结构形态将日渐形成，农村阶层分化将最终从分化型分化转向整合型分化。

观点争鸣：关于中国城乡阶层分化趋势的争议

第三节　农村社会流动

一、农村社会流动的含义与功能

农村社会流动是指农村社会成员在社会关系空间中从一个地位向另一个地位

的移动。它既表现为农村社会成员地位的变动，也表现为农村社会成员社会角色的转换。农村社会流动是农村社会阶层结构合理化的重要机制，也是社会发展的重要机制。合理的农村社会流动可能促进社会阶层结构合理化与社会发展，但不合理的农村社会流动也可能会产生一些负面效应。

（一）农村社会流动的正功能

从一般意义上讲，合理的社会流动有助于形成一种新陈代谢、拾遗补缺和促优汰劣的社会机制，促进社会阶层结构合理化与社会良性运行与协调发展。

首先，社会发展是建立在社会有机体新陈代谢基础之上的，社会有机体的新陈代谢则主要通过社会流动来实现。不同阶层之间社会成员的经常流入与流出有助于形成一种开放的农村社会阶层结构，并不断给农村社会运行带来生机和活力。

其次，通过合理的社会流动，农村社会成员由劳动力供给过剩的地区或行业流向劳动力供给不足的地区或行业，这样一种拾遗补缺的社会机制既能使个人才能得到发挥，也能使社会结构得到优化。

最后，通过合理的社会流动，可以形成一种"能者上、平者让、庸者下"的优胜劣汰机制，从而为农村社会成员的个人发展和农村的社会进步提供强大动力。

具体而言，合理的农村社会流动有助于产生城乡协调发展的双赢效应。

对于农村社会而言，首先，通过从农村向城市、农业向非农职业的流动，农村居民的收入得以增加，农村产业结构得以优化，从而有助于为农村社会发展夯实经济基础；其次，通过从农村向城市的流动，农民得以接触城市先进的科学技术、经营理念与社会文化，从而有助于培养有文化、懂技术、会经营的新型农民，为农村发展储备丰富的人力资源；最后，在城市工作与生活过程中，通过与城市居民的互动，农民的民主、自由、平等与法治意识得以增强。受上述观念影响，一些农民在返乡之后积极投身乡村自治建设，有助于农村社会的民主化与法治化水平的提升。

对于城市社会而言，首先，农村剩余劳动力向城市的流动为城市提供了丰富的劳动力资源，有助于促进城市建设与经济发展；其次，农村剩余劳动力向城市的流动促进了城市劳动力市场的分化，有助于推动城市劳动力市场的职业竞争，为城市社会发展注入新的活力；再次，农村剩余劳动力在城市就业，满足了城市居民的生活服务需要，有助于提高城市生活质量；最后，农村劳动力进城就业与生活，增加了对城市基础设施、住房、教育、医疗等方面的需求，客观上推进了城镇化进程。

（二）农村社会流动的负功能

从中外农村社会流动的教训来看，不合理的社会流动可能具有如下负功能。

一方面，大量农村人口涌向城市，可能引发甚至加剧城市社会问题。首先，过多的人口集中在城市可能对城市住房、交通、环境等公共资源造成严重影响，加重城市负担；其次，大量农村剩余劳动力涌向城市，可能对城市劳动力市场产生挤压，加剧城市人口的失业或就业问题；再次，流入城市的农民素质参差不齐，一些人可能因为找不到工作而流落街头并诱发犯罪，影响城市安全；最后，流入城市的农民在思想观念、生活方式等方面与城市居民存在较大差异，在城市生活与工作中可能遭受歧视和排斥，因而可能导致流动人口与本地居民之间的对立和冲突，影响城市稳定。

另一方面，大量农村青壮劳动力涌向城市，导致不少农村成为以留守妇女、儿童和老人为主体的空壳村，可能影响农村社会发展。首先，农村青壮劳动力的短缺可能影响农业劳动生产率的提高和农业的可持续发展；其次，农村男性家庭成员长期在外工作，可能导致留守妇女家庭劳动时间过长、家务负担过重，农村老年人生活照料与精神慰藉缺乏，留守儿童家庭照顾与身心教育不足，对家庭关系、家庭养老与子女成长带来不利影响。

二、中国农村社会流动的历史演变

（一）传统时期的中国农村社会流动

自人类社会产生农业与非农业的分工并形成若干个以劳动分工为基础的行业或职业集团以来，农村社会流动便开始了。然而，直到近代资本主义社会形成之前，除了在大的社会动荡时期（如农民起义、朝代更替）外，传统社会的农村社会流动，尤其是农民脱离土地而投身其他行业的流动，都是极其缓慢的，均未对社会产生重大影响。这种发生在传统社会、流动极为缓慢且社会影响甚微的社会流动模式被学者称为"传统型的农民社会流动"。

总体而言，传统社会的中国农村社会流动具有如下几个方面的特征：

第一，社会流动规模周期性变化明显。传统社会的农民普遍具有较强的"安土重迁"观念，这种留恋故土而不愿轻易迁移的乡土情结，常常无形中把传统社会的广大农民牢牢地拴在其祖祖辈辈耕作于斯的土地上。一般而言，除非因发生大的自然灾害或战乱而导致生活难以为继，人们往往不愿也不会发生流动；即使有一些人因兵荒马乱、天灾人祸而不得不发生流动，一旦形势好转并相对稳定下来，他们还是会选择回流至故土。因此，在政治清明、风调雨顺的常态发展时期，农村往往极少发生大规模的社会流动。然而，农业的先天弱质性决定了一旦发生自然灾害，农业就可能减产，甚至是颗粒无收，从而导致民不聊生，并由此引发因中央集权制度下政治对经济的过度干预和封建地主所有制下财富的分配不均、人地关系紧张而导致的周期性危机。这种周期性危机一旦爆发，面对天灾人祸的传统农民就不得不发生大规模的、突发性的流动以求得生存。他们要么通过非正常流动而沦为流民，要么通过起义改变自己的阶级地位。于是，传统社会的农村社会流动就呈现出在流动规模上与封建王朝兴盛或稳定程度成反比、与衰败或动荡程度成正比的规律，即随封建王朝的治乱兴衰而发生周期性变化。

第二，社会流动刚性较强，跨越等级界限的垂直流动非常困难。在传统的农业社会，生产力水平普遍比较低下。据测算，传统社会能为非农业人口提供的超过农业人口本身需要的剩余农产品极其有限，一般就在仅可维持5%甚至更低比例非农人口需要的水平。落后的农业生产大大降低了农业人口向非农行业实现垂直流动的可能性，导致传统社会的农村社会流动始终难以突破某种极限，从而呈现较强的刚性特征。除生产力水平的制约外，封建等级制度也极大地限制着农村人口的垂直流动。在森严的等级制度下，农村社会成员一旦进入某个阶层等级序列，就很难改变自己的身份，其结果是农民之子世代务农，工匠之子世代为匠，不仅本人难以发生代内流动，其子孙后代也难以发生代际流动。

第三，农民社会流动的途径极为有限。一方面，在封建领主制、庄园制度及与之相适应的农奴制度下，大量农业劳动者被束缚在土地之上，甚至被剥夺了人身自由，他们除了隐匿、逃亡或出家，几乎没有其他向非农职业流动的途径。另一方面，在高度排他的封建行会制度下，职业世袭、手艺不外传的惯例决定了不同行业之间有很强的封闭性，农业劳动者一般很难进入手工业者阶层。

第四，农民社会流动的自由度很低。在传统社会，基于长治久安的需要，我国历代统治者均通过严格的人口管理制度限制了农民的自由流动。除"徙狭就宽"（即从人口稠密地区迁徙至人口稀少地区）、"徙内"（通常是指将富户或不轨之人口迁徙至中央权力能直接控制的地方）、"徙边"（通常是指将罪犯发配到边远地区从事耕种或防守边境）和"灾徙"（即将灾民迁徙至丰饶的地方）等统治者发动的强制性流动外，其他形式的人口自由流动均被禁止。

（二）新中国农村社会流动的历史进程

新中国的农村社会流动，正在经历从传统型向现代型的转变。这一转变大约萌发于1840年鸦片战争之后。然而，由于西方列强的入侵以及连年不断的战火，中国工业化进程进展缓慢，直到新中国成立，中国农村的社会流动仍然带有深刻的传统痕迹。新中国成立以来，中国的经济与社会制度发生了根本性变迁，中国农村的社会流动亦随之发生了显著变化。

总体而言，新中国的农村社会流动大致可以划分为如下三个阶段：

1. 1949—1958 年：农村人口向城市的正向流动期

新中国成立之初，中国百废待兴，工业和城市建设急需大量劳动力。在这一背景下，20 世纪 50 年代初期，大批农民流入城镇从事非农业职业并成为城镇居民，从而形成了新中国农村人口向城市流动的第一次高潮。当时，新中国尚未确立严格的户籍制度，农民向城市的流动较为自由，属于城市化进程中的正常流动。

新中国农村人口向城市流动的第二次高潮发生在 1958 年。在优先发展重工业的方针指引下，国家发动了大炼钢铁运动。为满足重工业发展对劳动力的大量需求，国家放松了对招工方针、职业总数和工资总额的控制，农民第二次大规模流向城镇，城镇职工人数急剧增加，仅 1958 年就增加了 2 093 万人①。与第一次大规模流动不同的是，此次流动远远超出城市发展的承载能力，因而属非正常流动。

2. 1958—1978 年：城乡人口向农村的逆向流动期

"大跃进"失败后，面对自然灾害和经济衰退的双重压力，1958 年出台的《中华人民共和国户口登记条例》，第一次明确将居民区分为"农业户口"和"非农业户口"两种不同类型，并严格限制农业人口向城市的流动；从 1960 年起，国家开始在城市精简职工、压缩人口。除动员在"大跃进"时期从农村新招收的职工以及"盲目"流入城市的农村人口返回农村外，国家还动员原本属于城镇的人口下放到农村，并逐步清退 20 世纪 50 年代的进城人口。从 1961 年到 1963 年年底，城镇共减少 2 600 万人左右，此即为城乡人口向农村"逆向流动"的第一个高潮。

城乡人口向农村"逆向流动"的第二个高潮发生在"文化大革命"期间。1966 年开始的"文化大革命"给中国带来空前的破坏，它导致工业停顿，大学关门。大批青年学生就业无门、升学无望。面对严重的就业问题，中央把眼光转向农村，认为中学生分配应面向农村、边疆、工矿和基层，并于 1968 年发动了"上山下乡"运动。在城市青年被安置到农村就业的同时，还有许多城市职工、干部或主动下乡，或被动员下乡。据统计，1968—1978 年，全国共有 1 623 万城市知识青年下乡②；1966—1976 年，全国共有 1 300 万城市居民被下放到农村③。

---

① 国家统计局编：《中国统计年鉴—1984》，中国统计出版社 1984 年版，第 103 页。
② 魏宏运主编：《国史纪事本末·"文化大革命"时期》，辽宁人民出版社 2003 年版，第 274 页。
③ 许学强等：《1949 年以来中国的城市化和城市人口的发展：重建基础线》，《中国季刊》1985 年总第 104 期。

与发达国家的"逆"城市化不同的是,这一时期我国城市人口向农村的逆向流动并没有缩小城乡差别,也没有加快城乡一体化进程。相反,城市人口流入农村加剧了农村人多地少的矛盾,恶化了农村的就业和生存环境,因而与现代农村社会流动的趋势是背道而驰的。

3. 改革开放以来的农村社会流动模式转换期

1978年开始的改革开放对中国农村社会流动的模式转换形成了重大影响:首先,家庭联产承包责任制改革使得农民重新获得了土地的自主经营权,充分调动了农民的生产积极性,农业劳动生产率因此显著提高,从而产生了大量的农村剩余劳动力。其次,市场化改革使得工业化、城镇化进程大大加快,城市第二、第三产业对农村剩余劳动力的需求越来越大。最后,农村居民从农村流入城市的户籍制度及其相关制度壁垒日渐松动,农村社会流动的自由度正在不断提高。上述因素综合作用,推动着我国农村社会流动从传统型向现代型的转变进入实质性阶段。

从流动政策变迁的角度来看,改革开放以来我国农村的社会流动又可以细分为松绑期、调控期和积极引导期三个阶段。

1978—1988年是农村社会流动的松绑期。在这一阶段,流动政策经历了从严格限制流动到鼓励流动的转变,国家逐渐取消了对农民进城开店、务工经商的政策限制。在上述背景下,农民开始由农业转入非农产业,由农村流入城市,由全职农民变成兼业农民,并形成了1989年的第一次"民工潮"。

1989—1999年是农村社会流动的调控期。在这一阶段,流动政策经历了从控制盲目流动到规范流动的转变。为了减少"民工潮"对城市的冲击,1989年,国务院办公厅和民政部、公安部相继颁布了《关于严格控制农民工外出的紧急通知》和《关于做好进一步控制民工盲目外流的通知》,要求各地严格控制民工外出,严禁农民盲目外流,农民外出异地就业人数的增长势头因此放缓。1992年以后,为了增加农民收入,国家开始放宽对农民进城务工的限制,对流动农民的管理政策也由"控制盲目流动"调整为"鼓励、引导和实行宏观调控下的有序流动",由此出现了1992年的第二次"民工潮"和1994年的第三次"民工潮"。20世纪90年代中后期,面对农民进城务工、城镇新增劳动力就业、下岗失业人员再就业"三峰叠加"的严峻形势,一些城市对用人单位招用农民工采取了限制性措施,全国农民工数量增长放缓,一些地方又出现了农民工的短期回流。在农村社会流动的调控期,我国的农村流动人口政策呈现出显著的"经济吸纳、社会排斥"特征,从而使流动农民成为游离于城市与农村之间的边缘群体。

　　新世纪尤其是党的十六大以来，中国农村社会流动进入积极引导期。为统筹城乡发展、解决农民增收难问题，国家对农民外出务工采取了积极引导的政策。2000 年 7 月，国务院相关部门发布了《关于进一步开展农村劳动力开发就业试点工作的通知》，提出改革城乡分割体制，取消对农民进城就业的不合理限制。2003 年，国务院办公厅发布 1 号文件，强调对农民工和城镇居民应一视同仁。同年，国务院公布的《工伤保险条例》首次将农民工纳入保险范围。2004 年，中共中央、国务院《关于促进农民增加收入若干政策的意见》提出，农民工已成为产业工人的重要组成部分。2013 年 11 月，《中共中央关于全面深化改革若干重大问题的决定》指出，要"创新人口管理，加快户籍制度改革，全面放开建制镇和小城市落户限制，有序放开中等城市落户限制，合理确定大城市落户条件，严格控制特大城市人口规模"。在这一背景下，越来越多的农民得以实现职业身份与户籍身份的同时转变，并成为新型工人和城市新市民的一部分。

三、当前中国的农村社会流动

　　改革开放以来，中国农村社会流动的经济基础和制度环境均发生了根本性变化。就其整体趋势而言，在社会主义市场经济体制确立为国家基本经济制度的基础上，在政治制度和相关政策不再直接规定人们的阶级阶层属性和地位的情况下，现代型农村社会流动模式正在形成之中。然而，由于制约农村社会流动的户籍制度及与之相关的其他制度仍然存在，以前各个时期起主导性作用的制度性流动和政策性流动仍然在当前中国农村的社会流动中发挥着作用，从而使得当前中国农村的社会流动呈现出明显的过渡性特征。

　　（一）流动主体以青壮年农民工为主，举家外迁比例增大

　　当前，农民工是农村社会流动的主力军，流动农民工以青壮劳动力为主。据国家统计局《2017 年全国农民工监测调查报告》，中国农民工数量由 2008 年的 2.25 亿人增加至 2017 年的 2.87 亿人，其中，外出农民工由 1.4 亿人增加至 1.72 亿人。在 2017 年的 2.87 亿农民工中，1.55 亿人为 40 岁以下的农民工，占农民工总量的 53.9%。[①]

　　与过去的个体流动占据主流不同的是，近年来，农村人口举家外迁的比例有所增加。《2009 年农民工监测调查报告》显示，2008 年，在 1.40 亿外出农民工

---

① 国家统计局：《2017 年全国农民工监测调查报告》，国家统计局官方网站 2018 年 4 月 27 日发布。

中，举家外出农民有 2 859 万人，占当年外出农民工总量的 20.4%；《2014 年全国农民工监测调查报告》显示，2014 年，举家外出农民工达 3 578 万人，占当年全国外出农民工问题的 21.4%。较 2008 年，举家外出农民工总数增加 719 万，占比提高 0.9 个百分点。可见，农村社会流动已由过去的个体式流动逐渐演变为个体式流动与家庭式流动并存。

（二）流动方向以跨区职业流动为主，向发达地区流动成为主流

改革开放初期，中国农村社会流动以离土不离乡的本地职业流动为主。20 世纪 90 年代以来，中国的农村社会流动在如下两个方面发生了明显变化：

一是离土又离乡的跨区流动比例显著上升。据统计，1999 年，全国到乡以外就业的农村劳动力有 5 203.6 万，比 1998 年增加 268 万，其中到省外就业的有 2 115 万，占 40.6%；2000 年农村外出就业劳动力人数达到 7 550 万，又比 1999 年增加 699 万[1]，其中流向城市的占 50.69%[2]；从 2001 年到 2017 年，跨省流动的农民工由 3 625 万增加至 7 675 万，占当年外出农民工总数的 44.7%[3]。

二是向发达地区流动是农村社会流动的主要方向，但向中西部回流成为"新常态"。从城乡间流动来看，2015 年，在全国 1.69 亿外出劳动力中，除 33.7%的农民流动到小城镇务工外，有 66.3%的农民流动到地级市以上大中型城市务工[4]。从地区间流动来看，2017 年，全国外出农民工有 60.3%来自中西部地区；1.60 亿农民工在东部地区务工，占农民工总数的 55.8%[5]。可见，由中西部欠发达地区向东部发达城市的流动仍然是当前我国农村社会流动的主要方向。另一方面，2008年以来，随着东部地区产业结构升级，回流到中、西部地区的农民工人数稳定增加。2009 年，在中部地区务工的外出农民工为 2 477 万人，占全国外出农民工人数的 17%，比上年提高 3.8 个百分点；在西部地区务工的外出农民工为 2 940 万人，占全国外出农民工人数的 20.2%，比上年提高 4.8 个百分点[6]。2017 年，在中部地区务工农民工 5 912 万人，占农民工总量的 20.6%，比 2008 年提高 7.4 个百分点；在西部地区务工农民工 5 754 万人，占农民工总量的 20.1%，比 2008 年提高 4.7个百分点[7]。可见，向中西部回流正在成为我国农村社会流动中的"新常态"。

---

[1] 刘怀廉：《中国农民工问题》，人民出版社 2005 年版，第 145 页。
[2] 李强：《农民工与中国社会分层》，社会科学文献出版社 2004 年版，第 18 页。
[3] 国家统计局：《2017 年农民工监测调查报告》，国家统计局官方网站 2018 年 4 月 27 日发布。
[4] 根据国家统计局《2015 年农民工监测调查报告》计算而成。
[5] 国家统计局：《2017 年农民工监测调查报告》，国家统计局官方网站 2018 年 4 月 27 日发布。
[6] 国家统计局：《2009 年农民工监测调查报告》，国家统计局官方网站 2010 年 3 月 19 日发布。
[7] 国家统计局：《2017 年农民工监测调查报告》，国家统计局官方网站 2018 年 4 月 27 日发布。

（三）流动方式以自组织为主，农民流动组织化程度有所提高

改革开放以来，自组织流动一直是当前中国农村社会流动的主要方式。如1995 年的一项研究显示，有 56.4% 的农民工是随老乡和朋友一起流入城市的，有75.0% 的农民工通过老乡或亲戚找到第一份工作①；国家统计局的调查则显示，到2005 年，仍然有 65% 的农民是通过亲友介绍外出就业②。

近年来，政府部门、劳务输出机构与就业中介组织在农民流动中的作用正在加强。如在 1995 年，仅有 8.1% 的农民工通过当地政府找到第一份工作，仅有4.8% 的农民工是通过城市劳务市场找到第一份工作；到 2005 年，已经有 10% 的农民工通过政府单位组织输出而进入城市就业，并有 20%~30% 的农民工接受过相关机构的就业服务，其中，河南洛阳的有组织外出人数已占到全部外出农民工的20%；到 2017 年，全国有 30.6% 的农民工接受过非农职业技能培训③。上述数据表明，在劳动力市场不太发达的背景下，社会关系网络的运用可以有效地降低农民的流动成本。随着劳动力市场的完善和农村社会流动政策由消极控制转向积极引导，农村社会流动的组织化程度将进一步提高。

（四）流动动因以改善生计为主，流动农民市民化意愿渐趋强烈

2000 年的一份调查显示，62.6% 的农民因为"农村收入水平太低，没有挣钱机会"而外出，62.3% 的农民因为"农村缺乏更好的发展机会"而外出，54.9% 的农民因为"农村太穷、生活太苦"而外出④。上述数据表明，我国农民之所以外出，主要是迫于生计需要。就其本质而言，它是基于"生存理性"和"经济理性"而做出的选择。在"生存理性"和"经济理性"支配下，农民的流动预期往往是暂时的和不稳定的。如在 1999 年的一项调查中，有 89.7% 的农民工家庭认为，他们外出打工的亲人最终一定会回到家乡。于是，在相当长的一段时间内，我国农村社会流动呈现双向的、职业与身份相背离的"候鸟式"流动就业状态，即一方面，外出务工农民像钟摆一样以年为单位在城乡和地区之间流动；另一方面，农闲时打工、农忙时返乡的兼业式流动成为普遍现象。

然而，随着流动环境的不断优化以及新生代农民工的大量出现，农村社会流动的动因在近年来发生了较大变化。2000 年的一项调查显示，大约有 50% 的农村

---

①　李培林：《流动民工的社会网络和社会地位》，《社会学研究》1996 年第 4 期。
②　国务院研究室课题组：《中国农民工调研报告》，中国言实出版社 2006 年版，第 72 页。
③　国家统计局：《2017 年农民工监测调查报告》，国家统计局官方网站 2018 年 4 月 27 日发布。
④　李强：《影响中国城乡流动人口的推力与拉力因素分析》，《中国社会科学》2003 年第 1 期。

流动人口表示想定居在城市，仅有不到 10% 的人愿意返回农村的家乡①。2006 年
的调查显示，56.15% 的被调查农民工表示愿意放弃农村土地，39.62% 的人表示愿
意把户口迁入打工城市②。2009 年的调查显示，54.68% 的农民工样本愿意定居城
市③。2016—2017 年的调查进一步显示，72.87% 的被调查农民工未来最想在城市
定居④。这意味着，改善生计虽然是农民流动的重要原因之一，但已不再是其最重
要的动因，在职业上扎根城市、在生活上定居城市、在社会上融入城市，进而在
身份上真正实现由外来人口向新市民的转变，正在成为新生代农民工的迫切愿望。

小　　结

　　阶级与阶层是表明社会成员社会分层地位的两个基本概念，二者既相互联系
又相互区别。马克思主义阶级分析法强调社会关系中的不平等，注重分析社会成
员在社会资源占有质上的差别及其社会影响，注重分析社会分层的深层结构。马
克思主义阶级分析法为指导中国新民主主义革命提供了重要的理论依据，对于理
解加速转型期中国社会结构变迁同样有重要指导价值。运用马克思主义阶级分析
法，把握中国农村社会分层与社会流动的历史、现状与趋势，对于构建合理的农
村社会结构、促进农村社会良性运行与协调发展具有重要意义。

思考题

　　1. 简述阶级、阶层的含义及其关系。

　　2. 试述马克思主义阶级分析法的主要内容。

　　3. 试析中国农村社会阶层结构的历史变迁。

　　4. 试述当代中国农村社会分层的特点与趋势。

---

① 李路路：《向城市移民：一个不可逆转的过程》，载李培林主编：《农民工——中国进城农民
　工的经济社会分析》，社会科学文献出版社 2004 年版，第 119 页。
② 蔡禾、王进：《"农民工"永久迁移意愿研究》，《社会学研究》2007 年第 6 期。
③ 王玉君：《农民工城市定居意愿研究——基于十二个城市问卷调查的实证分析》，《人口研
　究》2013 年第 4 期。
④ 徐延辉、史敏：《社会地位与农民工的定居意愿研究》，《湖南师范大学社会科学学报》2018
　年第 3 期。

5. 试析中国农村社会流动的历史演变。

6. 试述当前中国农村社会流动的特点与趋势。

 思考题要点

第七章　农村社会治理

农村社会是一个复杂的系统，不同的利益主体在农村社会中有着不同的利益诉求。如何协调这些利益主体之间的关系、促进农村社会的有效治理，不仅事关农村社会秩序的稳定，而且关乎农村的整体发展。本章拟在介绍社会治理概念与内涵的基础上，解析农村社会治理的内外部环境和发生机理，比较分析当前农村社会治理的结构与类型。

名词解释

第一节　农村社会治理概述

一、农村社会治理的含义

"治理"最早在中国的古代文献中出现时，主要用于表述政治治国的含义。例如，《荀子·君道》中有"明分职，序事业，材技官能，莫不治理，则公道达而私门塞矣，公义明而私事息矣"。[①] 同样，《后汉纪·献帝纪三》中亦有记载："上曰：'玄在郡连年，若有治理，迫迁之；若无异效，当有召罚。何缘无故徵乎？'"[②] 在这些中国古代的文献中，治理无论是作为一种统治的状况，还是作为一种管理的过程，都凸显了政治的意涵。

在英文中，"治理"对应的"governance"源于拉丁文和古希腊语，它的原意是控制、引导和操纵。在很长一段时间之中，它与"统治"一词被人们交替使用，并且主要被用以表述与国家公共事务相关的管理活动和政治活动。治理这一概念在学术界中被广泛运用是一个并不久远的事情。在西方社会学中，研究者们常常将马奇和奥尔森合著的《组织中的二重性与选择》视为一个重要文本，其中他们对"大学治理"（university governance）展开了分析，这一分析被后来者广泛借鉴。

---

① （唐）魏征等编撰：《群书治要》，吕效祖点校，鹭江出版社 2004 年版，第 621 页。
② （晋）袁宏：《袁宏〈后汉纪〉集校》，李兴和点校，云南大学出版社 2008 年版，第 354 页。

对于治理概念的界定，不同的研究者常常会依据研究主题的不同而给出不同的定义。根据联合国全球治理委员会的界定，所谓治理就是各种公共的或私人的个体和机构，管理其共同事务的诸多方式的总和。它是使相互冲突的或不同的利益得以调和，并采取联合行动的持续过程。

在中国的治理实践中，治理的意涵也经历了一个不断演进的过程：在新中国成立之初，治理的主要含义是治国理政，且多用于民族区域自治的政治实践；与此同时，治理一词也广泛用于治理水患灾难与自然环境，例如，黄河治理、淮河治理等；改革开放之后，治理被运用到社会治安、基层群众治理等领域；党的十八届三中全会通过的《中共中央关于全面深化改革若干重大问题的决定》又将治理扩展到国家治理、政府治理和社会治理等领域。

社会治理作为在"治理"一词基础上所延伸出来的概念，主要是指行动主体通过协力合作，在法律、法规及政策的框架下，对社会事务和社会生活进行规范与管理，并最终实现公共利益最大化的过程。农村社会治理则主要是在党的领导下，在农村基层政府、村民委员会、各种社会组织及农民等诸多行动者协力合作之下，依据法律、法规及政策，运用各种正式与非正式的规范，对农村社会领域的各个环节进行组织、协调、服务和管制，以实现农村社会发展的过程。

二、农村社会治理的主体、手段及目标

社会治理不同于社会管理，更不同于社会统治，前者与后两者在内涵与外延上都存在明显的差异。就农村社会治理而言，它与城市的社会治理也存在一定的差异。在这一部分，我们将结合农村社会的实际来进一步介绍农村社会治理的主体、手段及目标。

（一）农村社会治理的主体

所谓农村社会治理的主体事实上就是"谁来对农村社会进行治理"。在当前农村，社会治理的方向是"党委领导、政府负责、社会协同、公众参与"。换言之，就是在中国共产党的领导下，以政府为主导，同时吸纳社会组织和公众力量来推进农村社会的治理。这种社会治理的主体结构与西方社会治理理论所勾画的治理主体结构存在着较大的差异。西方社会治理理论奉行社会中心主义和公民个人本位，因此它本质上就是以理性经济人为基础的社会自我治理理论。这一理论在西方社会的兴起与发展是以特定的现实条件为前提的，即一方面是市民社会的日益壮大，另一方面则是政府无力满足市民的需要而导致的管理危机。从严格意义上来讲，当前中国农村社会治理的现实条件与西方社会有本质的区别：首先，中国

的民间社会虽然已经存在并不断壮大，但它并不是西方意义上的市民社会，中国的民间社会不具有与国家对抗的政治属性，相反，在中国长期的历史中，国家与社会一直保持着相对良性的合作关系，因此中国民间社会的不断壮大并未构成对国家治理合法性的否定；其次，管理危机在中国并不存在，虽然在农村社会中也有出现政府难以满足民众需求的情况，但将其称为"管理危机"却言过其实，而且中国的政府并没有退缩，反而在积极探索解决之道。不仅如此，由于当前中国农村市场与社会的力量相对弱小，农村社会不同利益之间的整合以及原有利益的调整都离不开中国共产党和政府的力量，因此在当前农村社会治理之中需要充分发挥党和政府总览全局、协调各方的作用。正是因为如此，中国共产党和政府作为农村社会治理的主体，在农村社会治理中承担着领导者和主导者的角色。这里尤其要强调的是，农村基层党组织作为中国共产党农村工作的基础，其在农村社会治理中应该也必须扮演重要角色。

社会组织是农村社会治理主体结构中的重要构成部分。关于农村社会组织的构成，本书的第五章有较为详细的介绍，这里不再赘述。延续第五章的界定，在这里我们所探讨的"社会组织"事实上是指农村社会中除了政府之外的所有组织，它不仅包括宗族家族、村民委员会、红白理事会等组织，还包括乡镇企业、私营企业、农民合作经济组织等与农民经济生活有关的组织。社会组织之所以在农村治理的主体结构中具有重要的地位，是因为政府在社会治理的过程中存在一定的不足。例如，政府无法事先充分了解和设定农民日益增长的物质与精神需要，而且政府在调动资源的灵活性上亦尚存在不足。在这些环节中，社会组织拥有其独特的优势，他们更熟悉农民的利益需求，也能更灵活、快捷地调动相应的资源来满足农民的物质与精神需要。也正是因为如此，在农村社会治理的过程中，需要充分发挥市场在资源配置中的优势，吸纳和动员社会组织的力量，以形成对党和政府在社会治理中功能的补充。

农民是农村社会最重要且最基础性的构成部分，它们并不是被治理的对象，而是农村社会治理的主体结构中一个重要的构成要素。农民作为农村社会治理主体的角色既是新中国赋予人民"当家作主"权利的内在要求，也是降低政府治理成本、进行"简约治理"的理性选择。只有广泛动员农民，使他们积极地参与到农村社会秩序维护与农村社会服务的过程中，农村社会才能更好地发展；但是因为农民自身的局限性，其可能较难处理好个人与他人、个人与组织（集体）以及局部与整体的关系，因此在广泛动员农民来参与农村社会治理过程中亦必须坚持党的领导与政府的主导，并发挥后者在社会治理中的强协调能力及整体观的优势。

（二）农村社会治理的手段

农村社会治理的手段是指农村社会治理的主体为了实现社会治理的预期目标而采用的方法和措施，其具体可以分为组织手段、制度手段和文化手段三种。

组织手段是治理主体利用组织内部的指令和规章进行治理的方式。由于农民都是通过嵌入到特定的社会组织（如社区、合作组织、企业等）而生活在农村社会之中，他们所需要满足的各种物质与精神需求也是通过这些组织来提供的，因此农村社会治理的主体可以运用组织的指令、组织的规章（如村规民约）等对组织中的成员或构成这些组织的亚组织的行为进行指导与约束。与其他治理手段相比，组织手段最大的特点便是约束的范围小、约束的边界较为明显。如合作组织的章程只对该组织的成员适用。

制度手段主要是指以全社会的名义颁布行为准则，并对全社会个体、社会群体和组织的社会行为进行调节与制约的方式。在农村社会治理中，这种制度手段的典型就是国家的法律、法规及政策，如《社会治安管理处罚条例》等。与组织手段相比，制度手段虽然也是以正式的制度、规范来约束和协调个人、群体和组织的行为，但是二者也存在明显的不同：首先，制度手段与组织手段的合法性来源不同，前者是以社会的名义颁布的，后者仅是以某一特定组织的名义颁布的；其次，与组织手段相比，制度手段的适用范围更广，并能约束与协调全体成员的行为。

文化手段是人们在长期社会互动过程中形成的行为准则和价值标准对个人、群体和组织行为产生的约束与协调方式。它突出的表现形式有信仰观念、伦理道德、风俗习惯及社会舆论等。与组织手段和制度手段相比，文化手段最大的特点就是非直接强制性，即一方面，文化手段通过柔性而非强制推行的方式来发生作用；另一方面，这些手段又潜移默化地影响行动者，使行动者在行动过程中能自觉地遵守这些规范。与城市社会的治理相比，文化手段在农村社会治理中发挥着更为重要的作用。费孝通先生在《乡土中国 生育制度》中便指出，农村社会是"礼治的社会"，其中"礼是社会公认合式的行为规范""合于礼的就是说这些行为是做得对的"，礼的运行"不需要有形的权力机构来维持""维持礼这种规范的是传统"。[1] 当然，文化手段在农村社会治理中发挥作用也是以一定的社会条件为基础，即"礼治的可能必须以传统可以有效地应付生活问题为前提"，而"在一个变迁很快的社会，传统的效力是无法保障的"，[2] 这时就需要法律等制度手段来推进社会治理。

---

[1]　费孝通：《乡土中国 生育制度》，北京大学出版社 1998 年版，第 49—50 页。

[2]　费孝通：《乡土中国 生育制度》，北京大学出版社 1998 年版，第 49—50 页。

当前中国农村社会正处于急速变迁的过程之中，虽然原有的礼俗等文化手段和村规民约等组织手段在农村社会治理中仍能发挥一定的作用，但它并不足以满足农村社会治理的需要，加之局部利益与整体利益的矛盾在许多地区仍广泛存在，这在客观上需要加强法律、政策等制度手段在农村社会治理中的作用。也正是回应农村社会治理的现实需要，党和政府在推进农村社会治理时强调既要"坚持依法治理，加强法治保障，运用法治思维和法治方式化解社会矛盾"，又要"坚持综合治理，强化道德约束"。[①]

（三）农村社会治理的目标

无论是前文中所述的多元治理主体还是多重治理手段，其最终都是为了实现农村社会治理的目标。总体而言，农村社会治理的目标是实现农村社会的良性运行和协调发展。具体而言，当前中国农村社会治理的目标则是在城镇化、信息化及全球化的复杂背景下，在多主体广泛参与及民主协商的基础上，实现农村社会的和谐稳定及经济社会的可持续发展。

加强农村社会治理或创新农村社会体制机制，并不是意味着要回避社会治理中的矛盾，相反，必须正视其中存在的矛盾。马克思主义认为，人们的生产关系和社会关系不同，其利益就必定存在差别，而有利益差别则又必定有不同的利益诉求。从这个意义上来讲，农村社会因利益诉求的不同而导致的冲突与矛盾便不可避免。故，建立和谐与可持续发展的社会并不是要去追求农村社会内部的"无矛盾、无差别"，而是要构建其内部秩序的有序性，要搭建相应的利益诉求和利益博弈的公共平台，让身处这个社会中的拥有不同利益的人们能够通过合理、有效的途径来表达自身的利益诉求、维护自我的权益，能够通过公平的对话、沟通、协调和谈判等方式来最终实现农村社会的和谐稳定及可持续发展。

三、农村社会治理的历史沿革

农村社会治理虽然是一个相对较新的概念，但它所指涉的事物却长久以来就一直存在，只是具体的治理机制因不同时期农村社会内部社会结构与外部社会环境的不同而有所改变。为了更深入地理解农村社会治理的发展，以下将着重介绍农村社会治理的历史沿革。

（一）传统时期的农村社会治理

自秦汉时起，中国社会便逐步形成了以世袭式的官僚制（patrimonial bureauc-

---

① 《中共中央关于全面深化改革若干重大问题的决定》，人民出版社 2013 年版，第 60 页。

racy）为主要特色的国家治理机制。这一国家治理机制设立的缘由在相当程度上是中央集权的政府为了应对其无法回避的一对治理矛盾：一方面，农村社会难以控制，一旦控制不当，就容易引发一些深层次的问题进而危及统治的合法性，因此中央政府总是力图避免直接介入地方事务的治理；另一方面，在必须介入地方事务的治理时，中央是依托科层官僚进行治理，同时又尽可能地限制这些官员的数量以及他们对地方事务的干预。直到晚清以前，国家的权力机构都未直接触及基层民众，国家正式的行政权力机构仅仅设置到县一级，即所谓"皇权不下县，县下唯乡绅"，农村社会的治理实际上是由士绅阶层利用礼俗等民间自生的、非政治性的手段来完成的。对此，梁漱溟曾有过精辟的阐述，即"自来中国政府是消极于政治而积极于教化的，强制所以少用，盖在缺乏阶级以为操用武力之主体，教化所以必要，则在启发理性，培植礼俗，而引生自力。"[1] 在伦理本位的传统乡土社会，伦理不仅成了整个社会的基本构架，同时亦形塑了农村社会治理机制的"软治理"特征；但通过伦理规则的治理以及依托士绅阶层的治理模式在推动旨在促进农村社会秩序稳定的社会整合外，却忽视或放弃了国家层面的以维护国家主权和行政控制为主要特征的政治性整合。虽然自明朝起即开始实行保甲制度，但真正控制乡村社会的是家族长老而不是保甲长，家族长老对乡村社会的支配权力不仅比保甲长宽泛得多，而且更为有效。

总之，这种依托士绅群体进行的"简约治理"[2] 模式在保障中央集权有效性的同时，也实现了地方社会最低层次的稳定与有序。这种社会治理机制的运用不仅同儒家的政治理想——建立一个自我治理的道德社会——相扣合，也与农业社会的生产剩余较少及农业型政府的资源汲取需求较小相关联。然而，支持这种社会治理模式的社会基础在19世纪随着中国国门被西方列强打开而遭到破坏，新的内外部环境促使国家必须调整农村社会治理的方式，至此新的社会治理形式随之产生。

传统中国"集权的简约治理"

---

[1]　梁漱溟：《中国文化要义》，学林出版社1987年版，第213页。
[2]　黄宗智：《集权的简约治理：中国以准官员和纠纷解决为主的半正式基层行政》，《开放时代》2008年第2期。

（二）20 世纪初至 1949 年前的农村社会治理

晚清的国门被西方列强的坚船利炮打开之后，亡国亡族的危机便成了中国社会的第一危机。在这一背景之下，中央政府面临着双重的压力：一方面需要完成国内的政治整合，结束国内军阀割据的状态，实现国家的统一和领土、主权的完整；另一方面，也需要通过经济建设，特别是工业建设，来实现国家的富强。对于当时政府而言，无论是政权建设还是经济建设，都需要政府具有强有力的社会动员与资源汲取能力。而这两种能力的提升又有赖于国家加强整体的政治整合，完善全国范围内以社会动员与资源汲取为主要内容的社会治理体制。正是基于这种需求，国家开启了政权建设的工程，国家的权力开始突破原有"不下乡"的约束，逐步向农村社会渗透。

伴随着国家政权组织向农村基层推进，体制内行政官员的权威开始慢慢地取代了体制外的士绅，国家从农村社会汲取的资源量也日渐超出士绅所能够"保障"的范围，这使得士绅开始寻求新的出路。一部分士绅不得不抛弃功名，另谋出路，重新确定自己的社会角色。与此同时，由于士绅"卸去"了保护功能，劣绅开始充斥乡村社会。清朝御史萧丙炎在 1911 年的一份奏折中就痛陈道："臣闻各省办理地方自治，督抚委其责于州县，州县复委其责于乡绅，乡绅中公正廉明之士，往往视为畏途，而劣监刁生，运动投票得为职员及议员与董事者，转居多数。"[①]

总体而言，在 20 世纪上半叶，国内秩序的稳定、国家主权的维护以及推进国家工业化的发展对社会治理提出了新的需求，即迫切地需要强化国家层面的控制与动员能力以及从乡村社会汲取资源的能力。清末开启的政治改革伤及传统士绅的利益，削弱甚至瓦解了传统士绅整合乡村社会的功能，但新的、有效的治理机制和整合机制又未建立起来，这使得此一时期农村社会的治理出现了诸多混乱的局面。

（三）1949 年至 1978 年的农村社会治理

中华人民共和国成立之后，虽然独立统一的国家建立起来了，但推进国家富强的工业化建设仍然需要国家继续保持对农村社会的强动员与资源汲取能力，以获得作为晚发现代工业国家进行工业化建设所需要的资源。20 世纪 50 年代以后，政府在农村不仅通过统一计划、统购统销以及人民公社体制建立起了一个高度集中的计划经济体制，而且通过人民公社对农民的社会生活进行全面的管理，建立起以人民公社为中心的全能社会治理体制。

此一阶段，国家通过建立这种具有全能主义色彩的农村社会治理体制化解了

---

① 李刚：《大清帝国最后十年：清末新政始末》，当代中国出版社 2008 年版，第 238 页。

此前中国农村社会一盘散沙的治理困局，极大地提升了国家在农村社会的组织与动员能力。以此为基础，国家加强了对农村社会的汲取，为我国在极其羸弱的经济基础上建立完整的工业化体系提供了相应的资源保障。然而，由于全部重要的资源都由政府占据和分配，因此政府借助这些资源在城市和农村分别构筑了单位和人民公社两种组织形态，并通过人民公社对农村进行整合。在人民公社体制之下，农民生产什么、如何生产以及如何分配最终都由人民公社来决定，村集体和村民较少有决定权，这使得农民从事农业生产的积极性被挫伤。与此同时，所有农村社会成员都被管理在一个个相对封闭的区域中，阻碍了正常的社会流动，使社会缺乏活力和创造力。伴随着国家工业化积累的完成，这种社会治理体制的弊端越来越明显，直接导致了20世纪70年代末的农村改革。

（四）改革开放以来的农村社会治理

自20世纪70年代末推进农村改革以来，农村社会发生了一系列的重要变化：不仅原有的计划经济体制逐步让位于社会主义市场经济体制，而且过去将人民矛盾敌我化的做法在新时期得到纠正，政府在改革发展中开始注重调解不同社会阶层和利益群体之间的利益关系，同时城乡社会流动的增加极大地改变了农民的职业和价值观念。这些变化改变了前一阶段农村社会治理实践的社会基础，为应对这一社会基础的变化，农村的社会治理也发生了相应的变化，即以家庭为单位组织生产，并允许农民自由迁徙流动，以调动农民的潜能与创造力；完善社会保障体系，改革教育、医疗等公共服务体系等。但就目前农村社会治理的实践过程而言，其治理的效果尚未完全达到政府和民众的预期，农村社会的巨变对尚待完善的农村社会治理体制提出了重要挑战。农村社会流动的增加、社会分化的加剧、农民异质性的增长、村民之间陌生感的增加、村民对村庄的依赖和认同下降、村庄内生权威的削弱等都对原有的社会治理体制提出了挑战。也正是在这一背景下，党中央和政府才提出要"提高农村社会管理科学化水平，建立健全符合国情、规范有序、充满活力的乡村治理机制"①。

第二节　农村社会治理的基础条件与内在机制

从根本上说，农村社会治理是为了让乡村社会维护基本的秩序。村庄秩序具

---

① 国务院法制办公室编：《中华人民共和国法规汇编（2012年1月—2012年12月）》，中国法制出版社2013年版，第972页。

有建设性功能和保护性功能：建设性功能即可以增加村庄和村民收益的功能；保护性功能即保护村庄和村民合法权益不受侵犯的功能。其大致可以分解为五个方面，即获得经济的协作、维护公序良俗、保证内部的基本和谐与稳定、抵御外力的侵犯和保持村庄领袖在主持村务时的公正与廉洁。村庄秩序的维持状况和农村社会治理的绩效，是由农村社会治理的外在条件、内生基础和内在机制所决定的。

一、农村社会治理的外在条件

农村社会治理的外在条件决定了农村社会治理的目标与任务，以及农村社会治理可以获取的治理资源能力与状况。不理解农村社会治理得以展开的外在条件，我们就无法评论农村社会治理的好坏。

中国的农村社会治理是在中国现代化的背景下展开的。现代化对于农村社会治理至少有三重含义：首先，为了实现现代化，中国农村要做贡献，尤其是在未建立完整国民经济体系和完成工业化之前，农业要承担起为中国实现赶超型现代化提供原始积累的任务。在中国已经完成工业化后，工业才可能反哺农业，城市才可能带动乡村。其次，现代化的过程，也是由传统向现代转型的过程。在这个转型过程中，各种新的制度安排会锲入乡村社会。在现代性的冲击下，在大传统与小传统的不断碰撞中，农村社会治理所面对的规则体系可能发生极大变化。最后，现代化往往同时也是城市化的过程，农村人、财、物资源不断地流出农村，农村会越来越衰败，与之相伴的是农村社会原有的社会整合纽带失灵。这会对农村社会的秩序基础产生重要的影响。

现代化因素自上而下、由外及内对农村社会治理产生影响的三大维度，构成了农村社会治理得以展开的三个宏观历史条件。

农村社会治理的外在条件构成了农村社会治理制度发生作用的结构性约束条件，农村社会治理制度只能在这一结构性条件的制约下发挥作用。在市场经济条件下，当前中国农村人、财、物资源流向城市，农村日益衰落。在大多数农民都还没有转移出农村以前，如何维持农村社会的有序状况，以及在这个过程中可以采取什么措施，就成为学界及政府部门都十分关注的问题。中共十六届五中全会提出建设社会主义新农村，就是在国家已经有了以工哺农条件的情况下，回应当前农村衰落可能引发的严重问题的战略部署。

农村的衰落，不仅仅是资源的外流，更重要的还有旧有社会整合纽带的失灵。步入现代化进程之后，各种新的外生性制度不断地进入乡村社会，冲击、荡涤着乡村社会的小传统，在传统与现代的碰撞与交织中，农村社会治理所面对的规则体系正在发生巨大的变革。20世纪40年代费孝通所看到、忧虑的那些现代的"司法制度发生了很特殊的副作用，它破坏了原有的礼治秩序，但并不能有效地建立起法治秩序"[①]，就是对这个问题的深度思考。今天，现代性的各种制度在更为强大的国家权力和市场因素的推动下，更为全面、彻底地渗透进乡村社会，这也应成为我们认识、理解当前乡村社会的规则体系与治理逻辑的重要视角。自上而下的制度供给与自下而上的反应、融合，构成了乡村规则体系变迁的两个方面。

因此在现代的中国农村，我们可以看到，一方面是现代的观念和制度开始替代传统的观念和制度，部分传统越来越边缘化且越来越失去合法性；另一方面是城市生活及观念为农村提供了示范，农村相对于城市也越来越边缘化。以前一直是合理合法且构成了乡村秩序基础的传统，现在日渐失落。农村社会治理的这种外在条件的变化会对农村社会治理的内生基础发生重大影响。例如，现代传媒改变了村庄中的舆论环境，从而改变了农村社会治理的文化基础。再如，广告和时尚改变了或创造了农民的需求，从而再造了农村社会治理的人的基础。

所以，我们必须关注外在条件对农村社会治理的两个重大影响：一是外部对乡村社会提出了什么要求，要由乡村来回应，比如现代化要求乡村提供原始积累等；二是外部为乡村社会提供了什么资源及环境，比如国家向农村的转移支付，现代化背景下，农村人、财、物的自然流失和依法治国限制了村庄传统可能在农村社会治理中发挥的作用。

农村社会治理外在条件的改变，会造成农村社会治理内生基础的变化，且往往是宏观条件的改变再造了微观基础。不理解农村社会治理的外在条件，就不可能真正理解农村社会治理的内在逻辑。

二、农村社会治理的内生基础

所谓农村社会治理的内生基础就是农村社会治理得以发生的具体时空条件。农村社会治理不是凭空发生的，而是在具体的时空中，在特定的人群和社会基础上发生的。农村社会治理的内生基础构成了自上而下的政策实施得以发生的条件；自上而下的政策在特定乡村社会实践的过程、机制和后果，构成了农村社会治理的大部分内容。除了自上而下的政策在农村社会实践的后果以外，乡村社会内部也会有自发的内生秩序，这种内生秩序构成了农村社会治理的另一部分内容。农

[①]　费孝通：《乡土中国 生育制度》，北京大学出版社1998年版，第58页。

村社会治理的内生基础研究，重在研究构成农村社会治理得以发生的微观基础，而不是研究农村社会治理本身。

农村社会治理的内生基础与农村社会治理外在条件及农村社会治理的机制有密切的关系，但不完全是一回事。我们在调查分析时需将它们作区分，区分的办法就是将农村社会治理的内生基础当作自变量，而非因变量——虽然事实上，农村社会治理内生的微观基础是受到宏观的外在条件约束并且是某些外在条件的因变量。

展开来说，农村社会治理的内生基础涉及三个方面的问题，一是人的条件，二是物质条件，三是社会和文化条件。所谓人的条件，是指在乡村生活的人们的状况，他们的观念、信仰、爱好、习惯、道德、知识、偏好，等等；所谓物质条件，是指构成农村社会治理得以展开的物质基础，如地理区位、公共设施、种植结构、经济发展水平、经济类型，等等；所谓社会和文化条件，是指构成特定乡村社会文化特点的社会分层状况与地方性共识，如乡村精英状况、村庄舆论、共同体的强度、村庄生活习惯和习惯法，等等。

关于农村社会治理的内生基础中人的条件的内容十分丰富，具体可从以下几个角度进行分析。一是人的主体性价值的层面，或者是人的信仰层面，这个层面要回答农民的生活意义和价值的问题，他们觉得什么才是有意义和有价值的，为什么要如此活着及怎样面对生与死的问题。这个层面是农民与自己内心世界的对话，是其安身立命的基础。二是人的社会性价值的层面，或者说人们是如何看待他人以及认为应该如何和实际上是如何处理与他人关系的层面。这个层面要回答农民在一个社会群体中的位置及其对这个群体的看法问题。典型例子有村庄内的面子竞争。三是人的观念层面，诸如消费观念、民主观念等。四是人的素质，如所谓愚、穷、弱、私以及人们的合作能力等。

当前中国农村正在发生深刻的变化，其中人的状况的变化是一个本质性的变化。农民的价值问题、观念问题和素质问题都构成了农村社会治理的社会基础，而这些问题正在发生前所未有的变化。不能理解这种变化，就很难把握农村社会治理的内生基础。而其中最关键的恐怕是人的生活价值观问题。

由于现代性因素的持续冲击，农民传统的以"传宗接代"作为基本追求的本体性价值被动摇了，村庄的社会性价值也在发生变化。村民对社会性价值的激烈争夺，往往不是整合了村庄的团结，而是破坏了村庄的团结。村庄社会因为对社会性价值的激烈争夺，而使村庄共同体解体，村庄内部变得"原子化"起来。

当前农民家庭关系的日益理性化、消费主义和享乐主义盛行、公共生活日益萎缩、公共舆论日趋无力、村庄社会日益灰色化，这些都构成了农村社会治理的内生基础，而对这种内生基础的理解都应当放到农民价值世界的变化这个范畴去理解。从这一点出发，对农村社会治理的社会基础的关注需要深入中国农民的精神世界中。

关于农村社会治理内生基础的物质基础内容也十分丰富。正是特定的物质条件，构成了农村社会治理得以展开的物质基础。这方面的研究可以从自然地理学、人文地理学、区域社会史和农业经济学等学科中受到很大的启发。例如，种植水稻对于水利的高要求，使得水稻产区的农民更倾向于内部合作，这导致了聚居和宗族的发育；聚居也更容易产生出村庄认同，等等。而在旱田的耕作中，很少需要超出家庭规模的合作。

关于农村社会治理内生基础的文化和社会方面，主要包括家庭的结构、对特定行动单位的认同状况、村庄舆论力量、特定的地方性共识的状况、乡村社会分化的状况及其对农村社会治理的影响，乃至乡村资源变动（如人、财、物的流动状况）对农村社会治理的影响等。

农村社会治理总是在具体的人员、物质和社会文化基础上展开的，不理解乡村内部的具体时空条件，不理解农村社会治理得以展开的人员、物质及社会文化基础，就不可能真正理解农村社会治理的内在机制。从这个意义上来看，要理解农村的社会治理，人类学的整体论视角十分重要。这一视角强调社会整体中的部分对于社会整体的维持功能，即强调社会因素之间的相互关联对于构成一个整体的意义。乡村生活中的人员、物质，社会与文化方面的任一因素都可能构成农村社会治理的内生基础，也都构成了农村社会治理得以进行的条件。

三、农村社会治理的内在机制

所谓农村社会治理的内在机制就是农村社会治理的内在运作逻辑，即农村社会治理究竟是怎样展开的。其包括两个方面：一是自上而下的相关政策、制度和法律在乡村实践的过程、机制和后果；二是乡村社会内生的秩序机制，如农村传统的生产合作和生活互助机制、传统的纠纷调解机制等。

（一）农村社会治理相关政策、制度的制定与实践

任何政策、制度的制定，都是以一个想象的施政对象为前提的。因为中国是个超大国家，区域差异明显，而且中国社会又处于快速变动的时期，所以任何政策制定者都不可能掌握政策实施对象的全部信息，而只能借助以概念建构起来的

农村图景作为政策制定的依据。概念是对真实状况的简化和抽象，概念化的农村是一个想象的农村，而非真实的农村。能否准确清晰地对真实农村图景进行抽象，是对概念化水平高低的考验。

因此，政策、制度的制定者及研究者，既需要准确把握其施政对象，又需要清理政策、制度本身的逻辑合理性。政策、制度本身的内在逻辑必须统一，且目标与措施的配置必须有效。同时，相关的政策、制度不宜规定得过于细致刻板，要给基层的执行者一定的因地制宜、因时而谋的空间。

农村社会治理政策、制度实践的过程，是国家意志与基层的社会结构发生交汇，乃至各利益主体相互博弈的过程。农村社会治理的政策、制度进入实践层面时，乡村社会大多情况下能实现国家的制度目标。但在一些时空环境下，农村社会的复杂性往往会超出政策、制度制定者的想象使得实践出现一定的偏离。

例如，国家在 2004 年起逐步减免农业税之前曾经对很多地方征收生猪屠宰税，即依据农民饲养生猪的数量征收相应的屠宰税。但是在征收的过程中，因为农户实在太多，且农村社会里的人情关系过于复杂，基层的干部无力也无心在这项小的工作上耗费太多的精力，导致每个农户家实际的生猪存栏数无法准确统计，最终，一些地方不得不化约为依据"人头"来征收。"猪头税变成人头税"的故事让我们看到了税费的征收是需要成本的，国家与千家万户的小农打交道，交易成本极高；在乡村社会是以小农经济为基础的情况下，不得不遵循相对简约的治理模式。

又比如，2004 年起逐步减免农业税后，国家允许各地农村可以征收"一事一议"款，即在村庄范围内，向每个农民征收不超过 20 元，用于开展村内的公共事业。同时，伴随着新农村建设的展开，国家很多项目资金不断投入农村，其中一些资金投放下来时要求村庄内部自筹相应的配套资金。结果，一些内聚力比较强，能形成集体行动的地方，作为配套资金的"一事一议"款比较容易筹集上来；但是在一些内聚力弱的地方，却根本无法实现。由此可见，相同的国家政策，在不同的地方会有不同的实践结果。

事实上，政策、制度是如何实践的，不同政策、制度在不同农村实践的机制及其结果的差异，正好构成了理解农村及其区域差异的途径。通过理解政策、制度在农村实践成败的原因，可以将政策、制度本身（政策、制度制定者）对农村的想当然之处清晰地展现出来，从而将政策、制度制定者所赖以想象农村的相关理论的粗糙、不准确乃至误导之处暴露出来，这就为完善理论，为提出更有概括力和包容性的理论提供了条件。

（二）乡村社会内生的秩序机制

除了国家的政策、制度外，在农村社会还有着诸多自发性的内生秩序机制，典型的如农民在生产生活中的互助合作、农民纠纷与冲突的内部化解等。这些大都是传统遗留下来的内生秩序，构成了农民的一种生活习惯，在法学上则可能成为"习惯法"。这种习惯法及其实践，与成文法及其实践有很大的不同，但又都构成了农村社会治理机制的一个部分。这些内生的秩序机制解决了农民在生产生活中所要解决的大部分难题，且成为农村自下而上接应外来法律和制度安排的力量。

农民互助合作的状况，与传统制度和习惯法有着十分密切的关系。一方面，农民在生产生活中有着互助合作的要求；另一方面，互助合作是村庄中自古以来就存在（因此不应受到质疑）的实践，村庄乃至家庭作为一种社会想象和社会建构，克服了人与人交往中的搭便车行为，降低了人际交往的成本并在村庄中内生出秩序来。

乡村社会内生的秩序机制取决于乡村内部的社会结构，尤其是村庄内部联结组织状况。它直接影响了村庄的价值与规则体系和行为逻辑，也使得同样的政策、法律和制度，会在不同农村有不同的实践机制和后果。有学者曾从农民认同与行动单位的角度来讨论各地乡村社会内在秩序机制的区域差异，他们认为农村社会治理的区域差异形成的一个原因是传统在不同农村遗留下来的制度的差异。举例来说，传统的宗族制度在现代性因素的冲击下，在当前中国的不同农村留下了程度不同的碎片。有些农村，宗族认同仍然存在，比如江西、福建、湖南的部分农村；有些农村，宗族认同已经不存在了，但"五服"内的血缘认同仍然强有力，小亲族成为农民基本的认同与行动单位，如黄淮海地区的相当部分农村；有些农村，在核心家庭以上不再存在一个强有力的认同与行动单位，这样的村庄就是"原子化"的村庄，如湖北和东北的大部分农村。村庄内农民的认同与行动单位的差异，构成了村庄内接受与应对自上而下的制度的能力差异，从而造成了制度实践机制与后果的差异。

构成农村社会治理区域差异的因素，当然不只是由传统断裂程度不同所产生的差异很大的农民认同与行动单位，其他还包括种植结构、地理位置、经济发展状况的差异等。无论是由何种村庄内生因素的差异造成了政策实践的差异，并因此带来农村社会治理的区域差异，都可以找到理解农村社会治理机制的钥匙。丰富的农村社会治理区域差异的经验研究，可以为建构一个具有广泛解释力和包容性的概念体系提供强有力的准备。

总之，我们关注农村社会治理内在机制所要回应的核心问题是：中国农村社会治理的真实逻辑究竟是什么，农村社会究竟是如何运转及为什么会如此运转，自上而下、自外而内的各种政策、法律和制度，究竟会如何影响和究竟是如何影响农村社会治理逻辑的，我们如何理解真实的农村社会治理机制，以及我们能否将对农村社会治理内在机制的理解概念化，从而形成一个理论的体系。

第三节　农村社会治理的结构与类型

农村社会治理的绩效与状况既取决于国家的相关政策制度，又取决于乡村社会内部的结构与性质，而乡村基层的权力精英则是居于两者之间的枢纽。基于此，影响农村社会治理的基本结构可以包括三个方面要素：村庄基本秩序状况及其维系机制、基层权力精英（村干部）的角色与动力机制、国家与农村关系（具体表现为乡、村两级组织的关系）状况。治理结构的不同，使得农村社会治理的样态呈现出不同类型。

一、农村社会治理的基本结构要素

（一）村庄自主生产秩序的能力

当前中国相当一部分的村庄具有自主生产秩序的能力，村庄公共事务因此可以较好地得以办理。同时也有一些村庄自主生产秩序的能力很低，即使通过民主的办法或国家向村庄注入了不少资源，也难以达成村民的一致行动，因此难以办理涉及全村村民利益的公共事务。因为村庄社会性质的差异，使得村庄秩序有不同的生产方式。

依据村庄自主生产秩序时是否主要借用自上而下的国家政策、制度力量，可以区分出原生秩序型和次生秩序型两种类型；依据村庄能否自主生产秩序，可以区分为内生秩序型和外生秩序型两种类型。

原生秩序即主要依据村庄内非正式组织的力量来生产村庄秩序，比如依靠村庄舆论和血缘组织来实现合作、获取秩序。次生秩序即依靠外来制度安排实现村庄秩序的生产，典型表现为通过村民自治制度来达成村民的自我管理和自我服务。次生秩序往往不仅需要有一个外来的制度文本，而且需要与农村本身的状况联系起来，并以此作为基础。有两个方面的因素可以构成外来制度发生作用的基础，一是前述村庄内生秩序的力量，这种力量不仅可以构成内生秩序的基础，而且是外来制度发挥作用的基础。正是这个意义上，我们说现代与传统往往不仅不对立，而且现代以传统作为基础。二是强有力的国家力量保证了制度的实施，这种国家力量必须有介入村庄的途径。这方面的典型是村集体经济发达的村庄，村民积极关心村务，各种力量凭借正式制度的安排，介入村庄利益的分配。村干部为了减少自己承担的责任，也愿意依据正式制度安排来运作村务。

当以上两种村庄内生秩序的生产方式都不能正常进行时，村民的生产生活就会陷入无序的困境，这样村庄秩序的维持就不得不依赖国家的强制力，就是外生秩序。基层政府面对陷入内生秩序困境的村庄，往往会想出种种办法避免事态的进一步恶化：他们不得不帮助村民调解纠纷，以行政乃至法律的力量介入从前可能只需要舆论和道德力量解决的老年人赡养问题，组织村民合作兴修水利，抵制村庄内部不良风气的滋生等。

由此，可以列出图 7-1 所示：

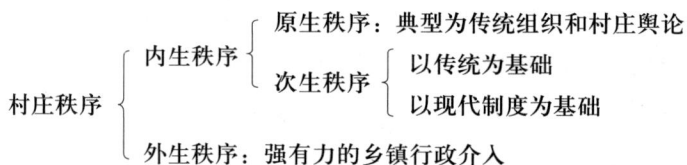

图 7-1　村庄秩序

（二）乡、村两级组织关系的类型

除了村庄自主生产秩序的能力以外，国家对乡村的影响与控制力对农村社会治理也非常重要，因此国家与乡村社会的关系是我们必须关注的一维。它在现实的农村社会治理中经常集中表现为乡、村两级组织的关系。

虽然从理论上讲，乡村关系被定位于指导与被指导关系，实际情况却复杂得多。即使从制度安排上看，乡镇行政①与村委会是指导与被指导关系，却与村支部是领导与被领导的关系。村委会和村支部在决定村庄事务时，往往是一套班子两块牌子，村支部在村庄中居领导地位，村支部书记是当然的一把手。村支部与村委会的关系，往往变成决策者与执行人的关系。

根据乡村关系实际状况，可以划分出三种主要的乡村关系类型。

第一种类型的乡村关系是强乡弱村。在村庄资源的分配中，乡镇居于强势地位，乡镇行政可以顺利地在村级实施政务，诸如计划生育、专项项目以及各种上

---

① 乡镇行政包括乡镇党委与乡镇政府，在当前中国农村政治的实践中，乡镇党委与乡镇政府总是合为一体的。

级要求完成的达标升级任务，只要村庄还有回旋余地，村庄大都会积极完成乡镇下达的各种任务。

第二种类型的乡村关系是弱乡强村。村庄或因经济实力强大或因内聚力极强而呈尾大不掉之势，乡镇行政难以在村一级顺利实施政务。

第三种类型的乡村关系是弱乡弱村。乡镇无法顺利要求村一级协助完成政务，村一级不仅无积极性来协助乡镇完成政务，而且不关心村务。在既缺乏乡镇约束，又缺少村民监督的情况下，村干部或无所事事，或大捞好处。

对三种类型乡村关系作进一步的比较就会发现，三种类型乡村关系往往与村庄自主生产秩序的能力有密切关系。具体来说，一个具有很强自主生产秩序能力的村庄，一定是一个高关联度的村庄，这样的村庄，在乡村关系中一定会表现为强村。在强村的压力下面，如果缺少来自工商业的财政收入或国家的转移支付，乡镇就会变得弱小，其结果就如前述弱乡强村的类型。而一个自主生产秩序能力很差的村庄，则因为村民不能合作，难以在乡村关系中占据主动地位。强势的乡镇往往能通过手头的资源让村级干部完成自上而下的政务，村干部几乎完全成为乡镇政府的"腿"，这些地方的村民自治于是呈现出过度行政化的色彩。

还有一些自主生产秩序能力不足的村庄，由于乡镇的资源有限，不能有效地调动村干部的积极性，村级组织处于消极甚至空转的状态。离开了村干部的积极协调，乡镇无力在村庄推行政务，无论办什么事情，除非乡镇干部亲自出面，否则就会被村干部们应付过去。乡镇有力使不出，使力不到位，最终成为弱乡，由此成为弱乡弱村的关系类型。

（三）村干部的角色

在农村社会治理实践中，村干部的角色定位是一件十分重要的事情。仅从制度上看，在村民自治制度背景下，村干部既是乡镇的代理人，又是村民的当家人。而将村干部作为一个行动者来观察，其动力机制和角色类型就比较复杂了。

村干部作为行动者，其行为的理由有二：一是获得经济性收益，即作为村干部可以获得功能性的好处，尤其是经济收入；二是获得社会性收益，即作为村干部，可以获得他人的尊敬，良好的人际关系，更广泛的社会交际网络及这种交际网络带来的愉悦、面子、体面感、自我实现的感受、政治抱负的达成等表达性的好处。

作为行动者的村干部的行为理由，与村庄内生秩序的能力有关。村干部的声望与面子，来自村庄内部细密的文化网络及由此而生的评价体系。具有内生秩序能力的村庄，往往也是可以自主生产价值的村庄。在这样的村庄中，村庄舆论与道德力量可以发挥作用，村干部十分在乎村庄内他人的评价，正是他人评价的好坏，决定了村干部声望与面子的大小。这种评价体系下面，村干部扮演的角色，不能不偏向村庄，而成为村庄保护型经纪。

如果村庄内的价值生产体系出现问题，村干部的声望和面子不足以构成村干部扮演何种角色的足够理由（即当声望与面子很重要，以致出现村干部为了声望和面子而抵制强有力的乡镇要求的状况），村干部是否可以获得经济上的利益，对于村干部扮演角色就具有很基础的作用。当村干部可以获得正当的经济上的报酬时，则村干部倾向于对制度负责，以保持这种经济好处的获取。这样村干部往往会倾向于作为乡镇行政的代理人。村支部与村委会的关系，可能会演绎成乡村关系的一部分；反之，村干部就可能会消极怠政。

二、农村社会治理的类型

根据村庄价值生产能力的强弱，农村社会治理类型可划分为三大类：一是村庄自主生产价值能力强的地区，无论村干部是否有足够的正当报酬，村庄必然具有较强的内生秩序的能力，并因此决定了农村社会治理的整体面貌为原生的内生秩序型的农村社会治理。而村庄自主生产价值能力弱的地区，则因为村干部动力机制和角色可以分为两种情况：第一种是村干部有足够报酬和动力的情况，因为村干部有正当的报酬，其对正式制度的反应较为敏感，乡村秩序可以正常维系，这种情况下的农村社会治理可以称为次生秩序型的农村社会治理；第二种是村干部既无社会性收益，又无经济性收益，其就很难有应对制度的积极性，而会成为消极无为的怠政者，这种情况下的农村社会治理可以称为无序型的农村社会治理。

（一）原生秩序型农村社会治理

展开来讲，就是村庄具有很强的原生秩序能力，这种原生秩序能力不仅表现在村庄提供公共物品的能力方面，也表现在生产价值的能力方面。因为村庄具有生产价值的能力，就使村庄精英为了获取社会性收益而愿意出任村干部，这些为了获取声望与面子而出任村干部的村庄精英，一定愿意充任村庄的保护型经纪。明显有损村庄长远发展的组织行为不可能在这类乡村出现。因为村干部在乎社会性收益，村干部正式的工资收入不会太高，灰色收入几乎没有，乡村关系较为温和，乡村干部之间的关系较为平等。乡镇负责人也较少表现出那种武断、粗暴型的气质。

这样的村庄里，传统的道德伦理规范维持得较好，民风较为质朴，村庄的公共性较强。村干部往往既是体制内的权力精英，同时也是民间精英，他们在处理村庄事务时经常能有效地借用村庄内生的道德舆论和伦理规范，村民之间的纠纷处理往往不出村。村庄具有较强的集体行动能力，村民能合作起来进行一定的内生性公共物品供给，并能很好地承接外来的公共物品资源。

（二）次生秩序型农村社会治理

展开来讲，就是村庄缺乏原生秩序的能力，村级治理状况较多受成文制度的决定。村庄缺乏生产价值的能力，村庄精英不能从村干部职位上获取足够的社会性收益（声望和面子）。不过，因为村干部可以获取较为可观的正当经济收入，村庄精英竞相争夺村干部职位。在村民自治的背景下，一部分村庄精英走村民直选的下层路线，竭力获取村民的支持，在协助乡镇行政工作时，不愿得罪村民，也不会因为乡镇的要求，过分损害村庄利益；而另一部分村庄精英则走上层路线，通过乡镇行政支持来获取村干部职位。这部分走上层路线的村干部与选举产生的村干部会在若干事务的决定与执行方面有所差异，但即使是走上层路线的村庄精英也不愿意冒着村民强烈抗议的风险，去做有损村民利益的事情。在这个意义上，即使走上层路线的村支部与走下层路线的村委会之间产生冲突，这种冲突也会表现得较为温和。

因为村干部有稳定的收入，乡镇行政要求村干部办理的政务，只要不是过于艰难，村干部一般都会照办。乡镇行政负责人在乡镇关系中处于较为主动的地位。村干部的行为因为有长远预期而较为稳健。

这样的村庄里，村庄自我管理形成秩序，提供相应公共物品的能力较弱，更多地需要借助外来力量，主要是国家的力量。村民之间的纠纷处理有时需要进入国家层面（如乡镇司法所、法庭）才能得到解决。

（三）无序型的农村社会治理

一旦村干部既不能获取社会性收益，又不能获取经济性收益，村干部职位就不再对村庄精英具有吸引力，成文制度如《中华人民共和国村委员组织法》，因为不再有村民对村干部职位的积极追逐而流于形式。乡镇行政面对消极无为的村干部，除了一再提要求以外，没有任何有效的办法促使村干部积极工作。除非乡镇行政事事亲为，否则不能在村庄实现任何有价值的政务。村庄大量的公共事务也不会有村干部出面主持。面对村民的抱怨，村干部几乎唯一的应对措施是不闻不问或者无限期拖延。

这样的村庄，往往是所谓的"空壳村"，甚至"瘫痪村"。村庄内部较为涣散无序，公共事务难以有效运作，村民之间的矛盾纠纷有时甚至需要"私力救济"来解决。

以上三种农村社会治理类型，尤其是后两种类型，是可以相互转化的。以当前中国农村社会治理类型的现实而言，从大概率讲三种农村社会治理类型基本分布如下：原生秩序型农村社会治理，如江西、福建的宗族乡村，徽州农村等；次生秩序型农村社会治理，这一类型的村庄比例最高，包括村集体经济较发达地区的农村或国家可以给村庄较多转移支付资金的农村，其典型如温州沿江地带的农村，城市郊区的农村，占有大量资源（煤矿资源、旅游资源等）的农村，国定贫困县的农村等；无序型农村社会治理，如农村税费改革后一部分村庄资源严重不足的中部地区的农村。

就当代中国农村的整体情况而言，随着市场化要素的渗入、农民的大规模流动和村庄边界的开放，村庄自主生产价值的能力正在快速衰落，村庄的村民越来越从村庄共同体中解脱出来而面向国家的法律和制度，村庄共同体本身也在迅速解体。从村庄共同体中解脱出来而面向国家的村民，虽然村庄仍然是他们生产、生活和娱乐的场所，也是他们获取人生价值的基础所在，但外来价值与制度正在主导村庄和切割村庄，而使村庄价值生产越来越受到外来因素的决定。其表现就是村民越来越不关心他人的评价好坏，村庄道德与舆论的力量越来越弱。这种情况下，原生秩序型的村庄正在越来越少。当村庄内生的秩序力量衰弱后，就需要国家的力量和资源及时进入，以保证农村社会治理的有效进行，否则将会有越来越多的村庄因资源、权威、规范体系的缺位而陷入无序，沦为无序型的农村社会治理。

小　结

农村社会治理的过程本质上是农村社会秩序的维系与再生产的过程。在农村社会治理中，治理主体需要动员相应的治理手段来协调不同利益主体间的利益诉求。农村社会的治理是通过嵌入在特定的制度结构与社会结构之中来实现的，它不仅受现代化宏观结构的影响，同时也受区域性的地方社会结构约束。在国家政策与农村社会内部结构的双重约束之下，农村社会治理在村庄基本秩序状况及其维系机制、基层权力精英（村干部）的角色与动力机制、国家与农村关系（具体表现为乡、村两级组织的关系）等治理结构上呈现出差异，而这种治理结构的不同又形塑出农村社会治理的不同类型。

思考题

1. 农村社会治理的手段有哪些?
2. 农村社会治理的内在机制主要包含哪些内容?
3. 比较原生秩序型农村社会治理与次生秩序型农村社会治理的异同。

 思考题要点

第八章　农村公共物品需求与供给

农村公共物品供给是关乎农民福祉、农村稳定与发展的重要问题。对此问题，经济学和公共管理学进行了大量的研究，他们更多的是从政府、市场等外部视角加以关注。而农村社会学的学科特色决定了我们更侧重于通过农村社会内部的视角，不仅关注公共物品的外部供给状况，还关注农村社会承接外部供给的机制，以及农村社会内生的公共物品供给能力。

名词解释

第一节　农村公共物品概述

农村公共物品是农村范围内为乡村社会居民所消费的带有公共物品性质的社会产品，是农民共同消费使用的区域性公共设施、公共服务的总称。从不同的角度，农村公共物品有不同的分类。农村公共物品对促进和保障农村社会发展、农业和农村经济发展和农民生活富裕幸福发挥着不可替代的功能。

一、农村公共物品的概念

公共物品是一个与私人物品相对应的概念，它是可以提供给每个人，而个人根据自己的偏好来选择是否消费的物品。与私人产品相比，公共物品具有非竞争性和非排他性，就是任何消费者对物品的消费不会影响其他消费者的利益。非竞争性包含两个方面的含义：第一，边际生产成本为零，即增加一个消费者对供给者带来的边际成本可以忽略；第二，边际拥挤成本为零，即每个消费者的消费不影响其他消费者的消费数量和质量，尽管是共同消费，但不存在消费中的拥挤现象。所谓非排他性，就是不能排除他人消费。例如路灯，能免费服务所有的行人；免费的农业气象服务，可以惠及所有的农民。

但是，在现实生活中，纯粹的公共物品是非常稀少的。公共物品中更多的是具有公共物品部分特征的产品。这些可称之为准公共物品或混合公共物品。公共物品的首要属性并不是非竞争性和非排他性，而是消费的公共性，即公共物品并不是为私人服务，而是面向公众的（未必是所有人），其目的在于满足公共利益，实现公共价值；所谓的非竞争性和非排他性是选择性成立的。在纯公共物品与私人物品之间，还存在着准公共物品，其中包括：一是"公共池塘资源产品"（common-pool resources goods），是指消费具有非排他性，但同时又具有竞争性的产品，如教育、林区、牧场等；二是"俱乐部产品"（club goods），是指消费共享，但在一定程度上会有排他性的局部私有公共物品，例如电影院、高速公路等。

农村公共物品是指在农村范围内为乡村社会居民所消费的带有公共物品性质的社会产品。农村公共物品是农民共同消费使用的区域性公共设施、公共服务的总称，它有利于保障农村社会稳定，促进农业生产和农村经济发展，提升农民的生活质量。农村公共物品往往是私人不愿意提供，并具有不同程度的非排他性、非竞争性。它既包括中央政府提供的覆盖全国的公共物品，又包括地方政府和农村组织提供的受益范围局限于本地区或部分外延到周边的地方性公共物品。

二、农村公共物品的类型

从不同的角度，我们可以对农村公共物品进行各种类型的划分。

首先，从公共物品属性的角度，农村公共物品包括纯公共物品和准公共物品。纯公共物品即具有完全的非竞争性和非排他性，例如，乡村行政组织的管理服务、农村义务教育、农村发展规划、农村信息系统、农村基础科学研究、大江大河治理、公共服务以及有利于农业、农村、农民发展的各种政策制度法规等。而农村中大多的公共物品是具有一定程度的竞争性和排他性的准公共物品。其中包括可以共同享用但却是排他的"俱乐部产品"，如村庄里的老年活动中心，全村老人都可以来使用，但它只对本村老人开放；某乡的中心小学，只招收本乡范围内的适龄儿童。准公共物品还包括具有一定竞争性但难以排他的公共池塘资源产品（又称公共资源），如村庄里的水库、林地等。

其次，从基本功能的角度，农村公共物品有四种类型：一是农村社会管理，主要包括乡村行政组织体系（即乡镇党政机关、事业单位、村委会和党支部等）的有效运转和乡村社会秩序的维持（维持的主体包括乡村行政组织体系和乡村社会自组织）。二是与农业生产和农村经济发展密切相关的基础设施和公共服务，主要包括水利设施的建设与维护，水资源的分配与管理；道路、桥梁、电网等设施的建设与维护管理；农业技术的推广与服务；农产品市场信息的提供；招商引资、牵线搭桥，劳动力的培训与就业渠道的拓展等。三是农民生活用的基础设施，主要包括农村交通、电力、网络、生活设施、村居环境等。四是农村社会服务，主要包括农村社会保障与社会福利、医疗卫生防疫保障、基础教育等。

再次，从供给主体的角度，农村公共物品可以分为政府供给、市场供给和个人与单位自愿供给三类。同时，以村社为边界，我们还可以将农村公共物品分为外生型供给和内生型供给两种：外生型供给主要依靠政府的力量和部分的市场力量进行供给；内生型供给主要是依靠村社内部的社会性力量进行自我供给。需要指出的是，由于农业是我国国民经济的基础并属于弱质产业，农村相对贫困，且农民居住相对分散，因此许多大宗的公共物品如道路、电网、电信系统、大中型的水利设施投入巨大，且有的项目利用率低，投资者难以靠收费收回投资，这就决定了这些大宗公共物品供给主体只能是政府。另外，对于广大农民的一些弥散性的公共物品需求，例如日常纠纷的调解、村级道路的维护、水渠的清淤等，外生型的供给极不经济，应该以村社内生型的自我供给为主。

最后，从公共物品的形态来看，农村公共物品可以分为物质形态的公共物品和非物质形态的公共物品。物质形态的公共物品包括诸多的桥梁、医院、电网、水利等基础设施和公益设施。而非物质形态的公共物品包括乡村行政组织有效的社会管理、社会公序良俗的维持、乡村文化精华的传承、公共娱乐和公共空间等，这些对于农村秩序的维护、社会的良性运转与发展、农民幸福感的提升，有着举足轻重的作用。

三、农村公共物品的功能

农村公共物品的功能就是满足农村社会的公共需求。这些需求涵盖面极广，包括农民的福祉、农业与农村经济的发展，以及农村社会的发展与稳定。

（一）农村公共物品供给有利于农业和农村经济的发展

农业是国民经济的基础，也是国家安全和社会稳定的基础；但是农业又是弱质产业，自然风险和市场风险高，经济效益低。因此农业生产需要国家特殊的政策倾斜，这种政策的倾斜最基本的表现就是增加农村公共物品的供给力度。农业的发展离不开农村公共物品的合理有效供给。在农业发展所需外部环境中，有很大一部分，诸如农村水利建设、农村道路建设、农村电网建设等是农村公共物品的直接供给。而农业自身发展也有赖于农村基础教育、农业知识培训以及农业科技推广普及、农业科研等方面的供给。在政府不能完全充分供给时，农民自己很难解决这些农村生产性公共物品的供给。因此增加农村公共物品供给，是农业经济发展新阶段的客观要求和必然选择。增加农村公共物品供给，既有利于调整农业发展方式，提高农业综合生产能力，促进农业生产效率和效益的提高；也有利于完善农村社会化服务，提高农业适应市场的能力与水平；还有利于加大农业资金投入的力度，加强和完善农村基础设施建设，提高农业资源利用率，保护农村生态环境，改善农民生活条件等。以上诸多方面都有利于促进农业的发展。

（二）农村公共物品供给有利于农村社会的稳定与发展

长期以来，为支持城市工业的发展，我国实行的是优先发展城市的倾斜型发展战略，农村公共物品供给严重不足。不少地方最基本的生产生活需要的设施和物资难以得到保证，环境脏乱差，水、电、交通、通信等基础设施匮乏。许多农村地区不仅农业生产的基础设施和公共设施严重短缺，人居环境也非常恶劣。总体说来，我国农村人居环境存在着如下几个方面的隐患：给排水和生活垃圾造成的环境安全隐患；饮水安全隐患；因人畜混杂、消防、防洪、卫生防疫而引起的公共安全隐患；因过境道路和没有村中道路而产生的交通安全隐患；以及因纵向规划不力而引发的社会不和谐隐患。同时，部分农村的基础教育、社会保障制度、医疗卫生体系也还很落后。这些都严重影响了农民的生活质量和农村的稳定。因此加大农村公共物品的供给，可以逐步改善农村生产生活的基本条件，从而有利于农村社会的稳定和发展。

同时，农村的公共物品还包括有效的社会管理、公序良俗的维持等非物质形态的公共物品。随着农民的流动，农村社会边界的开放，农村社会的内聚力下降，村社的权威体系式微，道德舆论体系松解，社会容易出现失序的局面。这些非物质形态公共物品的供给，将会有利于农村社会秩序与和谐稳定局面的维持。

（三）农村公共物品供给有利于农民生活水平的提高和福祉的提升

农村公共物品的有效供给，不仅可直接改善农民的生产生活条件，还能为农民提供更多更好的技术和知识培训，提高其技术和文化知识素质，从而增强他们适应市场和开拓市场的能力，增强他们外出务工经商和适应城镇化的能力，促进其收入的增加和生活水平的提高。同时，农村基础设施的不断完善还能有效改善农村投资环境，这也为农民增加收入改善生活提供了有力的保障。

此外还值得一提的是，在农村边界不断开放，农民不断流动，市场化因素不断渗入的背景下，农村社会原有的公序良俗遭到侵蚀，传统文化体系日渐瓦解。这会使得农民原先守望相助的互助团结解体，家庭与社会的和谐遭到破坏，农民的内心更加焦虑不安。农村公共物品的供给，尤其是各种非物质形态公共物品的供给，会有利于农民人心的安定以及家庭、邻里、社区关系的和谐与稳定，有利于农民幸福感的提升。

第二节 农村公共物品供给

新中国成立以来，农村公共物品的供给经历了三个阶段，呈现出三种不同的模式，为我们提供了非常深刻的经验和教训。通过对不同阶段的比较可以发现，影响公共物品供给绩效的，不仅有政府供给的资源总量，还有村社内生型供给的能力和农村社会承接外来供给的能力；而对后者的深入分析，是农村社会学的题中应有之义。

一、农村公共物品供给模式的变迁

新中国农村公共物品的供给，大致可分为三个阶段，即人民公社时期、家庭联产承包责任制到农村税费改革前和农村税费改革以来。

人民公社时期，农村基层相继建立起了农业技术推广、水利、经营管理等服务体系，且这一体系在组织上基本健全，功能上基本完善，对推动农业经济的发展，满足农民的物质文化需要，稳定农村的社会福利事业，起到了至关重要的作用。例如水利工程，今天在广大农村地区，许多可用的水利工程都是在人民公社时期建成的。据水利部 1980 年的总结材料，新中国成立后 30 年时间，全国整修和扩建了 16.5 万公里的堤防，普遍疏浚、整治了排水河道，开辟了海河和黄河的排洪出路；兴建水库 8.6 万座，667 公顷以上的灌区 5 200 多处，机电排灌动力 5 000 万千瓦，机井 220 万眼，全国水电装机 1 900 万千瓦，初步控制了普通洪水灾害。此外，过去黄河三年两决口，而新中国成立以来 30 年安然无恙，长江、淮河、海河、辽河、松花江、珠江等大江大河也多次战胜洪水。全国的易涝面积 2 300 万公顷，初步治理了 2/3；盐碱地 733 万公顷，改良了一半以上；灌溉面积从低标准的 1 600 万公顷，增加到 4 733 万公顷。[①]

人民公社时期的农村公共物品供给具有以下三个特征：一是在供给渠道上，既有财政渠道，又有集体经济组织渠道；二是供给方式是自上而下的；三是农民负担是隐性和间接的。

---

① 中国农业年鉴编辑委员会编：《1981 年中国农业年鉴》，农业出版社 1982 年版，第 433 页；转引自程漱兰：《中国农村发展：理论与实践》，中国人民大学出版社 1999 年版，第 265 页。

公共物品供给在人民公社体制下之所以能取得如此辉煌的成就，其根本原因在于人民公社政社合一的集权模式和"三级所有，队为基础"的集体经济体制，提供了动员广大农民所必需的政治、经济和文化资源。虽然国家直接提供的公共物品建设的资源非常有限，但是强有力的基层行政组织体系能高效地将农村社会的人财物资源动员、整合、使用起来，使得大量的公共物品通过内部自我供给的方式得以提供。因此这一阶段的公共物品供给实际上是以外部供给为辅，内生型供给为主。

在 20 世纪 80 年代初到 2003 年农村税费改革前的家庭联产承包责任制期间，农村公共物品供给基本通过税收与乡镇财政、"三提五统"①、共同生产费及其他各种集资摊派这三条渠道筹资，并按照自上而下的决策机制来进行。

这一时期的农村公共物品供给主要有两个问题：一是农村公共物品供给严重依赖于农民出资出劳的农民负担，国家所承担的责任过少。虽然在人民公社时期，这种情况也早已存在，但由于当时是"三级所有，队为基础"，负担以集体为单位，是间接和隐性的，农民并未直接感受到；而实行家庭联产承包责任制后，负担则成为以家庭为单位，农民的感受与反应强烈。同时，相对于人民公社时期公社强大的动员能力，这一时期乡政府的动员能力要低得多，基层政府组织不得不普遍采取了以交费的形式替代劳动投入的做法，使得农民的税费负担进一步加重。二是自上而下的决策机制使得农民对公共物品需求的偏好难以有效表达出来，从而使地方各级政府组织为了应付自上而下的考核任务甚至为了乡村组织或部门的利益，完成了很多与农民需求无关的项目。

因此，这一时期国家和社会虽然提供给农民一些较低限度的公共物品，某些领域的公共物品供给也得到了一定的改善，但是农民负担却不断攀升，不少地方甚至超过了农民的承受能力，且一些农村公共物品的供给是低效甚至无效的。

这一阶段的农村公共物品的供给模式实际上与人民公社时期基本相似，即仍然是以外部供给为辅，内生型供给为主。但是当实行家庭联产承包责任制后，农民的负担由隐性变成了显性，且基层行政组织体系的动员整治能力已经大不如人

① "三提五统"是农民向乡村集体组织缴纳的发展农村集体经济和社会公益事业的费用。"三提"包括公积金、公益金和管理费，是村集体经济组织依法从本组织成员生产经营收入中提取，用于维持村级集体经济组织扩大再生产、兴办公益事业和管理开发的费用。其中公积金用于村集体农田水利建设、购置生产性固定资产、兴办集体企业等生产发展所需；公益金用于村集体福利事业所需，如五保户供养、特困户补助、合作医疗以及其他福利事业；管理费用于村干部报酬和管理开支。"五统"包括乡村两级办学、计划生育、优抚、民兵训练、修建乡村道路等民办公助事业。

民公社时期，因此产生了较大的社会摩擦成本，且供给效率较为低下。这段时期农村公共物品供给的经验教训提醒我们，在农村整体资源仍然匮乏，且农村公共物品供给与需求矛盾极大的情况下，公共物品的主要供给方不能是农民和农村社会。农村公共物品供给，尤其是大宗公共物品的供给必须以政府为主，农村社区内生型供给为辅。

农村税费改革后，国家不再向农村提取资源，反而向农村输入大量资源，在此制度环境下，农村公共物品的供给状况发生了很大变化，其供给模式大致可以划分为两种：一是国家财政型供给，即由各级各类国家相关部门向农村划拨各种专项资金进行基础设施建设；二是村社自助型供给，即村社通过"一事一议"方式筹资筹劳进行的公共事业建设。由于村民自筹的资金常不足以应对公共事业，"一事一议"往往需要政府项目资金的辅助和配合，于是"民办公助""以奖代补"等国家财政补助形式便在基层大力推广开来。无论是国家财政型供给还是村社自助型供给，都直接或间接依赖于国家项目资金，各级各类部门都有自己的对口项目资金。因此税费改革以后，农村公共物品供给呈现出"项目制供给"的特点。[1]

"项目制供给"的特点：一是资金主要来源于国家财政；二是自上而下的决策，输入何种公共物品，公共物品输向何方，由各级政府部门决定；三是在供给渠道上，主要由各部门逐级下发；四是村庄往往需要通过"一事一议"对上级确定的项目进行资金配套。这种供给模式是在税费改革的大背景下出现的，国家希望以"国家财政+社区自助"的形式达成"两条腿走路"的均衡运作。但是在实践过程中，"一事一议"往往难以有效实施，不少地区公共物品供给状况并没有得到实质性改善，某些方面的供给甚至要差于税费改革前。概括起来，其不足之处主要表现在以下方面：

一是自上而下的决策机制无法有效表达农民的公共物品需求偏好，往往造成公共物品供给与需求的脱节，公共品建设没有规划性和延续性，导致公共物品供给的低效。

二是公共物品资源在各地的分布不均衡。一些财力资源、关系资源和村庄内部整合动员能力强的地方，较易获得项目资源；反之，则在公共物品供给时很容易被忽略，形成"马太效应"。

三是项目资源在输入过程中容易产生较大的流失。在存在较严重的腐败和较

---

① 罗兴佐：《农村公共物品供给：模式与效率》，学林出版社 2013 年版，第 22 页。

强的地方灰黑势力的地区，这种情况容易发生。其结果是不仅影响了供给效率，还会侵蚀政府的合法性，甚至资源的输入还可能会激活、壮大地方的黑恶势力。

四是某些公共物品供给项目虽符合农民的需求偏好，但在操作过程中却由于社区组织资源日益匮乏而无力克服内部成员"搭便车"的行为，从而不能筹集到"一事一议"款等配套资金，或不能让公共物品发挥应有的效用。①

这一阶段农村公共物品供给主体的结构与前两个阶段完全不同，即供给的资源以政府提供为主，农村社区内生型供给为辅。这扭转了税费改革前农村公共物品供给资源严重匮乏的窘境，但是供给效果依然不十分理想，最突出的问题就是供给效率低下。究其根本，在于虽然公共物品外部供给的资源有了极大的改观，但是乡村行政组织体系的动员整合能力已经远不如前两个阶段，村社共同体趋于解体，村社内部承接外来公共物品的能力，以及提供内生型公共物品的能力大大下降。

通过对不同历史时期农村公共物品供给模式的梳理，我们会发现影响公共物品供给状况的因素，一方面取决于国家与社会的资源总量，另一方面还取决于资源的来源渠道和决策机制。通过农村社会学的视角，我们会发现，在既定的公共物品供给制度环境下，在政府给定的公共物品供给资源总量下，农村社会内部的内生供给机制和对外来供给资源的承接机制，对农村公共物品供给的绩效有着非常重要的影响力。

二、社区内生型公共物品供给

自古以来，农村社区内部自身就有一定的公共物品供给能力，我们称之为社区内生型公共物品供给。例如在古代社会，在不少家族性的社区内部，设有"族田""义庄"，用以接济贫穷，赈恤孤寡及协济族人读书应试；许多地方中小型的农田水利设施建设、道路桥梁学校等公共物品均由社区内部自我提供。新中国成立以来，尤其是农村税费改革以后，国家虽然在不断增加对农村的资源投入，但仍不可能包揽农村社会的公共物品供给，例如渠道的日常清淤维护、社区环境卫生的保持、民间日常纠纷的调解和社会公序良俗的维护等。村庄社区内生型的公共物品供给有着无法替代的重要地位。

社区内生型公共物品供给的发生，需要社区内部具有较强的内聚力和集体行

---

① 例如许多地方花巨资修缮了水渠，但村庄内部平时却无力组织农民进行水渠的维护与清淤，使得水渠的灌溉效率非常低下。

动能力，需要社区成员之间具有较高的认同，还需要具有共同的道德规范舆论价值体系和社区权威。因为内生型公共物品的常态性提供，绝不能仅仅依靠少数几个富裕的积极分子、大户，而是需要广大社区成员内部具有强大的向心力、道德感和对少数违规者的惩戒机制。例如在中国传统社会，乡土社会内部的习惯法，可以惩罚那些违规的农户，甚至在一些地方，村庄还能将违反村庄道德的村民进行体罚乃至处死。现在有些地方，村庄内部也还有着较强的道德舆论机制，能对那些"搭便车"、破坏村庄合作与规则的人污名化、标签化与边缘化。这种惩恶扬善的机制能较有效地将村民整合起来进行公共物品的内生供给。

社区内生型的公共物品供给，基本离不开农民的合作行为，这就要求合作的规模不能太大。按照集体行动的逻辑，集体的人员越多，规模越大，希望"搭便车"的人就可能越多，集体行动的难度就越大，合作形成的可能性就越小。在中国传统社会，农民在水利上的合作大多发生在自然村的范围内。人民公社初期，由于经验不足，片面强调"一大二公"，形成万人左右规模的公社为基本的合作单位，结果导致了管理混乱失效，造成了巨大损失。后来国家总结教训，及时作出调整，实行"队为基础，三级所有"的体制，以生产队为管理单位，即生产、分配、合作的范围控制在三五十户左右的"熟悉"的社会之中，就使得效能大为提高。

另外，社区内生型公共物品供给，还要求社区是稳定的，内部的流动性不高，成员的生活面向在村庄之内，能够形成对未来的稳定预期。我们在日常生活中会发现，车站和旅游景点的商店最容易发生宰客行为，那是因为交易的双方之间是"一锤子买卖"，是单次博弈；而在村庄或者住宅小区内的店就很少宰客，那是因为双方的交往是稳定的，是多重博弈。同样的道理，在一个稳定的社区内部，社区成员之间都是多重博弈的关系，因此极端的违规，破坏合作的事情便不容易发生。中国传统的村庄里，人们"生于斯，长于斯"，世世代代生活于此，社会流动极少，彼此知根知底，日常的生产生活中也需要彼此之间经常进行互助合作，守望相助，因此村庄的集体行动能力很强。这种状态一直持续到20世纪末大规模的农民外出务工之前。这构成了社区内生型公共物品供给的重要基础。

社区内生型公共物品供给的范围涉及广泛，不仅包括各种农田水利基础设施建设，在农村内部纠纷调解、公序良俗的维护等方面更是具有其不可替代的作用。在传统中国农村以及当下一些传统组织资源保持得较好的村庄，村庄纠纷主要依靠民间权威解决。而今天在大多数的农村地区，民间精英和村组干部在纠纷解决中依然发挥着重要作用。例如陕西的关中地区，纠纷（尤其是家庭和家族内部的纠纷）首先在家族层面解决，家族解决不了的，村组干部出面解决，大多数矛盾在村庄内部都能得到解决。而在不少家族组织资源保持得不够完善的地方，调解民间纠纷则成为村干部最主要的工作之一，村民们遇到邻里纠纷和相当部分的家庭纠纷都是找村干部解决。

村庄内生型的公共物品供给具有明显的优点：

一是农民很容易表达出自己的需求偏好。农村社区是个"熟悉"的社会，广大社区成员都十分清楚公共物品供给可以为自己和其他人带来什么样的实际利益。自古以来，农村社区就形成了进行利益表达的内生机制。而今天，用村社民主的方式来表达村民的需求偏好，更是使得利益表达的内生机制具备了制度化的保障。村民自治，尤其是其中的村民代表会议制度，是国家为农民提供的在村社范围内进行公共物品需求偏好表达的制度安排。

二是内生型的公共物品供给效率较高。这不仅由于内生型的公共物品能很好地体现农民的需求偏好，还由于这些与农民生产生活密切相关的公共物品，大部分都是以地缘为基础进行供给，比如水、电、路等。同时，农民的承包地也基本是以村、组为单位进行平均分配的。作为农村公共物品主要内容的农田水利和乡村道路，正是在集体土地的基础上进行建设的。在全国大多农村地区，农田灌溉的水系在规划建设时，往往都考虑到乡、村、组这一套行政性组织布局的因素：一个村民组，往往不仅是一个集体经济组织，还可能就是一个灌溉单位，全组成员共享一个水利系统。农村公共物品供给单位与村社组织的重合，使村社内部较容易一致行动，这是公共物品供给效率较高的一个重要体制性保障。

三是内生型公共物品供给的成本相对较低。由于内生型公共物品供给时使用的都是村社内部的资源，这些资源使用成本较低。例如当村民自发组织起来出资出力修路时，村庄内大量潜在的、用于闲暇的劳动力资源就被调动起来，以劳动力替代资金；平时没用的一些碎砖碎瓦石子也能得到充分使用，这样就能大大节约修路成本。又如，民间纠纷由村社内部的权威精英进行调解，完全都是免费的，而不似对簿公堂打官司那样劳民伤财。总之，人们在进行内生型公共物品供给时，往往能高效挖掘、整合、利用社区内潜在、分散、闲置的各种资源，在较大程度上以此替代农村里稀缺的资源——资金，从而降低成本。

四是内生型公共物品的供给，有利于增强社会资本，维护村庄共同体。内生型公共物品的生产与供给不仅能解决人们生产生活的诸多现实需求，还能使村民之间产生较为频繁、密切的互动，由此能筛选、造就村庄精英，形成维系着村庄的价值规范，拉近村民之间的心理距离，维持村庄的认同与凝聚。而村庄内聚力与社会资本的增强，又会进一步增强公共物品内生性供给的能力，由此形成正反馈。

内生型公共物品供给最大的难题是如何有效克服"搭便车"，促成集体行动。有研究曾表明，在社会关联度较高的村庄之中，村民常群体性地运用软性惩罚的方式（如标签化、污名化、边缘化）对合作行为中的搭便车者进行惩罚；在社会关联度中等的村庄，村庄社区内可能以情、面子（如公开指责、当面批评）来对搭便车者进行惩罚，但由于村庄内规范的约束力不高，其效果往往不如前者；而在社会关联度低的村庄，则只能以个人为单位，或以牺牲自己利益或通过引入暴力资源来惩罚搭便车者，这种刚性的惩罚方式虽然可能有效，但需要支付高昂的成本与代价，因为发生的概率较低。

20 世纪末期以来，随着农民的大规模外出务工经商和市场化因素的深度进入，农民的流动加剧，村庄的边界不断开放，村庄社会关联越来越低，大多地区村庄作为一个共同体的内部凝聚力已经趋于解体，村庄社区对内部的越轨者进行惩罚的能力越来越弱。现代的国家法律侧重于维护和保障个人的权利，每个村民都知道利用法律来维护自己的利益。这种情况下，村、组干部以及其他的内生性组织在面对那些搭便车的农民时，往往显得无能为力，他们不敢因为惩戒搭便车者而去公然违反法律。同时，现在村庄的边界不断开放，人员和信息高度流动，农民的生活面向已经在村庄之外，已经更倾向于在城市找到自己的社会归属，他们已经越来越不在乎村庄内部的舆论约束，甚至越来越不忌惮于被村庄污名化、边缘化。这些都使得村庄无法再有效地惩罚违规村民。

因此，能够有效进行内生型公共物品供给的，基本都是传统的组织资源和文化资源保存得较好的地方；而这样的地方随着农民的流动、村庄边界的开放和村社共同体的松解也越来越少。

三、社区承接外来供给的能力

外部力量可以向农村社会输入资源进行公共物品供给，但却往往无法直接满足以村社为基础的农村公共物品的复杂要求。在外部的公共物品资源向社区输入过程中，需要社区内部具有承接这种外来供给的机制。社区承接外来供给的能力，直接影响着公共物品供给的效率。

在外部公共物品资源输入的过程中，村社内部起码应该具备以下能力，才能有效承接这些资源。

一是能在社区成员中筹集相关的配套资源，这需要村社内部具有很强的组织资源和文化资源。例如进行"一事一议"资金筹集时，往往会出现企图"搭便车"的人，如果没有强有力的组织、精英和道德舆论体系对其行为进行制约，就可能会导致少数人的"搭便车"行为引起村社内部的连锁反应，使"一事一议"无法完成，从而使得村社公共物品供给处于短缺状态。

二是能够为所有村民提供利益表达的机会，整合全体成员的利益诉求，准确表达偏好。例如用于建设农村公共物品的资金，如果不经过村社内部讨论，或者并无强有力表达偏好的能力，则可能会被一些人滥用。在有些地方就曾出现过基层政府将公共投资用于政绩工程，搞花架子，甚至中饱私囊的现象；或者少数强势的社区成员为了自身的利益，让公共物品不能惠及本来可以惠及的更多的人。这些都使得公共物品供给处于低效甚至无效状态。

三是公共物品的供给中可能会导致部分成员的利益绝对受损或者相对受损，社区要有较强的平衡各个利益相关方的能力。例如，在给村庄修路时，可能会征用到一些村民的耕地，原来在很多地方会在来年对耕地进行调整，让社区成员的土地重新回到均分状态（有些村社还掌控一定的公共土地，则可能会从中划拨补偿的耕地）。而在2002年《土地承包法》出台，很多地方进行承包地确权后，村集体组织从法律上无权再对农民的承包地进行重新调整，这就对村社的平衡能力提出了挑战。又如，要修的村路只能解决村内部分成员的出行问题，未被惠及的村民就可能会产生相对被剥夺感，那么村路的路线如何选择，或者今年先修哪条，以后再争取项目修哪条，这就需要各方协调平衡。这个问题解决不好，可能会让村社内部陷入无休止的争吵之中，乃至最终导致项目的搁浅。

四是要有能力组织社区成员对公共物品资源进行有效的维护和管理。国家或其他村社外部力量可以进行公共物品供给，却往往不会再出钱出人进行维护管理，这就需要村社成员能够组织起来进行介入。例如有的村庄在争取到修路项目后，村里一些德高望重的老人就自发组织起来，成立修路的监事会，防止偷工减料和贪污；道路修好后，他们又能维护管理，不让超重的卡车通过。又比如，在有些地方，国家出钱在村内修了4条防止内涝的排水管道，但是平时却无人管理，村民会把秸秆、垃圾倒入其中，形成淤积，最终使得村庄在夏季的暴雨后形成内涝，导致玉米大量减产。村社的组织能力不足必然会导致公共物品"重建轻管"，导致其不能发挥应有的效用。

五是有些公共物品在施惠于农户时，需要社区基层的组织体系作为枢纽进行有效对接。外部供给的公共物品资源往往可能无法直接对接千家万户的小农，这势必需要有健全的基层组织体系网络来进行衔接，只有这样，才能保证相关公共物品供给的交易成本足够低廉。例如，国家的农业技术服务体系在 20 世纪 90 年代之前之所以能较高效率地运转，很大程度上就得益于强有力的村集体组织。否则一个乡镇范围内，单凭几个农技员，怎么能服务上万的农户——无论是新技术推广，还是畜牧防疫、农作物病虫害测报等服务，都是靠村组干部进行推动操作。

因此，与社区内生型公共物品供给一样，社区承接外来供给的能力主要取决于社区内部的社会关联和内聚力，取决于社区内部既有的组织资源和文化资源。下面我们通过对农村水利建设工程的分析，来进一步理解乡村社会内部的承接能力是如何影响外来公共物品的供给效率的。

水利建设是个涉及面非常宽的系统工程，它不仅有赖于国家有力的投入与供给，还需要农村社会具备匹配的社会基础与对接机制。水利设施最终都是需要面对千家万户的小农，直接作用于地权细碎化的耕地之上。这是当前中国水利建设必须直面的大前提。水利设施发挥效用需要水利与农户、大水利与小水利、水权与地权、建设与管理等多方面的有机衔接。如果这些方面的衔接存在问题，必将使得农村水利建设出现"缺榫困境"，大规模的农田水利建设势必会出现事倍功半的危险。

我们先来看看农民的状况。农户曾经是农田水利的主要供给主体，而今这样的局面已经一去不复返。首先，随着务工收入在家庭收入中越来越占主导地位，土地以及服务于土地生产的水利对农民的重要性已日益下降，因此他们对农田小水利进行资金和劳力投入普遍缺乏积极性。其次，农户的社会分化与社会流动大大增加了其组织成本。再次，农民权利观日益膨胀而义务观却相对缺乏。最后，农民的村庄预期已经发生了明显的变化，影响了他们参与水利建设和水利管护的积极性。这样的现实使得国家设计的"一事一议"制度和农民用水者协会在大多地方无法发挥作用。

我们再来看看基层组织的状况。农村税费改革以后，农田水利的组织困境，最重要的表现在于乡村两级失去了统筹能力。近年来农村基层政府财政匮乏，且农田水利的好坏、农业生产绩效与地方政府自身利益的相关性越来越低，因此地方政府在面对农田水利问题时便越来越机会主义。他们追求的往往不是建立、完善一个农田水利体系，而是仅仅力求在最近几年内"不出事"。此外，村民组是"三级所有，队为基础"机制的底盘与基础，但目前全国大多地方的村民组建制虽然保留着，但是村民组长却被取消，这势必使得村民组趋于名存实亡，农村的基本灌溉单元也随之解体。当基层组织丧失了统筹能力时，日益"原子化"的农民更是无法形成集体行动。这就造成了水利无法与千家万户的小农对接，即大水利与小水利的对接困境。

当前的水利工作往往缺乏整体的视野，将大水利与小水利分割开来，导致农田水利很难真正发挥效用。小水利与大水利是一对互补关系，且小水利应服从和依附于大水利，形成"长藤结瓜"式的水利系统。只有大水利这个"藤"保证水源，"瓜"中方能有水。由于村社组织退出共同生产事务，不愿在组织农户与大、小水利的对接上发挥作用，村社集体作为一个灌溉单元迅速解体，这导致了基本的灌溉单元下降到户。与户相适应的灌溉方式是打井和挖堰，条件好一点的是在小河中筑坝拦水，用潜水泵抽水。这正是当前不少农村农田水利的发展方向。在大、小水利已经脱节的情况下，越来越多的小水利不仅无法从根本上解决灌溉困境，反而进一步切割了大水利的系统。此举不仅增加了农业的成本和风险，还导致大中型水利设施因长期无法使用而出现"用进废退"式的毁损。

另外，水权与地权的对接困境。水权具有统一性和公共性的特征。因此，水权的集体性只能通过地权的集体性来实现，即土地上的集体权利保障了水利的公共性。而一旦土地丧失集体属性，即基层组织丧失对土地的调配能力，那么地权就会在很大程度上将原本完整的水利系统切割开来，严重影响水利的效用。虽然土地经营者可以通过协商进行水利上的合作，但是对于中国农村成千上万的小农经营者而言，这种协商成本将无比巨大以至于水利上的合作将非常艰难。而当前农户的承包农地细碎化，并且互相插花，基层组织对于土地利用的调配能力弱化，这导致了农田水利的成本大大提高，效率大为降低。这样，国家和集体在千家万户的耕地上进行水利建设和管护、维持水利统一性的能力也近乎瓦解。

从前面的分析及案例中我们可以看出，外来的公共物品供给往往无法直接高效地面对一家一户分散经营的小农，这就需要乡村组织和村社集体具有较强的统筹和整合动员功能，从而实现外来公共物品与千家万户小农的有效对接。

第三节　农村公共物品供需均衡

农村公共物品供需均衡的实现，不仅需要相关政策制度的完善来增加国家和市场等外在的资源供给总量，还需要撬动农村社会各个领域的资源进行公共物品的内生供给，并提升村社承接外来公共物品供给的能力。虽然随着新农村建设的展开，国家财政不断加大了对农村公共物品供给的投入，但是在今后相当长的时间内，国家无力包揽农村所需的所有公共物品供给；农村中带有较强社区性的公共物品还需要农民参与其中，并为之提供必要的人财物资源。在当前这些社区性的公共物品供给过程中，最大的困境就在于社会组织资源匮乏，这使得社区虽可以清晰表达出其对公共物品需求的偏好，却无力实现相关的供需均衡。为此，我们必须准确地理解农村公共物品的需求特点；同时在这个基础上，通过乡村社会内部的组织体系建设和社会建设来提升公共物品的供给能力和使用效率。

一、当前中国农村公共物品的供需特点

要实现中国农村公共物品的供需均衡，必须要认清楚农村公共物品供需所处的社会大背景；同时还必须站在农村社会内部的视角，理解农村公共物品供需的基本特点。

农村公共物品供给所处的背景有三大特点值得我们关注，它们构成了农村公共物品供给的硬约束：

一是中国是个有着近 8 亿农村人口的大国，众多的农村人口和广袤的农村土地，使国家难以为农村提供完善的公共物品供给。这一点正是中国的新农村建设与日本、韩国和我国台湾地区在 20 世纪六七十年代开展的农村建设所根本不同的。他们在开展农村建设时，其农村人口不足总人口的三分之一。中国目前仍然是个发展中国家，国家虽然可以为农村提供越来越多的财政转移资金，但完全依托国家财政来解决农村的公共物品供给，可能性很小。

二是中国农村土地广袤，农村人口密度不如城市高，农业效率不如工商业高，依托于农村土地之上的农村物质性公共物品，相对于城市而言具有不经济的特点。正如有人认为的，作为农村主要物质性公共物品的基础设施这个概念是应城市经济要求而来的，密集的人口和频繁的交易是建设昂贵基础设施的动因。

三是中国农村区域发展不均衡，地形地貌、气候、种植结构和经济结构差异极大，农村社会的这种非均衡性使得不同地区农村对公共物品的需求相当不同。举例来说，华北平原的干旱作物地区，农田灌溉可以依托机井进行，机井灌溉相对于渠道灌溉更容易排他，从而更容易通过市场化的机制来操作。而南方水稻耕作区的渠道因为更难排他，而更需要有防止"搭便车"的制度安排。

这三大特征中的前两点，就使得国家在可见的将来，很难有足够的财政能力，包揽下所有的农村公共物品供给，这就要求农村居民或农村社区作为农村公共物品供给的主体之一还要发挥相当重要的作用。而第三个特征则进一步凸显了在农村公共物品供给中，必须充分发挥农民或农村社区的主体性力量，必须建立起可以表达不同地方农民公共物品需求偏好的机制。

而站在农村社会内部的视角，我们会发现，农村社会里的公共物品供需具有季节性、阶段性、临时性、分散性等特点。

所谓季节性，是指农村公共物品供需是与农业生产的季节特点联系在一起的。春季插秧，夏季灌溉或排涝，秋季收获和冬季农闲（因此容易出现偷盗等治安案件、火灾隐患）。在不同的季节里，农民对公共物品的需求自然有所不同，相关公共物品供给的侧重点也因之有所区别。同时，公共物品需求的季节性特征也要求相关公共物品的供给必须及时：比如虫期到了，农技人员必须及时指导农民治虫；该浇灌的时候，水库必须立即放水，等等。

阶段性是指一些农村公共物品的需求与供给往往必须在一个给定时间内加以解决。比如教育的"普九达标"，某个阶段集中推进的农村公路"村村通"工程，新农村建设中集中力量进行的村庄规划整治，农村新型合作医疗的推进等。这里所说的阶段性需求，并非指该需求仅仅在某个阶段才存在，而是说，在某个阶段，这种需求显得尤为迫切。阶段性供给，集中力量解决某方面的公共物品需求，成为一个时段里的"中心任务"。

临时性则是指因为一些突发事件而引发的公共物品的需求与供给。例如"非典"、禽流感出现后所进行的排查、防疫、治疗、处理；台风、洪水、冰雹、泥石流等突发自然灾害后的灾民安置、卫生防疫、组织帮助农民抢种抢收；突发的恶性社会治安事件后的社会秩序维持等。

分散性一方面是指由于农民分散的居住形态而导致的公共物品难以集中高效供给；另一方面则是指在市场经济条件下，农村传统的连带关系解体，农民日常生活中产生了诸多弥散性的公共物品需求。在中国农村地区，有的地方农民是集中居住在村落里，还有的则是散居在"三家村"之中。这种散居的状况使得公共物品供给的成本大大增加，效率极低，例如水、电、路、电信网络等的建设。现在有些地方为了解决这个难题，不得不花费巨大资源动员散居的农民移民搬迁，集中居住。20世纪末，随着农民的大规模流动，农民的生计模式和家庭结构发生变化，农村的社会关联不断松动，原先大家庭内部和村社集体内部的合作解体，随之产生了一些新的弥散性的需求，如农村空巢老人的照料、留守儿童的教育、社会秩序的维持、传统习俗的保持等。

鉴于农村公共物品供需的这些特点，由于国家的财力所限，在今后相当长的时间内，国家无力包揽农村所需的所有公共物品供给；农村社区内部较难进行内生型的供给，也不能高效地承接外来的公共物品供给。这种情况就势必要求我们更加关注农村内部的组织建设和社会建设，如此才能更有效地促成农村公共物品的供需平衡。

二、乡村行政组织体系与公共物品供需均衡

自从新农村建设开展以来，国家不断增加对农村社会公共物品供给的资源投入，但是，国家如何投入资源到农村，通过何种途径才能最有效地使投入农村的资源发挥作用，并在此过程中撬动农村社会各个领域的资源进行公共物品的内生供给，这需要我们对乡村社会内部的行政组织体系、村社自组织体系和社会文化体系进行有效的建设。

乡村行政组织体系，由乡镇党政组织，具有一定执法权和公共服务功能的乡镇站所，以及村支部、村委会这三大部分构成。在农村公共物品供给和其他的乡村治理实践中，这三大部分常常是捆绑在一起，相互支撑，构成一个强固有力的组织体系，它是维系农村秩序，促进农村发展的有力工具；离开了任何一方，农村基层的行政架构都会显得非常孱弱。

中国正在进行着高速的现代转型，广大的小农正面对着市场经济的汪洋大海，这就使得农民和农村社会存在着较大的社会风险。在这样的社会背景下，乡村行政组织体系是农民及国家可以依托的基础性力量，是农村社会中最重要的公共物品。离开强有力的乡村行政组织体系，不仅新农村建设无从谈起，而且中国的现代化转型中可能出现的各种风险也难以应对。因此建设坚强有力、结构合理的乡村行政组织体系，是农村公共物品供给中要解决的重要命题。

作为国家与庞大农村社会打交道的最基层单位，乡村组织必须能有效地面对千家万户小农。国家的整体性资源有限，农村幅员辽阔，差异性极大，希望农村公共物品完全由国家供给不切实际；同时，农民数量庞大，现金收入很少，且在农村的人财物不断流入城市的背景下，想建立一个高度社会化和市场化的公共物品供给体制也是没有可能的。因为农村"熟悉"的社会与现代制度之间天然存在着紧张关系——现代制度是以现代商业社会为基础来设置和安排的。相对于城市工商社会，农村社会里的公共物品需求更具有季节性、阶段性、临时性、分散性等特点，如果严格按照科层体制，按专业化分工的要求来面对具有这样特点的公共物品供给，就会出现低效率的问题。而在乡村社会的现实处境下，基层政府组织在长期的实践中形成了综合性、运动性、乡土性的特点；这些特点是其有效性与合理性的前提，是农村基层工作者普遍的理性选择和智慧的体现。考虑到小农经济和村庄将长期存在，简单地依赖西方科层制化的福利国家模式，不见得能够解决政府转型中的实际问题。因此，建设高效的乡镇行政组织体系是保障农村公

共物品有效供给的必要条件。

农村基层工作中有这样的说法："上面千条线，下面一根针。"这是指在中央和省、市、县各级，各种政策任务和部门行为可以分成条条向下布置贯彻，到了基层却很难再细分成不同的条条，而往往是一个相对分工不清的块块，是一个党政不分、乡村不清、政事不明的块块。这就形成了乡村基层行政组织工作的综合性特点。在农村社会，这并不是缺点，反而是一大优点，因为这正是与农村社会公共物品需求的季节性、阶段性、临时性和分散性相适应，能让乡村行政性组织有能力在较短的时间内集中相当的资源力量，并且能以较低成本来解决农民的需求。

离开乡村行政组织体系，仅依靠县和县以上的行政组织直接与农民打交道是完全不切实际的。乡村以上的组织既无法掌握农村的信息，从而不能对症下药，又不可能有如此庞大的人力资源。同时，乡村以上的组织直接与农民打交道，效率也十分低下，凡是那些村庄内部不太规则，不很常规，细小琐碎，具有突发性、临时性、偶然性，要联系到一家一户具体实际的事务，都很难离开乡村干部来独立完成任务。因为村庄社会是"熟悉"的社会，国家必须通过一种力量进入到"熟悉"社会内部，与"熟悉"社会联结起来，公共物品的供给才可能顺利完成。乡村基层干部正是这样一支有效的力量，他们生活在村庄这个"熟悉"的社会中，不仅可以低成本地掌握村庄内部的各种信息，而且可以有效地将自己掌握的自上而下的信息有针对性地传递到村民那里。否则，国家力量难以介入到村庄社会，或介入进去不经济，就会导致农村社会内部的离散力量和无序化，最终不只是影响公共物品的供给，而且会严重损耗村庄内部的一致行动能力。因此，乡村行政组织是农村公共物品供给中最关键的枢纽性力量，是乡村发生危机时可以随时动员起来维持基本秩序的"灭火器"。

同时，乡村行政组织体系这个肩负着重大责任的公共权力，本身就是农村社会最重要的公共物品，必须由国家来建设健全，而不能简单地将其应该承担的公共服务方面的职能剥离出去，推向市场和社会。因为中国农村基层社会的一个特征就是公共物品需求极具复杂性，且农村的市场化程度低，是市场力量的边缘地带。市场化的公共服务存在着服务供给方与服务接受方的严重信息不对称、短期服务与长远规划的不衔接、公共服务供给市场本身不完善和不完全等严重缺陷。乡村行政组织体系在保障农村公共物品供给、维护农村的稳定和实现农村社会发展方面有着市场和社会无法替代的重要作用，必须要建立健全与农村社会结构相匹配的乡村行政组织体系。

三、乡村社会建设与公共物品供需均衡

乡村社会建设包括村社组织的建设和农村文化建设。通过这两方面建设，可以增强社区组织资源和社会资本，从而强化农村社区性公共物品的供给能力，有利于公共物品供需均衡的实现。

在中国现代化的进程中，村庄是村民生产人生价值和意义的基本场所，是不能真正移民城市的人们世代的居所，也是他们未来的归处。强有力的村庄共同体，不仅生产着村民的人生意义，而且因为创造了认同，减少了村庄内部的矛盾，降低了公共物品的交易成本，从而可以降低村民生产生活中的风险，提高村民应对生产生活危机的能力。

村庄本身不能有效运作起来，村庄物质性和非物质性公共物品供给严重不足，村民即使富裕，他们也无法建立其村庄生活的意义，这对于短期甚至长期内无法在村庄以外建立生活意义的农户来说，是不可忍受的福利净损失。村庄权力不足将导致村社公共物品供给不足，进而会导致村社在物质、文化和社会的全方位衰败，从而导致村社层面的全面福利的净损失。

建设村庄共同体是新农村建设的根本目标。新农村建设就是要通过村庄共同体的建设，增进农民在社会、经济、文化和环境方面的净福利；它不能单纯以经济收入来估算农民的福利水平，而是要站在农民主体的角度，关注他们的主观幸福感，提供改善农民处境的办法；这就是既强调农民个人的权利，又强调村社本位，看到村庄共同体建设对于从经济、社会、文化等全方位改善农民福祉的不可替代的基础性作用；这亦要求在中国现代化进程中，以村庄建设为基础，将中国农村建设成为"稳定器"和"蓄水池"。

建设村庄共同体，首先离不开村庄组织的建设。所谓村庄组织，这里是指带有集体经济色彩的村委会和村经济合作组织。村庄是中国农村极其重要的单位，是农民生产、生活和娱乐三位一体的场所。村庄一级的公共物品供给状况，直接决定着农村的基本生产和生活秩序。在理想状态下，村庄组织具有"统"的功能，能为分散经营的农民提供一定的共同生产服务的功能，能将分散的小农组织整合起来形成集体行动。但是税费改革之后，绝大部分的村庄组织由于缺乏集体经济实力，无力甚至也因之无心组织农民、进行公共物品供给。其原因主要有以下几点：

第一，村庄组织作为集体土地权利的所有者，事实上不能从拥有集体土地权力中获益，土地所有者的权力被相关政策虚化了。

第二，村庄集体经济十分薄弱，大部分村社是名副其实的"空壳村"。

第三，村庄组织几乎没有任何收入来源。取消农业税后，国家给村一级一定的转移支付，主要用于村干部的工资支出和必要的办公支出，几乎没有机动的开支。

在没有集体收入的情况下，虽然村庄范围内的农户可以准确表达出其对公共物品需求的偏好，但村庄组织却有心无力，无法进行公共物品的内部供给。

国家应该采取措施做实村庄组织，其中最直接有效的办法就是给村庄集体注入资金、资源。国家现在每年都通过各种管道，以各种形式加大支农资金的投入，之前采取的方式基本都是直补到户，今后新增的支农资金可以考虑直补到村。如果国家每年按照人口和耕地面积，给村庄以定额的公共事业建设补助，则村庄就可以用这笔定额补助作为建设村社公共物品的基础资金；而村庄在使用这笔资金时必须严格按照"少数服从多数"的民主原则进行决策。这样，村庄组织就可以逐步解决农民最迫切需要的公共物品，并最终使那些严重影响农民生产生活秩序的公共物品得到相对充足的供给。

从长远看，当村庄集体因为拥有资源能进行一定的公共物品供给后，其在村庄内的权威和行为能力便随之大大增强；农民在民主化决策时也更能增加互动的频度。这些最终都会增强村庄的内聚力，从而增强其承接外来公共物品的能力和自我供给公共物品的能力。这是一个正反馈。

乡村社会建设的另一个重要方面就是农村社会文化建设。目前农村公共物品供需无法达到均衡，除了国家财政投入不足以外，一个非常重要的原因就是农民缺少自信和合作精神，农村缺少强有力的组织。文化建设可以为农村社会提供精神动力，培养农民的自信、勤劳、合作、民主的精神，调动他们建设新农村的积极性和创造性。文化建设还可以为农村发展提供智力支持，提高农民的科技文化水平，改善农业生产和农村生活技术，从而有利于农村公共物品供需的均衡。文化建设更可以凝聚社区，增加农村的社会资本，从而可以抑制村庄集体行动中的"搭便车"行为，可以为农村经济合作组织提供村庄的内生基础。

农村社会文化建设要以村社为本位。在建设公共文化设施时，既要照顾村社的居住形态，合理布局，还要注重村社的文化传统，让村民找到有根的感觉，从而增强村社的凝聚力。农村文化建设还要以农民为本位，要有助于大众参与，尤其是广大中老年人参与。同时，农村文化建设还要特别注意倡导集体主义精神，建构有利于农村社会内部开展合作互惠的集体主义意识形态，从而创造合作的文化氛围。

小　结

　　农村公共物品是农村范围内为乡村社会居民所消费的带有公共物品性质的社会产品。本章不仅关注公共物品的外部供给状况，还通过农村社会内部的视角，关注农村社会承接外部供给的机制，以及农村社会内生的公共物品供给能力；通过乡村社会内部的组织体系建设和社会建设来提升公共物品的供给能力和使用效率。

思考题

　　1. 农村公共物品内生型供给发生的前提是什么？

　　2. 农村公共物品内生型供给具有什么优势？

　　3. 农村"熟悉"的社会的公共物品供需有什么特点？

 思考题要点

第九章　农村社会变迁与社会发展

社会如同其他事物一样都处于不断的运动变化之中。自进入近现代社会以来，人类社会的运动变化节奏进一步加快，正如马克思、恩格斯指出："生产的不断变革，一切社会状况不停地动荡，永远的不安定和变动"。① 这就是现代社会不同于过去一切时代的地方。现代社会中的农村社会也已迈入急剧变化的时代，不可避免地处于不断的社会变迁大潮之中。

名词解释

第一节　农村社会变迁

社会系统在空间维度上可分为城市社会和农村社会两个子系统，社会变迁也就包括了城市社会变迁和农村社会变迁两个部分。相对于城市社会变迁而言，农村社会变迁有着不同的表现形式、变迁过程和变迁机制。

一、社会变迁的含义

社会变迁是指随着时间的推移，社会系统中的关系、结构和现象所发生的变化及过程。例如，我们今天所看到的消费者与厂商的关系、职业结构以及城市生活方式等，较之以往都会有所变化和差异，这些都是社会变迁的结果。

（一）社会变迁的内涵及类型

社会变迁有两个方面的内涵：一是社会现象发生变化的结果；二是社会现象发生变化的过程。前者主要指社会变迁的事实状态，后者则主要涉及社会变迁的时间维度。两方面的内涵既相互关联，又有所区别。对社会变迁的社会学考察，一般包含着这两方面内涵，同时也可能有不同侧重。

由于我们可以把一切社会现象或社会事实、一切社会过程都可视为社会变迁，

---

① 《马克思恩格斯文集》第 2 卷，人民出版社 2009 年版，第 34 页。

也就是说，社会变迁是普遍的、客观存在的，因此，社会变迁这一概念非常宽泛。为更为具体地、更有针对性地考察和理解社会变迁的过程与事实，人们通常会对社会变迁进行分类。常见的分类主要包括：

1. 社会进化与社会革命。此分类的标准是针对社会变迁的性质而设定的。根据马克思主义量变与质变原理，社会系统中发生的量变及过程也就是社会进化，或社会演化。如果社会系统发生质变，那就是社会革命。

2. 结构性变迁与非结构性变迁。根据社会变迁与社会结构之间的联系，可以分为结构性变迁和非结构性变迁。结构性变迁是指社会系统内某种结构发生的变化，非结构性变迁是指一般社会现象所发生的变化。

3. 社会进步与社会退化。从社会变迁的方向来看，社会变迁有社会进步（或社会发展）与社会退化之分。当社会变迁朝着人类社会前进、向上的方向发展时，就会出现社会进步；而当社会变迁的方向是循环或回归到过去状态，那就是社会退化或社会退步。

社会变迁是一个内涵及外延非常宽泛的概念，对其分类还有很多，如社会演化与有计划社会变迁、局部变迁与整体变迁、物质文明变迁与非物质文明变迁等。

（二）社会变迁的形式与动力

现实社会中，我们通常能看到或感受到的社会变迁主要有这样一些形式：生活变迁、技术变迁、制度变迁、政治变迁和文化变迁等。生活变迁是最为容易被人们感受到的社会变迁，也就是社会生活的基本情形所发生的变化，如物质生活条件的变化等。

技术变迁是社会中人类生产技艺、技能和手段的变化，例如，人类通信技术从鸿雁传书到电话、电报，再到今日的电子邮件和 4G 移动通信，集中反映出人类社会技术的重大变迁。

制度是由制约和规范人们社会行动的规则和设置构成的，制度为社会成员的行动提供了"选择集"。通过制度规则的确立，也就给人们提供了可以选择哪些行动、不可以选择哪些行动的规范引导。制度既包括宏观的社会制度，如封建社会制度、资本主义社会制度，还包括社会中的一些法规制度，如经济制度、政治制度，也包括社会中的具体政策措施，如各项社会实践的实施细则。制度变迁指的就是社会中的法律制度和政策措施所发生的变化，社会制度的变化则在社会革命的范畴之中。

政治变迁是社会变迁的形式之一，表现为政治力量格局的变化，甚至政权的更替。政治系统是社会系统的重要构成之一，政治变迁既是社会变迁的组成部分，同时也对社会变迁产生重要影响。

文化变迁是一种综合性的社会变迁形式，既包含了物质文化的变迁，也包含非物质文化的变迁。文化变迁指的是社会文化从一个阶段向另一个阶段、从一种类型向另一种类型的变化过程，如传统文化到现代文化的转型过程，就是典型的文化动态变迁的过程。在现实社会中，我们通常能感受到的文化变迁集中体现在生活方式变迁上。

社会变迁不仅有多种类型，而且形式也多样，因此对多种多样、丰富多彩的社会变迁产生推动作用的力量或因素也会是多元的。那么，在推动社会变迁的多种力量中，有没有一种根本的动力呢？马克思主义的社会变迁理论认为，推动社会变迁的根本动力就是生产力，也就是经济因素。恩格斯指出："历史过程中的决定性因素归根到底是现实生活的生产和再生产。无论马克思或我都从来没有肯定过比这更多的东西。"[1]

社会变迁的根本动力是指推动社会变迁最为基本的动力。所谓最为基本的动力，也就是最主要的、最基础性的力量，其他力量的作用都源自于这方面。生产力或经济因素之所以是社会变迁的最基本动力，是因为人类社会的一切活动都是以生产力或经济为基础的，以物质资料生产为根本目的的经济活动是第一性的，对其他因素具有决定性的作用。

经济因素是社会变迁的根本动力，但这并不意味着否认其他因素或力量对社会变迁所产生的重要作用。发现和认识其他力量对社会变迁所产生的作用，将有助于我们更加全面地理解社会变迁。

在对社会变迁动力的认识上，注重对人的因素的考察，或许有利于我们重视社会变迁中人的能动性，加强人的教育，提高人的素质，促进社会进步。

此外，对社会变迁动力的认识，既要看到经济的、物质的力量所起的决定作用，同时也要看到观念的、非物质的因素所起的反作用，看到文化观念和意识形态对社会变迁所产生的影响。

（三）农村社会变迁及机制

农村社会和城市社会共同组成一个有机社会系统，所以农村是社会的一个重要组成部分，社会变迁必然包含着农村社会的变迁。与此同时，农村社会又是不同于城市社会的社会构成，因而农村社会变迁具有自身的一些特点。

农村社会变迁的突出特点是变迁的两重性。"农村社会变迁的两重性表现在：

---

[1] 《马克思恩格斯文集》第 10 卷，人民出版社 2009 年版，第 591 页。

一方面是变迁迟缓；另一方面是由于社会结构简单，可以发生突变。"① 相对于城市社会而言，农村社会变迁是较为迟缓的。作为社会整体的构成部分，农村社会通常保留着更多传统的、历史的成分，从某种角度看，这是农村社会变迁迟缓的体现。农村社会变迁迟缓的一个重要原因，在于农村的封闭性和低流动性。农民祖祖辈辈居住生活在村落社会里，从事着相对简单而熟悉的农业生产。在这种乡土社会里，社会关系和生活方式是相对简单的，在范围有限的村落社会里，人们彼此熟悉，甚或有远近不同的亲属关系，而且祖祖辈辈都依靠耕作而生活，传统的、历史的方法就足以让他们能够应对生产和生活中的问题。因此，在农村社会生活中，变迁的需要很少也很弱，这就意味着农村社会变迁的动力相对较弱。

农村社会结构简单体现在农村是一种生产和生活的共同体，或称为"社区"。共同体与现代社会在结构上有着本质的差别，共同体是一种自然组成的机械联合体，现代社会则是建立在社会分工之上并依靠人为制度维持的有机体。就具体现实经验而言，农村依然是农民聚村而居的社会，这个社会是由彼此熟悉的且彼此相似的人组成的，因而，社会关系和社会结构是较为简单的。

农村社会的变迁迟缓和结构简单，并不意味着农村就没有社会变迁。农村社会在结构未发生变化的情况下，社会其他现象也会发生各种各样的变迁。

农村社会变迁主要通过两种机制来实现：一是社会更替或社会继替机制；二是文化演化机制。社会继替机制是指农村社会成员通过新一代更替旧一代而出现的社会变迁。因为人总是有一定能动性，农村的代际更替总会带来一定的社会变化。文化演化机制是指农村社会通过文化的演化而实现的社会变迁，农村社会结构虽变化较小，但乡村文化却是处于动态的演化过程之中。由于文化是一个整体，因而随着乡村文化的变迁，农村社会也就会产生相应的变迁。

二、当代中国农村社会变迁的历程与特点

1949 年后，中国农村经历了两个阶段的社会变迁，农村无论在面貌上还是在社会结构上，无论是农业生产还是农民的生活水平都发生了巨大变迁。中国农村社会变迁的两个阶段可以以 20 世纪 80 年代初的改革开放作为分水岭，即改革开放前的农村变迁与改革开放后的农村变迁。

（一）改革开放前的农村变迁

改革开放前的农村变迁，主要表现在这样几个重要的农村建设实践方面：土

---

① 李守经：《农村社会学》，高等教育出版社 2000 年版，第 192 页。

地改革、农业合作化和人民公社化运动。中国革命和社会主义国家建设之所以首先将重点放在农村，是因为农村和农民的发展中存在严重问题。费孝通对 20 世纪 30 年代苏南农村考察后就发现"中国农村的基本问题，简单地说，就是农民的收入降低到不足以维持最低生活水平所需要的程度。中国农村真正的问题是农民的饥饿问题。"① 所以，新中国成立后，也面临着如何改变农民的命运和农村面貌的问题，由此农村建设始终贯穿于国家建设之中。

新中国成立初期，农村社会变迁主要体现在土地改革上。1950 年政务院通过的《中华人民共和国土地改革法》，由此确立了在农村分地区、分阶段推进土地改革的战略部署。

农村土地改革实际是土地制度的重新安排。这一制度的基本目标就是要改变土地过分集中于少数集团和个人手中的局面，达到农村平分地权，实现耕者有其田，以促进农业生产效率的提高。农村土地改革对农村社会变迁所产生的影响主要表现在：

第一，实现了农村土地的重新配置，消除了农村阶级阶层差别的根基，农村社会结构更加趋于均等化。

第二，实现了广大农民的"耕者有其田"的愿望，激发了广大农民群众的劳动积极性，促进了农业生产力的迅速提高。

第三，从根本上改变了农村底层群众的命运，使广大贫下中农的经济、政治和社会地位得以极大地提高。

第四，土地改革的顺利推行，对巩固农业的基础地位，为新中国农村的各项事业发展打下了坚实的基础。

总的看来，土地改革对新中国农业的发展起到了极其重要的促进作用，而且也在农村构建起了新的社会秩序。农村土地改革的成功经验主要在于农村土地使用问题的解决，即解决了土地与劳动力的配置的低效率问题。随着广大贫下中农能够公平地分配到土地，土地的劳动力投入随之增加，由此促进农业生产力得以提高。在农村土地改革中，农业生产经营体制并未改变，农户自主经营的体制仍得以保留，这也是土地改革能维持较高的农业生产效率的重要原因之一。在新中国成立初期，中央关于发展农业生产的"十大政策"中，依然允许维持农户的个体经济，中央农工部提出的农业发展策略是：从小农经济的现状出发，去大力发展农业生产力。"十大政策"允许农户之间可以进行适当的土地调整、允许雇工、

---

① 费孝通：《江村经济》，商务印书馆 2007 年版，第 236 页。

允许借贷、允许自由贸易。

农户的个体经营体制虽属于小农经营，与大规模的农场经营体制存在一定差别，但是，在新中国成立之初，各项事业刚刚起步，农村及农业的发展经历了旧制度的阻碍，再加上战争的影响，农业发展水平较为低下，新的土地制度为农业生产的恢复创造了条件。因此，在社会主义农业的起步阶段，农村维持小农经营体制，完全符合当时历史条件，也符合农业生产发展的自身规律。在农业生产力水平相对较低的背景下，小规模的农户经营体制能更好地满足生产力发展的需要。在个体农户独立生产经营的过程中，农业劳动生产率得到了极大的提高。

农业的家庭经营体制与中国的国情非常相符。中国农村幅员辽阔，地域广阔，各地自然条件、社会经济发展水平、历史文化都存在一定差异，农村的生产条件也存在较大差异，针对不同的环境和生产条件，各地农业生产经营方式自然也需要根据实际情况进行合理选择。

个体农户的经营体制就是确立以家庭为基本生产单位。把家庭作为农业生产的基本单位，完全符合传统农业生产的基本要求。从另一个角度看，正如周其仁所认为的那样，家庭具有作为传统农业生产基本单位的先天优势。因为家庭内亲密关系便于传统农业生产的分工合作，而且也是传统农业生产高效的组织者，此外，家庭的生命和生活周期与传统农业生产有高度吻合之处，因而能更好地满足农业生产之需要。

农村社会的第二个重要变迁是农业合作化，这一变迁从 1953 年开始。1953 年是新中国第一个五年发展计划的开始年，"一五"计划掀开了中国社会主义经济建设和工业化的序幕。为实现第一个五年计划的工业生产目标，农业生产水平和基础必须首先提高，于是，国家把农业社会主义改造作为促进农业生产力水平提高的基本策略。农业社会主义改造首先从互助合作开始，国家积极鼓励农户组成互助组，并逐步成立农业合作社，以此来提高分散农户间的互助合作水平，通过促进农户间的生产合作来提高农业生产的效率。

农业合作化经历了从互助组到初级社，再从初级社到高级社的变迁过程。最初，农户和农民之间的互助组是在政策鼓励下由农民自愿组成的相互帮扶的临时组织，对促进农户间相互合作有积极的作用，但互助组并没有改变农户的生产经营体制和利益格局，所以它对农村生产关系和经济绩效的影响主要是正向的。

为进一步提高农业生产的合作化水平，推动农业的规模化经营，政府开始倡导和推进农村的合作社经营体制，鼓励农村成立合作社，引导农户积极加入合作社。早期的合作社是初级合作社，农户可自愿地将土地和大型生产工具作为入社条件，在合作社进行合作化生产经营，合作社根据入社的份额和劳动量来核算收入并分配收益。

由于初级合作社在农户入社的资金、生产资料、劳动与经营收入分配的关系等生产经营管理和实际操作上存在很多难题，自愿加入初级社的农户规模非常有限。此后，政府为了扩大合作社的规模，便在全国农村广泛推行农业高级合作社政策。

农业的合作化生产虽然在理论上讲将大大地促进农业劳动生产率的提高，但是实际上，合作生产要达到生产效率的提高，还需要具备其他一些前提和条件，如合作必须是农民自愿地而非强行的合作，合作组织必须具备有效率的管理，缺乏有效管理的合作组织是难以实现生产经营效率提高的。从当时中国农村社会的实际情况看，这些前提条件实际并不完全具备。

在决策层看来，小农经营已经出现增产的局限，要进一步发展农业生产力，就需要改造小农生产，推行农业规模化生产经营，促进生产的互助合作。从实践经验来看，小农经营分工合作水平虽然有限，生产效率较低下，但如果外部环境并未发生质的改变，完全取代这一生产经营体制则并非易事，操之过急往往会适得其反。这就是在改造传统农业、促进农村发展过程中所要面临的一大困境：一方面需要提高和改变小农生产的效率和状况；另一方面小农家庭的生产经营方式又不能被某一种效率更高的机制简单替代。

改革开放前，关系到农村社会变迁的第三件重要事件就是"大跃进"和人民公社化运动。1958年，在全国上下建设社会主义、跨步迈入共产主义热情极端高涨的背景下，农村各地掀起了人民公社化运动。此后，人民公社制度迅速在全国农村建立起来，农村从此也就进入了人民公社的集体化经营时代。

人民公社实行农业生产资料公有制，土地及其他主要农业生产资料属于集体所有。在生产经营上，人民公社实行"三级所有，队为基础"的体制，即土地等生产资料和劳动产品归公社、生产大队和生产小队集体所有，其中生产大队是基本单位，集体生产和分配主要在生产小队范围内进行。在农村管理方面，人民公社又是基层行政机关，管理着农村社会的公共事务。

"大跃进"和人民公社化运动过激地推进了农村所有制和生产经营体制的改变。由于并未征求群众的意见自上而下强制推行制度的改变，违背了民众意愿和客观规律，这些改变不仅未能提高效率，反而破坏了常规发展。在各地农村大步跨入人民公社之后不久，从1959年到1961年，农业和农村发展的危机就全面暴露出来，农业生产陷入了艰难的困境之中，出现了粮食生产和供应的严重危机。

在"大跃进"和人民公社化运动中，不仅仅农业生产和经营出现了一些问题，农村社会的关系结构和生活方式也发生相应的变迁。一方面，农民及其家庭的个体性和独立性明显减弱，农村集体在农村社会中的作用明显增强，即农民和农户之间通过集体而产生更多的交互关系。另一方面,农村社会生活随农业生产绩效降低而出现了较为普遍的温饱问题,广大农民在吃集体"大锅饭"的时期,生活水平受到较大影响。

(二) 改革开放后的农村变迁

中国的改革开放始于农村改革,农村改革始于"大包干"。1978 年安徽凤阳县小岗村的 18 户农民私下达成协议,将生产队集体土地分到了各家各户,开始实行"大包干"。"大包干"其实就是"交足国家的,保证集体的,剩下都是自己的"。小岗村通过"大包干"取得了立竿见影的效果,在不到一年时间里,既解决了一直困扰他们的温饱问题,摆脱了"三靠村"的困境,也真正实现了农业生产效率的提高。

安徽省小岗村的"大包干"改革经验逐渐得到政府的认可,自 20 世纪 80 年代初,家庭联产承包责任制改革逐步在全国推行和推广,由此掀起了农村经济体制改革大潮。1984 年,农村人民公社制最后走向了终结,随之建立起了农村乡镇和村级的管理体制。所以,改革开放后中国农村社会的变迁突出体现在农业生产经营体制和农村社会管理体制改革之上。

农村家庭承包责任改革恢复和确立了个体农户的土地使用权和自主经营权,从而可以使得广大农民能充分发挥家庭人力资本的作用,通过自己的创新和劳动,来提高家庭的生产效率和收入水平。

农村改革带来了农村经济的改善和变迁,农业经济很快得到了迅速恢复,特别是粮食生产,改革后农村粮食播种面积和粮食产量得以大幅提高。1978 年,全国粮食总产量 6 095 亿斤,1979—1998 年 20 年间,粮食产量先后突破 7 000 亿斤、8 000 亿斤、9 000 亿斤和 10 000 亿斤四大关口,实现了历史性的飞跃。1998 年粮食总产量达到 10 246 亿斤,人均占有量达到 800 斤。[①] 到 2017 年,全国粮食总产量 12 358 亿斤,人均占有量 889 斤。[②]

农村改革还改善了农村的政治经济关系。随着农村生产经营集体的解散,嵌入在集体经济中的政治影响也大大削弱。在集体经营时代以阶级斗争为纲的思想,开始让位于对经济生产的重视。农村社会生活从以政治斗争为中心逐步走向以经济建设为中心,农村社会工作中心的转变是推动农村社会结构变迁的重要动力。

正因为农村劳动力在经济和政治上摆脱了集体的束缚,自主性和创造性得以

---

① 国家统计局农村社会经济调查司:《历史的跨越:农村改革开放 30 年》,中国统计出版社 2008 年版,第 7 页。

② 数据来源于国家统计局官方网站。

恢复和发展，所以自 20 世纪 80 年代中期以后，东南沿海地区的农村乡镇企业广泛兴起，由此掀起了中国乡村工业化的高潮。在江浙一带，乡村工业开始主要是由集体经济时期留下的社队企业由私人承包而发展起来，后来逐渐带动越来越多的农民创办私人企业。乡村工业的快速发展，改变了部分地区的农村经济结构。以往以农业产值占主导的经济结构，向工业或非农业产值逐渐占主导的结构变迁，使得部分农村地区开始了乡村工业化的进程。

伴随着农村改革的继续深化，农村经济的快速发展，农村社会生活水平较为普遍地得以提高。农村改革后的 10 年左右内，农民的生活就从解决温饱逐步走向小康。例如，在 1978 年到 1991 年，农民"人均纯收入从 1978 年的 133.6 元增加到 1991 年的 708.6 元，增长 4.3 倍，扣除物价因素，年均增长 9.3%；人均生活消费支出从 1978 年的 116.06 元增加到 1991 年的 619.79 元；恩格尔系数从 1978 年的 67.7%下降到 1991 年的 57.6%，下降 10.1 个百分点。"[1]

历经四十年的改革开放，农村居民的社会发展水平基本达到小康标准，至 2017 年，农村居民人均可支配收入达到了 13 432 元，人均消费支出从 1978 年的 116.06 元增加到 10 955 元，恩格尔系数也降至 31.2%。[2]

改革开放后中国农村社会的变迁，还有一个突出表征就是 1992 年后的市场转型。随着中国改革向纵深方向发展，建立社会主义市场经济体制成为改革的重点。在市场经济体制改革过程中，粮食和主要农产品的统购统销政策逐渐取缔，农民的生产经营逐步面向市场，这也意味着市场已经向农民和农村开放，这为广大农民提供了更多的发展机会。广大农户在巩固农业生产的同时，逐步掌握了按照市场规律和要求来调整生产经营结构，多数农户开始发展多种经营，走农业和副业相结合的道路，改变了依赖于农产品产量增长和价格提升来提高收入水平的路径。也有很多农户通过家庭内的分工合作，让农业富余的劳动力向农业外转移，或者是通过发展专业化、规模化经营，来促使家庭总收入的提高。

农村社会市场转型的一个鲜明特点是，农村劳动力通过外出流动和进城打工，实现了家庭农业与兼业相结合，由此提高了家庭经济收入。

三、当代中国农村社会改革的经验

回溯和纵观新中国农村的社会变迁历程，不难看到当代中国农村社会改革进

---

① 国家统计局：《新中国 60 年系列报告之四：城乡居民生活从贫困向全面小康迈进》，国家统计局网站 2009 年 9 月 10 日。
② 国家统计局：《2017 年国民经济和社会发展统计公报》，国家统计局官方网站。

程具有发展与滞后并存、经验与教训并具的特点。

（一）发展与滞后并存

从社会变迁的角度来看当代中国农村社会改革进程，农村发展的经验和滞后原因可以总结为：

首先，在改革开放前，农村通过土地制度改革和社会改革，既解决了农民的生产和生活基本问题，而期间又在不同程度上出现了温饱问题。农村土地制度改革及一系列社会主义改造政策的推进，促进了农村社会较快发展，农村社会明显走向平等，农民的生活水平也得到一定程度的提高。但在农村社会变迁过程中，"大跃进"和人民公社化运动则使农业生产出现挫折，集体经营体制不仅没有促进农民的合作、提高生产力水平，而且严重挫伤了较多农民的积极性，对农业经济造成巨大负面影响。

其次，改革开放之后，随着农村家庭联产承包责任制改革的全面推进，农业生产得到了恢复和快速发展，农民的温饱问题基本解决。此外，20世纪90年代后的农村经济市场化改革，也给广大农民带来更多的自主权和市场机会。农村社会一系列改革，让农村经济与社会出现了快速发展的局面。但农村社会在取得快速发展的同时，同样也存在着某些社会事业和农业发展停滞的问题。农村发展存在的局部停滞现象，反映出农村发展所面临的一些结构性困境：一是农民的持续增收和可持续发展面临困难，二是农村社会事业发展处于相对滞后状态，农村与城市的反差呈拉大趋势（见图9-1）。

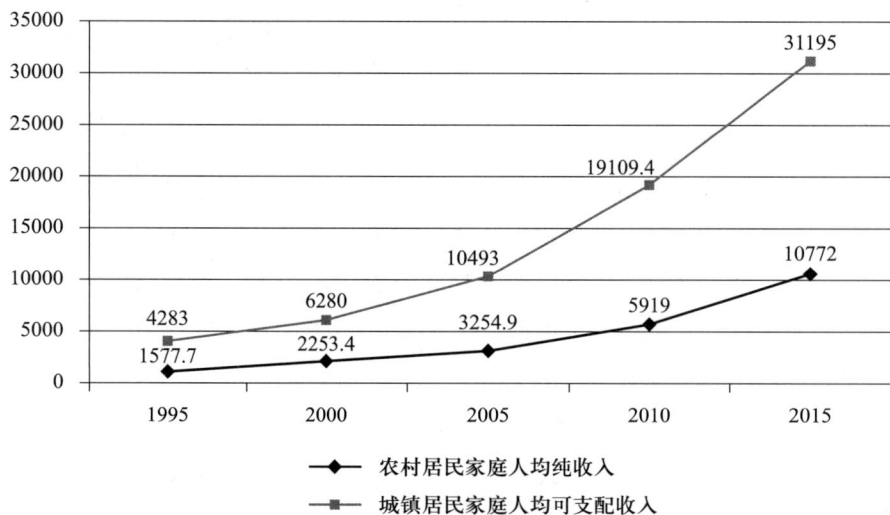

图9-1　城乡居民收入差距及变动情况（单位：元）①

---

① 国家统计局：《中国统计年鉴—2015》，国家统计局官方网站。

农村改革所取得的成绩，主要归功于改革将农村劳动力从集体中解放出来，让农民能够从农村、农业中走出来，自主地寻找更多的发展机会；而农村社会变迁的相对滞后性是由改革的局限性导致的。农村改革已经让农民自主地走出来，但是旧体制却并没有完全彻底地接纳来自农村的劳动力，农村居民仍受城乡二元体制的排斥。所以，中国改革要想进行得更为彻底，农村发展要想取得新的突破，必须改变那些阻碍农村劳动力进入非农业行业的旧体制，让广大农村居民更加自主、更加便利地进入自己所选择的生产和生活的领域及场所。

（二）经验与教训并具

回顾新中国农村社会改革与农村社会变迁的历程，从中既可看到成功的经验，也能从中汲取一些教训，所以，这一改革和变迁过程是经验与教训并具的过程。

就成功经验来说，在农村土地改革、互助合作化改革、家庭承包责任制改革、市场化改革等农村社会的系列改革过程中，农民、农业和农村社会都得到了相应的发展，表明这些系列改革对促进"三农"发展发挥了积极的效应。

从这些改革与农村发展之间的关系角度来分析，农村改革的成功经验可以总结为四个方面：一是公平，二是合作，三是自主，四是开放。

农村土地制度改革之成功经验关键在于改革解决了农村生产资料的公平配置问题，让土地资源在广大农民之间得到公平合理的配置。随着农村土地配置走向更加公平，既提高了生产资料的配置效率，也提高了广大农民的生产积极性，从而对促进农村社会发展起到积极作用。

起初的农村互助与合作化改革，对农业生产和农村发展确实起到了良好作用。初期的农村合作化改革的成功经验在于尊重农民自愿合作原则，在坚持这一原则基础之上，农户之间的合作水平有所提高，从而对促进农业生产发展和农民生活水平的改善起到了积极作用。

农村家庭联产承包责任制改革之所以取得成功，最重要的经验就是改革保障了广大农民的自主选择权和创造性及能动性，也就是国家和农村集体不再对农民的生产经营进行过多干涉，让广大农民充分发挥自身的积极性和主动性。

农村社会的市场转型使农村社会发展出现了崭新局面，农村市场经济体制改革的成功经验主要在于开放。随着市场的开放，使资源和生产要素得以优化配置，同时也让广大农民能通过市场获得更多的发展机会。一些农村地区、一部分农民正是在市场不断开放的过程中，先发展起来、先富裕起来，充分说明一个开放的社会更加有利于"三农"发展。

在农村改革与发展过程中，可以汲取的教训主要是：首先，"一刀切"的政策安排和统一的制度模式违背了因地制宜、自主发展的基本原则和规律，对农村发展有不利影响。虽然人们通常把"大跃进"和人民公社化运动的消极后果看作是"左"的思想影响所致，然而，这些政策产生消极社会经济后果的真正原因则在于"一刀切"政策和统一制度模式造成的风险。因为我国农村幅员辽阔，区域间乃至农户间的异质性都很大，用"一刀切"的方式来推进政策措施，违背了"因地制宜"原则，不可避免导致政策措施在较多地方的不适宜，从而也就难以避免失败的风险。

其次，过度的政治干预影响和削弱了农民的自主性和创造性，带来事与愿违的后果。一些不合理政策和做法过度地干预了农民的自主选择、自主经营，这些干预不仅会导致"瞎指挥"造成的影响，而且还影响农民的生产积极性和创造性发挥。

最后，国家不平衡的投资策略导致区域和城乡之间的发展出现失衡。改革开放后，中国农村社会总体上发展取得了较大进步，与此同时，不可忽视的现实问题是，农村社会与城市社会之间，东中西部地区之间存在明显的不均衡发展，城乡和区域之间的差别并未出现缩小之趋势。形成这一问题的主要原因在于国家投资的不平衡。近些年来，国家对农村的投入，以及对中西部地区的投入明显加大。

第二节　城镇化与农村社会现代化

城镇化（urbanization）是现代社会变迁的一个突出特征，也是人类社会现代化转型的结果。在现代化的社会，越来越多的人过着城镇化的生活方式。城镇化的发展自然而然会对农村社会的变迁和发展产生相应的影响。

党的十八大明确提出，要坚持走中国特色的新型工业化、信息化、城镇化、农业现代化道路，推动信息化和工业化深度融合、工业化和城镇化良性互动、城镇化和农业现代化相互协调，促进工业化、信息化、城镇化、农业现代化同步发展。"四化"同步的发展战略指明了中国特色新型城镇化和农村现代化的方向，即在城镇化推进过程中，需要与新型工业化和信息化保持良性互动关系，与此同时，还要与农业和农村现代化保持协调关系。

一、城镇化与农村社会发展

城镇或城市的出现是人类社会发展到一定历史阶段的产物，城市社会与农村社会在结构上有着本质区别，但共同构成了社会整体。现代社会则出现了城市社会不断扩展，而农村社会却逐渐减少的趋势，由此构成现代社会变迁的特征。

（一）城镇化及其意义

城镇化是指人们的职业向非农业转移、居住向城镇聚集、生活方式向现代城市模式转变的一种社会变迁过程。城镇化过程通常与工业化密切相关，伴随着工商企业向一定地域的集中，人口也就自然会向该地域聚集，进而形成了人口聚集的集镇和城市，并构成城镇化的社会生活方式。

城镇化主要包含这样几层意义：一是人口意义。城镇化的人口意义表示城市人口与农村人口的构成和关系。人们通常用城镇化率或城镇化指数（Index of Urbanization，IU）来反映一个社会的城镇化状况，也就是城市人口在一个社会总人口中所占的比例。如果城镇化率越高，表明城镇化水平越高。二是地理意义。城镇化的地理意义是指人们的居住空间向城镇的集中化，即来自不同地区的人们向城镇的聚集过程。地理意义上的城镇化，主要反映社会居住格局或居住空间的变化过程和趋势。三是社会与文化意义。作为社会变迁的一种形式，城镇化实际包含更为丰富的社会与文化意义。城镇化的社会意义主要包含：（1）社会结构的变化，即城市社会在社会结构中占主要地位；（2）产业和职业结构的变迁，工商业及与城镇发展相关的非农职业成为主导性产业和职业构成；（3）生活方式的变迁，城镇化的一个突出特点就是生活方式的城市化，即人们的社会生活建立在分工而非自给自足的基础之上；（4）文化及价值观的现代化，城镇化不仅是人口、空间和经济活动的城镇化，而且包含了社会文化及价值观的现代化。党的十八大报告提出有序推进农业转移人口市民化，就是要推动新型城镇化健康发展。所谓的新型城镇化就是以城乡统筹、城乡一体、产城互动、节约集约、生态宜居、和谐发展为基本特征的城镇化，它是大中小城市、小城镇、新型农村社区协调发展、互促共进的城镇化。2014年中共中央、国务院印发了《国家新型城镇化规划（2014—2020年）》，该规划指出，到2020年中国新型城镇化发展的目标是城镇化水平和质量稳步提升、城镇化格局更加优化、城市发展模式科学合理、城市生活和谐宜人、城镇化体制机制不断完善。

（二）城镇化对农村发展的促进作用

城镇化是现代社会变迁与发展的基本特征和趋势，因此，在考察现代社会农村发展问题时，从城镇化的视角来理解农村发展很有必要。

城镇化对农村社会发展的促进作用主要体现在三个方面：

第一，在社会结构变迁上，城镇化过程将推动农村实现质的飞跃和发展。农村社会发展的真正意义并不在于村庄面貌的改变，也不在于村庄里增加了几栋新楼房、修了几条新马路，或是农民增加了一些收入，这些方面的发展只能说是量变而非质变，是增长而非发展。只有在结构上发生质变，才可以说是真正的发展，否则就只能是黄宗智所说的"没有发展的增长"或"过密型增长"。[①] 增长仅仅是经济意义上的变迁，而非社会发展。农村社会的发展必须有结构上的、质的突破。结构上的发展是针对整个社会结构而言的，其中包括经济和产业结构、职业结构、城乡结构和文化结构，农村社会发展的重要指标就是经济结构从以农业为主向以第二和第三产业为主，从以劳动密集型的传统农业向以资本、技术和信息为依托的现代农业的转变，劳动力的职业结构以及人们的文化观念结构也从以农业为主的结构类型向城市化类型方向转化。城市化程度的不断提高，将为劳动力创造更多的非农业就业机会，随着越来越多的农村劳动力向第二和第三产业转移，将使农村居民收入水平得以提高。随着职业结构的变化、收入和生活水平的提高，乡村生活方式也将发生变迁，人们的文化观念和结构随之发生转变，由此将进一步推进农村文化和人力资本得到更多的发展机会和空间。

第二，在社会功能的演变上，城镇化将会提升农村发展的要素。随着城镇化程度的不断提高，城市的资本、技术和信息将与农村的劳动力资源、土地资源以及其他自然资源得到更加充分、更加优化的配置，从而可使农业、农民和农村赖以发展的各种要素得到更大的发展空间。例如，从江苏、浙江沿海地区的农村发展模式来看，乡村工商业的兴起带动了小城镇的发展，小城镇的快速发展实际是城市化发展的一种方式。虽然江浙的乡村工业化和小城镇化发展模式在其他地区并不一定具有可复制性，但其发展经验揭示了城镇化是农村发展的重要方向和动力。城镇化发展会带动乡村资源的重新配置和调整，在优化配置结构的过程中实现了效率的提高，因而得以升值。农村资源的升值意味着农村居民收入来源的扩大，从而对收入增长起着促进作用，同时也为乡村居民发展奠定了物质的或经济基础。

第三，在人的发展方面，城镇化为农村居民和农民创造更多的、全新的发展机会与空间。农村社会变迁与发展的核心是人的发展，只有当农村社会中的人在经济、社会与文化上都得以转型和发展，乡村社会才会有真正意义上的发展。

就中国农村目前的现实而言，农村劳动力向外转移和发展依然是一个关键问题。怎样让越来越多的农村富余劳动力顺利地从农业中转移出去，中国农村仍需

---

① 黄宗智：《长江三角洲小农家庭与乡村发展》，中华书局 2000 年版，第 12 页。

要将几亿农业劳动力转移出去，依靠农村或者仅仅依靠现有的城市显然都无法实现，因此也就需要不断推进和提高城镇化的水平。

农村劳动力的转移和发展无法在静态结构中完成，而是需要在农村向城镇化方向发展过程中去逐步实现。一方面，现有的城镇难以一次性容纳过多的农村劳动力；另一方面，大量农村劳动力也难以在短期内直接从农村移入城镇。因此，只能在城镇化过程中逐步消化农业中富余的劳动力。城镇化过程属于一种动态的结构变迁过程，既包括现有城镇的不断扩展，也包括农村社会向城镇社会的转变，以及城镇与农村之间相互作用的过程。在城镇和乡村共同发展、相互促进的城镇化过程中，会形成巨大的发展动力和发展空间，为农村劳动力的转移和人的发展提供平台或机会。

城镇化的真正意义并非为农村人口转为城镇人口，不宜简单理解为农村人进城，而是一种结构变迁或转型过程。也就是农村人口在人力资本不断提高的前提下，改造传统农业和乡村社会结构，实现向现代结构的转型。

最后，在文化发展方面，城镇化将会促进农村文化及社会生活方式的变迁。农村社会变迁与发展不仅仅是经济的、社会的发展，而且也包括文化的、观念的以及人们生活方式的变迁与发展。农村生活方式及文化观念由传统向现代的转型，农村生活方式的城镇化，既是农村发展的重要成果，而且也是农村发展的潜在动力。随着农村文化观念及生活方式向城镇化的演变，它也将改变着人们的行动结构，进而对社会系统的变迁和发展产生深远影响。

总而言之，城镇化是农村社会发展难以回避的一个基本问题，推进农村社会的发展，不能用静止的眼光来看农村与城镇的关系，也不能以二元对立的态度去对待农村和城镇的发展，而是要把农村发展与城镇化发展作为一种联动和相互作用的动态过程，在城乡互动和相互统一之中去实现农村的发展。

（三）乡村的集镇化

当前中国农村社会在变迁与发展过程中出现了乡村集镇化的现象，一些农村居民在家庭经济条件改善之后，逐渐向集镇聚集定居和生活，这一现象反映了集镇化也属城镇化的一种形式。

自农村改革以来，一些地区的农民通过非农业生产经营，如外出从事工商业或服务业等，农业外的生产经营使得农户收入水平大大提高，较多农户的储蓄大大增多。在此情况下，不少富裕起来的农户开始在集镇附近购买房屋和商铺。集镇房地产市场活跃起来后，推动了集镇的快速扩展，于是乡村人口开始向集镇集中。此外，在乡镇企业快速发展过程中，小城镇和小集镇也大量兴起，为乡村人口向小城镇集中创造了条件。

乡村集镇化的发展路径其实适合较多地区的农村社会发展的需要，在城镇化发展进程中具有广泛的适应性。关键问题是，推进乡村集镇化需要把握和解决好几种关系：

首先，农村建设与集镇或小城镇建设的关系。目前的新农村建设整体规划和投入计划，需要从农村长远发展的角度出发，把握各地农村发展的方向和目标。如果将一个地区农村发展或城镇化目标定位为集镇化，那么，就需要把集镇或小城镇建设放在首位，通过集镇建设和乡村市场中心的建设，来带动农村建设和发展。农村建设的重点要围绕集镇中心建设，使乡村经济与社会生活向中心集镇集中。

其次，基础设施建设与制度建设的关系。小城镇和集镇的发展离不开城镇基础设施建设，相应的制度建设更加重要。没有合理的制度安排和制度创新，集镇建设和发展要么出现无序状态，要么就是不可持续。集镇的建设和发展将带来乡村土地资源的重新配置、开发和利用，如果没有相应的制度来规范、引导和制约，新的配置并不一定带来效率的提高，反而可能潜伏新的问题。因此，集镇建设和发展必须与系统的、合理的制度建设相配合，确保乡村集镇化道路朝着合理目标发展。

再次，内生型发展与外推型建设的关系。小城镇和集镇的建设和发展在有些经济较发达地区可能是内生的、自发形成的。随着收入和积蓄水平的提高，农民向外发展的动机和愿望加强，但他们积蓄的资本又不足以支持他们到城市投入，所以较多的人会选择在家乡附近的小城镇或集镇购房，并转变家庭的经济模式。这样，乡村中的集镇会吸引越来越多的乡村人口，集镇建设也得以加速，这种集镇建设主要依靠乡村社会内部自身力量而扩展，属内生型发展。在经济相对欠发达地区，农村居民的收入水平较低，多数居民勉强能维持基本生活，家庭积蓄较少，因而不可能向外投资和发展。为了改变那些贫困地区农村的生活条件，仅依靠农民自身的力量是无法实现的，而且为了提高公共物品的供给和利用效率，方便落后地区的农民的生活，建设集镇使农村人口从分散走向集中就显得意义重大。在此情况下，就需要依靠农村之外的力量来推动这些地区的集镇建设，其中政府的公共财政是主要力量，同时政府也可通过优惠政策激励其他社会力量参与落后地区的集镇建设，如土地使用税及工商税优惠政策等。此外，政府还可以通过扶贫政策和移民政策来推动贫困农民向集镇的转移。

最后，产业发展与集镇建设的关系。乡村集镇化实际上属于乡村城镇化的一个阶段或一种方式，在集镇化过程中，不仅要让部分乡村人口向城镇聚集，更重要的是要让他们实现职业的转变，即从农业向非农业的转变。因此，集镇建设和发展必须与相应的产业发展和产业结构调整结合起来，让聚居在集镇的乡村人口和劳动力有相对充足的非农就业机会。如果仅仅注重于扩大集镇范围，而缺少足够的非农产业，将可能出现集镇劳动力的过剩，同时又影响了农业生产力，这对农村发展和城镇化可能造成负面效应。所以，在集镇规划和建设过程中，既要设计合理的产业结构调整计划，同时也要采取积极措施推进非农产业的发展。

展望中国农村未来发展，乡村集镇化将对很多地区的农村发展发挥积极的功能。在经济较发达的东南沿海地区，小城镇和集镇不仅具有悠久的历史传统，而且在乡村工业化的过程中得到进一步发展。如果再结合新农村建设，在制度建设和公共建设方面使小城镇和集镇发展升级，就会促进乡村城镇化水平上一个新台阶。

即便在西部贫困落后地区，要提高农村发展水平，走乡村集镇化的道路也是一条节约之路。在新农村建设过程中，充分整合西部大开发战略资源，结合国家扶贫开发政策，以及生态环境建设，以国家的建设力量为主导，采取灵活、有效的农村土地流转制度安排，积极推进西部地区的集镇建设，促进人口向小城镇集中。这不仅可以提高乡村居民的生活水平，而且可以从根本上解决西部农村发展问题。

中国的农村地区虽然幅员辽阔，地域差异较大，但从发展趋势角度来看，不断提高城镇化和现代化程度是共同的目标。而在实现这一目标过程中，乡村集镇化道路可能具有尤为广泛的普适性，只不过实现乡村集镇化的方式方法可以因地制宜，各地可根据自己的实际条件，发挥政府、市场和社会在其中的不同作用，形成自身的集镇化发展模式。

二、城乡融合发展和构建工农城乡关系

城乡融合发展是针对城乡二元对立、城乡分治而言的社会发展策略。城乡融合发展的目标就是要实现城市和农村发展的双赢，促进城市与农村的协调、共同发展。针对当前中国城乡二元分割和城乡差别的现实问题，城乡融合发展主要是通过充分发挥工业对农业的支持和反哺作用、城市对农村的辐射和带动作用，重塑工农城乡关系，扭转"重工轻农、重城轻乡"的思维，打破城乡二元体制的藩篱，建立以工促农、以城带乡的长效机制，推动城乡要素平等交换、公共资源均衡配置。目前，城乡融合发展的关键其实就在于如何促进农村社会进一步发展，

以达到与城镇发展相统一、相协调的水平。

（一）乡村生活方式的城镇化

目前，城乡差别较为突出地表现为城市与乡村社会生活条件和生活方式的巨大差别。因此，推进乡村生活方式的城镇化，对城乡融合发展具有较强的针对性。乡村生活方式的城镇化是指在乡村人口居住和生活空间结构不改变的情况下，实现生活方式向现代化和城镇化的转变。生活方式的变迁实际为城镇化的精神实质，并非只有人口都集中在城市才为城镇化，当人们的文化观念、生活方式走向现代化时，实际上也能实现城镇化。走乡村生活方式的城镇化道路对乡村人口众多的中国来说，可能是一条既经济又有效的发展路径。一方面，乡村生活方式的城镇化从实质上解决了乡村人与社会的发展问题，即实现了乡村社会现代化和城镇化；另一方面，乡村生活方式的城镇化模式不需要人口在地理和空间位置上进行大幅度移动，这可在较大程度上缓解大量人口迁移给城镇发展带来的压力，从而大大降低发展的成本。

在具体实践中，乡村生活方式城镇化也可以通过就近城镇化和就地城镇化方式推进。就近城镇化和就地城镇化既可促进乡村社会的现代变迁与发展，同时又能留存乡村社会的一些元素。

在城乡融合发展过程中，可以把促进乡村生活方式的城镇化作为重要途径之一。乡村社会生活方式的城镇化发展模式较为适合农业相对发达、人口居住相对集中的平原地区。这些地区既需要承担起维持农业基础地位的任务，同时也需要在此基础上追求社会生活的新发展，推进生活方式的城镇化能够满足人们这两个方面的要求。

当前，在适当的农村地区推进乡村社会生活方式的城市化，需要重点解决好三个方面的问题：一是农村公共物品的投入和公共设施建设问题。公共投入少，交通、通信等基础设施差，不仅制约着乡村经济发展和农民收入水平的提高，而且还直接影响着乡村社会生活质量。实现乡村生活方式的现代化和城镇化，必须改变现有乡村公共设施状况，为乡村社会生活水平的提高奠定物质条件。

二是农村文化教育发展问题。农村居民受教育水平偏低是制约生活方式城镇化的一个关键因素，因为受教育程度的高低影响到人们的观念与行为结构。没有接受包含现代精神的文化教育，人们的观念是不可能向现代化转变的。没有接受现代知识和技术教育，人们的生活方式也不会向现代化转型。

当前乡村文化教育事业发展相对滞后，要改变这一现状，需要在农村发展多元化、多层次的教育。国家需要进一步加大对农村文化教育事业的投入，在农村建设起较为完善的文化教育体系。即在普及义务教育的基础上，进一步普及高级中等教育，其中包括中等职业教育和职业技能培训，逐步拓展成人教育和专业技能培训，坚持在农村开展扫盲运动，不断降低农村成人文盲率。

三是乡村社会的公共管理问题。城镇化的生活方式包含了一套系统的公共与社会管理体系，通过该系统，个人组成了有序的城镇社会生活。而目前农村社会则面临着一些公共管理问题，主要体现在公共事务在一些地方管理不到位，可用公共资源相对不足。要应对这一问题，国家还需要增加对农村公共管理的支出。

（二）城乡融合发展道路

城乡融合发展道路是统筹城乡发展的重要体制改革和创新。针对中国城乡二元体制问题，需要在体制机制上将城镇与乡村两大社会子系统在经济、社会、文化教育及行政上统一起来、协调起来，而不是分割和对立起来。某种意义上说，城乡二元体制在很大程度上阻碍了中国城镇化的进程，同时也在一定程度上制约了农村和农民的发展。改革开放以来，农业生产发展了，整个国民经济持续增长，但城乡之间的差距有拉大的趋势。中国农村发展的相对滞后，与长期以来工业和城镇的发展对农村经济与社会发展挤压有重要关联。工业发展了、城镇发展了，但周边的农村和农村居民并没有随之而得到发展，大量农民进厂了，但他们却始终没有实现城镇化。出现农民进厂而不能"进城"的悖论，正是城乡二元体制作用的结果。

改革开放后，城镇快速繁荣和国民经济快速增长，但农村社会经济发展依然滞后，且城乡差距有拉大之趋势，这一问题的产生与二元体制在其中的作用分不开。具体原因主要是：首先，农村居民没有获得与城镇居民同等的社会福利、社会保障待遇，公共财政所提供的公共物品和福利在城镇与乡村之间形成鲜明的差别，农村社会远远少于城镇社会。其次，城镇社会的发展对农村居民发展的排斥。计划经济体制下，城镇就业机会基本排斥农村户口。如今，城乡二元旧体制依然具有排斥农村居民的惯性作用，尽管农村居民可以流向城镇，到城镇打工、经营、生活，但他们的社会地位和法律地位仍在城镇体制之外，属于体制外的外来人口或流动人口，享受不到同等的市民待遇。最后也是最重要的，国家的公共财政投入更多集中在城镇社会的建设和发展上，而在农村建设和农村发展上投入较少。随着农村社会发展和城乡差别问题日益凸显，体制上的弊端已经引起人们的关注和反思。所以，城乡融合的发展道路其实是相对于旧体制而进行的体制改革和创新之路，也是为中国城镇化和农村社会发展创造更加合理、更加公平的制度环境。

推进城乡融合，促进城乡统筹发展，农村建设实践需要重点加强如下方面的改革和创新：首先，通过体制改革消除城乡体制壁垒，促进向城镇转移的劳动力融入城镇社会，提高城镇化的速率。目前，已有大量农村劳动力向城镇非农业转移，但由于体制原因使得他们难以城镇化，这在一定程度上制约了农民乃至农村社会的进一步发展。推进城镇劳动力市场体制和社会管理体制改革与创新，将会有助于两亿左右的农村进城打工者逐步实现城镇化。其次，改革现有市管县的行政体制，发挥地级城市在城镇化中的中心作用，改革城镇的财政体制和社会管理体制，建立中心城市统一的财政体制和管理体制，中心城市对辖区的基本公共物品供给实行统一的财政支出，实现城乡之间的公共物品供给的均衡。尤其在义务教育、公共医疗卫生设施、基础设施、养老院等社会福利设施、基本生活保障等方面，力争公共财政投入的均衡。最后，把农村城镇化纳入到中心城市统一的规划、建设和发展之中，逐步建立起以中心城市为中心的城镇带或城镇网络。在城镇区位重新调整和布局规划中，通过工业区、城镇以及环境等开发工程的建设，实现农村人口和劳动力有序地向城镇转移，并逐步提高乡村的城镇化水平。

三、农村社会现代化

实现工业、农业、国防和科学技术四个现代化，是中国共产党领导全国各族人民进行社会主义现代化建设的基本目标。当前及未来一定时期内，推进农村社会的现代化，将是中国农村发展的重要方向和任务。

（一）现代化及其意义

广义的现代化是指人类社会自近现代以来从传统农业社会向现代工业社会的变迁与发展的历史过程。狭义的现代化主要指人们生产生活中的行动在现代社会的更新和转变。

现代化最为突出、最为重要的意义就在于社会生产力发生了质的飞跃，正如马克思、恩格斯指出："资产阶级在它的不到一百年的阶级统治中所创造的生产力，比过去一切世代创造的全部生产力还要多，还要大。"[①] 随着科学技术的突飞猛进，现代化的不断推进，现代社会的生产力水平也在不断提高。

中国社会现代化起步晚于西方国家，属后发现代化国家。自改革开放后，中国现代化的步伐迅速加快，在短短 30 年左右的时间内，创造了令世人瞩目的经济奇迹。由此可见，现代化对社会生产力的促进作用是非常巨大的。

社会现代化也包含城镇化的意义。随着社会现代化水平的提升，人们的生活

---

① 《马克思恩格斯文集》第 2 卷，人民出版社 2009 年版，第 36 页。

方式也走向现代化。现代化的生活方式主要表现为高度分工的城镇化生活方式。

社会是由人组成的，社会现代化也是由人所创造的历史过程。所以，社会现代化的意义中也包含着人的现代化的意义。所谓人的现代化，是指社会成员具有现代社会发展需要的精神品格和能力素质。人的现代化一方面受社会发展环境因素的影响，在现代化发展程度越高的环境里，人更容易得到现代化的熏陶。另一方面，人的现代化取决于现代化的教育。现代社会通过加强人的教育和专业训练，使人的素质和能力普遍得以提高。

农村社会是传统社会的主要构成，相对于城市社会来说，农村社会的传统性更强。因此，农村社会的现代化就面临着更多、更为艰巨的任务。

（二）农村社会的现代转型

西方工业化国家的社会现代化过程，基本上是由工业取代农业、城市取代农村的社会变迁过程。也就是说，随着社会现代化水平的不断提升，传统农业逐步走向消失，传统农村则走向了终结。在大量农村消失在现代化大潮中之后，实际也就没有农村社会的现代化。

虽然社会现代化是人类社会变迁的普遍趋势，但社会现代化在不同社会之间也会存在特殊性。对于许多发展中国家来说，在如今的现代化大背景下，依然存在而且未来一定时期内仍会有大片的农村。所以，对于这些农村社会而言，他们的现代化背景和进程都会与工业化国家过去的农村社会有所不同。一方面，他们难以在短期内被工业城市所吞没；另一方面，他们置身现代社会，自然有现代化的需求。在这样一种双重背景下，发展中国家包括中国的农村社会，也就面临着一个重要变迁任务：在现代社会实现农村的现代转型。

农村社会的现代转型主要指在维持农村实体存在的同时，让农村社会具有现代社会的基本特征，或得到现代化的发展。在现代社会，广阔的农村地区依然适宜人类居住，因此农村社会的居住空间可以维续下去，但同时需要现代化的发展，如基础设施的改善、公共服务的增多等。此外，农村社会的现代转型还将依赖于人的现代转型，即农民的现代转型。现代化的农民不仅要有现代的精神品质，而且还需从单一化农业生产走向多种经营。

某种意义上说，当代农村社会变迁的主要表现形式就是传统乡村逐渐吸纳现代社会元素，并渐渐实现现代转型。

（三）农村社会现代化的途径

发达工业化国家的农村现代化的主要实现途径就是工业化和城市化，也就是通过工业向城市的集中，使得城市和工业发达起来，由此将农村劳动力集中到城市，从而实现农村的城市化。

农村社会现代化并不只有这一条可行的途径。就中国国情而言，在一个农村人口规模庞大的社会，只通过农村人口向城市集中的途径，可能存在的隐患更多。在拉丁美洲的一些国家，由于农村人口过多地涌向城市，由此形成了难以治愈的"城市病"。

在日本、韩国及中国台湾地区，农村社会的现代化主要是通过"新村"建设途径来实现的。新村建设实际上也就是依靠政府和社会的力量，对乡村进行重建，既保留部分农村的居住和生活形态，同时又改善乡村的社会生活水平。

在中国东南沿海地区农村，改革开放初期，他们探索出一条"离土不离乡"的乡村现代化道路，即乡村工业化的发展道路。乡村工业化途径通过改变农村生产经营结构，从单一农业向发展多元化产业转变，一方面提高了农民的收入水平，另一方面又维持了乡村社会持续稳定发展。

随着中国产业结构的调整升级，一些有地方特色和人文特色的农村地区，依靠自身的自然和人文资源，发展起乡村旅游业，既大大促进了农民增收，又使乡村生活得以维续。

因此，农村社会现代化的途径并非单一，在探索农村现代化的过程中，各地农村需要因地制宜，充分动员起自身的特色资源，通过合理的开发和利用，都可能达到促进现代化的理想目标。

第三节   社会主义新农村建设

2006 年，中共中央和国务院正式把建设社会主义新农村作为当前和今后一段时期农村工作的重大历史任务，并提出"生产发展、生活宽裕、乡风文明、村容整洁、管理民主"的 20 字方针。从此，新农村建设开始在全国各地广泛推进。

一、社会主义新农村建设的意义

社会主义新农村建设是 21 世纪中国农村建设与发展的一项重要战略选择。推进这一战略不仅会让农村社会的面貌得以改善，而且也会给整个中国社会发展创造新的机遇。

社会主义新农村建设主要是指在新的时代、新的历史条件下去推进农村的建设和发展。在这个意义上，社会主义新农村建设实际是旨在促进当今中国农村发展的一项新的战略。既然是新的农村发展战略，那么就不仅仅局限于农村，其根本的目标是要推动农村获得新的发展机会。由此看来，新农村建设就会包括各种能促进新时期农村社会发展的制度创新和政策改革。新农村建设的责任和任务也不仅仅在农村，而是需要全社会来共同承担责任和任务，农村现代化需要全社会的共同努力。

如果把新农村建设理解为广义的新农村建设，那么，可以把建设新的农村理解为狭义的新农村建设。建设新的农村主要是指通过在当前的农村推进各种建设性行动，以便改变农村的现状，让农村的面貌得以焕然一新。这样，建设新的农村，关键和主要任务可能就在农村。

为全面理解什么是社会主义新农村建设，关键是要理解新农村中的"新"字的内涵。新农村之为"新"，主要体现在三个方面：新结构、新功能、新主体。

新结构是指新的生产结构、新的社会管理结构、新的行政管理结构、新的知识和观念结构。建设新农村需要培育和形成新的生产结构，新生产结构的主要特征表现在以农业为基础的综合经营，即农业与工商业、农业与副业、农业与服务业、种植业与多种经营相结合。就目前现实而言，农村社会管理与行政管理基本是不分的，社会福利、社会保障、公共卫生等公共事务主要是由基层乡镇政府和具有半政府性的村民自治组织即村委会承担的，发展农村社会公共事业的经费主要来源于地方财政，部分来自于中央财政的转移支付。建设新农村需要建立统一的社会管理体制，发展农村最基本的公共事业，实现社会管理与地方自治的合理分工及有效合作。新的观念与知识结构是指更新农村社会成员的文化和知识结构，促进人的现代化。当前农村，多数农民的受教育水平为初中以下，这一结构与农村现代化不相一致，建设新农村需要更新这种结构。

新功能主要指农村社会结构的功能转换或更新，功能转换主要包括：第一，农村生产组织从以供给为主的功能转向供给与需求满足相结合的功能。以往，农村生产单位主要是食物的生产者，以及公共财政的供给者，建设新的农村，需要通过公共财政的支持和加大投入，使农村公共物品增多，农村人能公平地享受与城市人同等的公共物品和公共服务。第二，农村基层政府功能的更新，基层政府和公共机关的功能要从管理为主转向服务和管理相结合。在建设新农村的过程中，基层政府的作用在于通过政策和制度创新，为农村发展创造良好环境，同时为农民提供更多的公共品、信息服务、组织服务、技术服务，促进农民自我发展的社会资本的增长。第三，农村社会组织自治功能的提高。农村作为一种农村居民共同生活的社区，需要发挥社区组织在农村生活的自治功能。在农村集体化过程中，农村社会经受了过度的政治嵌入，农村社区自身的社会组织失去其自我调节和自我适应的功能；农村自改革开放后，分散的家庭经营使得农村公共事务缺乏足够的经济支持，农村社区组织及其自治功能没有得到恢复。建设新农村，就需要让农村社区组织得以成长发育，并促进这些组织的自治能力和自我发展能力不断增强。

新主体是指农村社会主体的结构得以转型和重新整合，实现农村社会主体的现代化。目前，农村社会的主体主要由这样几种类型的社会成员构成：一是在村农民，即完全居住和生活在农村并从事农业生产的纯农民，这一群体大多是老年人和妇女；二是"两栖"农民，他们主要是青壮年农民，平时外出或进城打工，农忙和春节期间回到农村；三是非农职业者，主要包括生活在农村、不以农业为主要职业的人，如教师、管理者和工商业者等；四是不在村的农村人，该群体主要是那些年轻的农村人，他们从未且不会从事农业生产，完全依靠外出打工谋生；五是生活不能完全自理的非劳动力，包括留守儿童和高龄老人。

当前，中国农村经济与社会发展状况存在较大区域差异，各类社会成员的构成比例在地区间有着较大差别。新农村建设的重点目标之一，就是要通过制度安排，建立合理的社会行动选择集，使得各类社会成员的构成达到一种均衡状态。而所谓均衡状态，即结构的均衡，是指能够为基本生产和生活提供必要资源，同时又为发展提供开放机会的结构。

当前中国农村，存在着社会成员结构的不和谐和不稳定问题，其中突出表现在大量劳动力外出，且外出流动者的受教育水平和人力资本偏低，而留守农村的主要是高龄和女性劳动力，以及大量儿童。所以，新农村建设任务之一，就是调整和重新整合农村社会结构，使其达到均衡和效率提高。

理解社会主义新农村建设的意义，也需了解这一战略提出的大背景。作为一项重要战略，新农村建设的提出与三个宏观背景有着密切的关系。一是时代背景，二是中国现实背景，三是知识背景。

当今时代，人类社会正处在现代化、城镇化、市场化和全球化不断延续、拓展和深化的大背景之中。现代化、城镇化、市场化和全球化既是一种社会变迁的趋势，又是重要的时代特征。这样一种大的背景特征，其影响具有普遍性和不可回避性。无论对开放的社会系统，还是对较为封闭的社会系统，这一时代背景特征都会对其产生不同程度的、不同方向和不同方式的影响。

推进新农村建设的战略，顺应了时代背景和社会发展趋势的要求。或者说，建设新农村就是要符合时代发展的需要，顺应社会发展的大趋势和时代潮流。现代化是指自近代工业革命以来人类生产方式、社会结构和价值观念不断从传统向现代的转型过程。现代化让我们生活在一种混合状态中：既不能跟着大众文化的趋势走，又对我们的私人生活十分依恋。现代化既是一种持续过程，也是一种必然趋势。农村社会发展是现代化过程及趋势的必然要求，传统的农业、农村和农民的发展，基本的方向就是向现代的转变。中国的社会发展也要顺应这一时代潮流，与时俱进，加快农村现代化建设。

市场化实际是市场机制在经济领域和经济发展中的主导作用得以不断确立和巩固的过程。改革开放后，中国的经济体制逐步从计划经济向市场经济转型，由此迈入不断市场化的过程。约翰逊指出，对那些生活在计划经济中的人而言，市场是奇怪的、令人望而生畏的制度。然而，市场体制对于现代经济活动来说，是一项不断推广、影响越来越大的经济制度。如今，无论我们喜欢还是不喜欢，市场化都将以各种各样的方式进入我们的经济生活之中。

与现代化、市场化一起，全球化成为当今时代发展的重要趋势之一。伴随技术进步和市场经济的扩展，经济、社会与文化联系已经越来越多地扩展到全球领域。不论人们是否愿意接受，全球化的影响已经成为一种事实。那么，中国众多以传统生产方式为主、分散经营的农村，该以何种方式来适应这一大背景的变迁呢？从理论上看，新农村建设就是顺应时代发展的需要所做出的重大决策部署。

就中国社会现实背景而言，一个显著特征就是：经济与社会在快速增长和转型的同时，城乡差距越来越大，城乡隔离的格局越来越突出和固化。

改革开放以后，农村经济与农民生活水平得以提高。但在20世纪90年代中期，随着向市场经济的转轨，城镇与乡村之间的收入差距明显拉大，而且还有进一步扩大的趋势，越来越大的社会差别显然与国家构建和谐社会的发展目标不相一致。那么，造成如此巨大的城乡差别的原因是什么呢？是政府再分配机制还是市场机制或两者的共同作用呢？无论是哪一种情形，政府都有义不容辞的责任来改变这种社会不平等。

新农村建设的提出，表明政府已经意识到农村发展关系到能否建成更加和谐、更加稳定、更加安全的社会。如果不改变农村发展现状，如果允许城乡差别继续拉大，社会结构的失衡就难以避免，随之也将危及中国食物生产和供给保障。因此，农村社会的发展水平，对于整个社会的发展来说，具有"木桶效应"，也就是说，中国社会发展水平在某种意义上取决于相对较低的农村发展水平。

新农村建设战略的提出，有着一定的知识背景。某种意义上说，它是学术或知识话语转换为政策话语的结果。

早期乡村建设理论和实践是建立在认为乡村是落后的因而是改造的对象这一基本认识基础之上，知识分子所倡导的乡村建设，主要内容实际上就是教育。

在当前学术界，学者在对"三农"问题的探讨中，试图对传统乡村建设理论和实践资源加以动员和再利用，认为"三农"问题的症结在于农村内生力量的衰落，而中国又不可能走完全城镇化道路，于是，他们主张通过新的乡村建设，来提高农村生产能力，改善农村生活水平。

正是因为新农村建设与时代背景、现实背景和知识背景的高度吻合，所以，推进社会主义新农村建设在当代中国农村社会现代化进程中具有特别重要的战略意义。

在新的历史时期，要顺利地推进社会主义新农村建设，需要选择两条路径：一是发展路径，新农村建设是推进当代农村社会不断发展、不断进步的过程，因此，建设新农村就需要选择和经历发展的路径，也就是要走能够引导农村不断向前发展的道路。二是更新路径。新农村建设也是旨在解决当前一些"三农"问题、让农村焕然一新的政策选择，因而新农村建设也需要走农村改造与建设道路，即更新路径，也就是通过建设性力量的进入，来改变农村现状，解决问题。发展路径和更新路径这两种路径并非是对立的、非此即彼的关系，而是相互包含、相互促进、各有侧重的关系。

在推进新农村建设的具体实践中，发展与更新的具体道路和模式可以是多种多样的。因为在中国，农村地区幅员辽阔，人口众多，各地农村差异巨大，再加上当今时代是一个现代化、全球化的复杂时代，不可能强求所有地区都走同一条道路，采用同一种模式，而是需要根据现实条件，选择各种各样的新农村建设模式。

所谓新农村建设模式，实质就是农村发展模式，意义是指"在一定地区，一定历史条件下，具有特色的发展路子"。"各地农民居住的地域不同，条件有别，所开辟的生财之道必定多种多样，因而形成了农村经济发展的不同模式。"[①]

就当前中国国情来说，农村社会的区域差异很大，这决定了不可能把城镇化作为统一的农村发展模式。所以，中国在新农村建设的路径和模式选择上，不能走单一路径和采用统一的模式，而是需要选择多元化的路径和新农村建设模式。从当前新农村建设的中国经验来分析，可概括出这样几个典型路径和模式：

第一，乡村工业化的路径和模式。在中国东部沿海地区农村，人均耕地少。

---

① 费孝通：《中国城乡发展的道路》，上海人民出版社 2016 年版，第 436 页。

通过乡村工商业的快速发展，使得乡村产业结构基本实现了工商业化。在这些地区，农民也实现了"离土不离乡"的发展目标。这一路径和模式的典型就是"苏南模式"，即依靠乡村内部动力发展乡村工业，从而发展出全新的农村社会。

第二，乡村集镇化的路径和模式。这一模式适合中西部地区的偏僻和贫困地区，由于自然生态条件的制约，农业及其他经济发展滞后，劳动力外流较多，留守农村的主要为老年人、妇女和儿童。在这些地区，可以通过政府公共物品和公共服务向集镇集中的方式，并通过土地流转、社会保障和基础教育等制度安排，实现农村资源的再整合，从而达到乡村集镇化。这一方面可以提高农村资源的利用效率和农业生产效率，另一方面也能提高公共服务的效率和乡村居民的生活质量。

第三，"美丽乡村"建设路径和模式，亦即乡村生活方式城镇化模式。这一新农村建设路径和模式适合于以农业为主的平原农村地区和拥有特色资源的农村地区。在平原农村地区，耕地相对较多，农业较为发达，村庄规模大，人口聚集较明显。尤其在华北农村，村庄居住格局已呈街坊式，且集市发展有悠久传统。把这样的农村建设为新农村，主要任务就是实现他们生活方式的城镇化，即社会的城镇化。具体说就是增加公共设施和公共物品的投入，改善生活环境和管理体制，实现居民的现代化。在有特色自然或人文资源的农村地区，政府可以通过"美丽乡村"建设，开发和利用特色资源，发展乡村自然景观和民俗文化旅游业，同样能带动农村的现代化发展。

目前，"美丽乡村"建设已结合生态环境保护和全面建成小康社会等政策，在全国农村地区广泛地推进，取得了一定成效。

二、社会主义新农村建设的内容

中共中央提出社会主义新农村建设的 20 字方针，实际涵盖了新农村建设所包括的农村基础设施建设、民生建设和民主建设等方面的内容。

（一）新农村的基础设施建设

在推进社会主义新农村建设的过程中，国家对农村政策的基本原则是多予少取乃至不取。多予原则主要体现在中央财政尽量对农村经济与社会建设给予大力支持，其中包括国家加大了农村基础设施建设的投入。

在新农村的基础设施建设方面，中央财政支持在全国农村建设"村村通"工程。"村村通"工程就是全国每个村都通公路，公路建设对改善农村交通、发展农村经济，无疑将会起到极大的促进作用。

此外，中央财政还支持建设起农村电网和通信工程。目前，全国农村已经实现了电力和通信村村通，即便在高原山区的偏僻农村地区，都已完成电力和通信设施的建设，大大改善了农村生活的基本条件。

在农村公共设施建设方面，中央财政也加大了投入，全国农村的小学校舍、村医疗诊所基本实现了标准化的建设。在一些地方，农村还建设起统一的体育健身场所和"农民书屋"等文化娱乐设施。

伴随着新农村建设的推进，地方政府在农村村容整治方面也逐渐加大财政投入。村容整治主要包括对农户危旧房的改造和重修。政府采取补贴措施鼓励和帮助贫穷农户重修危旧住房，改善居住条件，同时也达到村容整治的目的。一些地方还引入市场资金，通过农村宅基地的整理和开发，建设统一的农户住房，让村庄面貌焕然一新。

自新农村建设推行以来，广大农村地区的基础设施建设普遍得以改善。目前，农村居民无论在乡村居住生活，还是外出发展，都有了更好、更便利的物质基础。新农村基础设施建设，在很大程度上促进了农村社会的现代化发展。

（二）新农村的民生建设

在新农村建设中，国家对农村的多予少取政策不仅体现在中央财政对农村基础设施建设投入的不断加大上，而且还集中体现在农村民生建设不断改善上。

在新农村民生建设方面，中央政府推进了一系列的惠农政策，其中主要包括：（1）2006年起全面免除农业税费，这一农业税费全免政策让农民每年人均增收320元左右。（2）粮食等主要农产品生产的补贴政策，对从事农业生产的农民来说，也可从这一政策中直接受益。（3）农机补贴政策。对从事农业生产的农户在购置生产资料和生产工具方面，政府给予一定比例的补贴，以减轻农民负担，降低农户生产成本，以促进农民增收。（4）"家电下乡"政策，政府对农民购买耐用消费品如电视、冰箱等家电产品，实行一定的消费补贴措施，促进农民改善生活条件。（5）农村免费义务教育政策，2006年起，中央推行了农村义务教育全部免费的政策。此外，对贫困地区农村住校生给予营养补贴。这一政策让广大农户大大减轻家庭在教育方面的负担。（6）农村社会保障体系建设不断加强和完善。首先，国家推行的新型农村合作医疗体制改革，使农村医疗卫生事业的发展有了新面貌。其次，在2009年，国家又启动全面覆盖农村社会养老保险体制改革，这为农村老年人事业的发展开创了新局面。最后，最低生活保障制度也已经覆盖农村。

随着农村民生建设的不断加强，农村社会事业得到了质的发展。广大农村居民能够获得越来越多的社会福利和社会保障，农村社会的诸多问题也随着民生建设的改善而得以解决或缓解。

（三）新农村的民主建设

为促进乡村管理的民主化，新农村建设过程中的民主建设也在不断加强。新农村的民主建设体现在村民自治制度及其实践的不断完善上。村民自治制度的核心内容包括"四个民主"，即民主选举、民主决策、民主管理和民主监督。

目前，农村基层政权组织由民主选举而产生，村民自治组织由村民直接选举出来的村委会主任和委员组成，村党支部也根据党章在党内通过民主选举而产生。

农村基层民主选举的推进和加强，促进了农村社会民主生活的社会风尚，为社会主义民主政治建设奠定了社会基础。随着广大村民参与到基层选举之中，增强了农民的民主精神、民主意识和民主作风，从而在乡村社会生活领域形成民主化的风尚和环境。

在农村民主决策和民主管理方面，农村居民可以自主地选择自己的生活方式、对自己生活中的事务能够自主决策、能参与村庄内部生活中的共同事务的决策。例如，在广西河池市，在一些自然村落里，农民自主成立了"村级理事会"之类的自组织，对涉及村内公共事务和公共利益的事宜进行民主协商和民主决策，并对村内公共事务进行民主管理。而在有些地方，农村民主建设探索了一种"党领群办"的模式，即发挥基层党组织和党员在村级的领导和带头作用，积极引导农民自主解决村内公共事务和公共问题。

在农村民主监督方面，新农村建设广泛推行了"村务公开"措施。实施"村务公开"化，目的就是要加强群众对基层组织的管理行为进行民主监督，让基层权力在公开、透明的状态下运行。

随着新农村建设的乡村民主建设的推进，农村管理和社会治理的状况得到一定程度的改善。尽管目前在农村管理方面，一些地方还存在这样那样的问题，但随着新农村民主建设继续深化，一些问题也将会逐步得以解决。

三、社会主义新农村建设的实践

随着社会主义新农村建设这一农村发展战略的提出，各地也在实践中不断推进新农村建设，并由此开创了新时期中国农村社会发展的新局面。

新农村建设实践的推进，需要依靠三种力量的共同作用，这三种力量分别是：政府的力量、市场的力量和社区的力量。

政府的力量在新农村建设实践中是主导的力量，发挥领导性和引导性的作用。政府在新农村建设中的主导作用将体现在这样几个方面：首先，政府需要通过制度和政策创新，为农村社会发展排除体制机制障碍，为新农村建设提供制度保障。其次，政府需要通过财政投入，支持新农村建设中的公共设施建设和民生建设。最后，政府需要领导和引导新农村建设。

市场的力量是推动农村社会经济发展不可或缺的重要力量。在新农村建设的实践中，发展经济仍是基础和重点。促进农村经济的新发展，就离不开市场机制的优化配置效率，给新农村建设提供新的活力。

社区的力量是指农村社区自身内部的力量。农村社区是一种社会共同体，共同体内的成员彼此熟悉，具有良好团结合作的基础。在农村基层党组织的引领下，充分发挥村落社区的社会资本优势，调动农民自身参与新农村建设的主动性和积极性，那将会为新农村建设实践的可持续推进奠定基础。

政府、市场和社区三种力量在性质上是有差别的，三种力量在新农村建设中的作用也是不同的，每一种力量都有着各自的优势。顺利推进新农村建设实践，需要把三种力量综合起来的机制，形成推进新农村建设的合力。

第四节　新时代的乡村振兴战略

随着中国特色社会主义建设进入新时代，党的十九大报告提出"实施乡村振兴战略"，"要坚持农业农村优先发展，按照产业兴旺、生态宜居、乡风文明、治理有效、生活富裕的总要求，建立健全城乡融合发展体制机制和政策体系，加快推进农业农村现代化。"

一、新时代与乡村振兴战略

自党的十八大以来，解决好"三农"问题一直是全党工作的重中之重。新发展理念的提出和贯彻，推动了"三农"工作理论创新、实践创新、制度创新，农业农村发展取得了历史性成就、发生了历史性变革。

随着全面深化改革的推进，农业供给侧结构性改革已取得了新进展，粮食生产能力已上了新台阶，新型农业经营主体得以发展壮大，农村新产业新业态有了蓬勃发展，农业现代化正稳步推进。农村改革取得了新突破，农村承包地"三权分置"已取得了重大进展，农村集体产权制度改革正稳步推进，玉米、大豆、棉花等重要农产品收储制度改革取得了实质性成效。

城乡融合发展已迈出新步伐。农民收入的增长速度连年快于城镇居民，城乡居民基本医疗和养老制度开始并轨，到 2017 年，8 000 多万农业转移人口成为城镇居民。农村公共服务和社会事业达到新水平，农村教育、文化、卫生等社会事业得以快速发展，农村水、电、路、气、房和信息化建设已全面提速，农村人居环境整治全面展开。脱贫攻坚开创了新局面，精准扶贫、精准脱贫方略正在落地生效，6 600 多万贫困人口稳定脱贫，脱贫攻坚取得决定性进展。农村社会焕发新气象，农村社会关系更加融洽，社会保持和谐稳定。

正是在我国农业农村发展取得历史性成就的基础上，中央提出了一系列新理念新思想新战略，实施乡村振兴战略也就成为新时代做好"三农"工作的行动指南。

进入新时代，农业农村农民问题依然是关系国计民生的根本性问题。没有农业农村的现代化，就没有国家的现代化。农业强不强、农村美不美、农民富不富，将直接关系亿万农民的获得感和幸福感，也是全面小康社会的关键。要实现第一个百年奋斗目标并向第二个百年奋斗目标迈进，最艰巨最繁重的任务将在农村，最广泛最深厚的基础也在农村，最大的潜力和后劲也将在农村。正是在这样的现实背景下，十九大提出要实施乡村振兴战略，这可以说是解决新时代社会主要矛盾的必然要求，也是实现全体人民共同富裕的必然要求。

二、乡村振兴战略的意义

党的十九大提出的决胜全面建成小康社会、分两个阶段实现第二个百年奋斗目标的战略安排，明确实施乡村振兴战略的目标任务是：到 2020 年，乡村振兴取得重要进展，制度框架和政策体系基本形成；到 2035 年，乡村振兴取得决定性进展，农业农村现代化基本实现；到 2050 年，乡村全面振兴，农业强、农村美、农民富全面实现。

作为新时代农村工作的基本方针政策，乡村振兴也是新时代国家农业农村发展的重大战略。既然是一项国家发展战略，乡村振兴的重要意义可以从以下几个方面去理解：

首先，乡村振兴是针对社会主要矛盾转变而实施优先发展农业农村的战略。经历社会转型之后，中国社会主要矛盾已转变为人民日益增长的美好生活需要与不平衡不充分的发展之间的矛盾。要积极应对社会主要矛盾，就需要重点解决发展不平衡、不充分的问题。从现实国情来看，在现代化的进程中，农业农村所面临的发展不平衡、不充分问题尤为突出。而农业强不强、农村美不美、农民富不富，决定着亿万农民的获得感和幸福感，决定着全面小康社会的成色和社会主义现代化的质量。推进乡村振兴，把农业农村置于优先发展的战略地位，对于实现均衡发展、协调发展意义重大。

其次，乡村振兴是重塑城乡关系、实现城乡融合发展的一种战略选择。随着中国经济呈现出新常态，从高速增长转变为中高速增长、从要素和投资驱动转为创新驱动，社会发展也将发生一定的变化。乡村发展面临着新的机遇和挑战，一方面，工业化和城镇化的快速推进为"以工补农，以城带乡"创造了条件，意味着新型城乡关系的建立具备了经济基础。另一方面，在工业化与城镇化快速发展的过程中，城乡差别在某些方面进一步凸显，城乡关系在新时期呈现出新的特点，乡村发展面临着诸多新的挑战。实施乡村振兴战略，就是要在现有发展基础上，为积极应对乡村面临的挑战，重塑新型城乡关系。通过乡村的振兴，来促进城乡融合与协调发展。

再次，乡村振兴是对乡村价值的再认识和重建乡村的战略选择。在现代化以及工业化、城镇化、全球化的大背景下，传统农业、传统农村显现出弱势的状态，由此出现乡村社会的价值被低估的趋势，甚至还有"乡村终结"的论调。乡村振兴战略则重新发现了乡村社会的价值，认识到乡村社会守住"绿水青山"的自然田园风光，就是"金山银山"。因而乡村振兴战略的提出，反映了对农耕文明和乡村价值的新认识，也体现了对乡村重建的自信，以及对中国特色现代化的道路自信。社会现代化的过程会伴随着城镇化的发展，但城镇化并不必然排斥乡村社会的发展，乡村振兴亦非让农村变为城镇，而是要促进乡村社会获得均衡的、充分的发展机会，也就是要让乡村产业重新兴旺起来、农村美丽起来、农民富裕起来。

最后，乡村振兴是新时代"三农"工作的重点和方向。"三农"工作是关系国家发展和稳定全局的一项工作，也是实现全面建成小康社会这一战略目标的关键，因而高效率地推进"三农"工作意义重大。在新的时代背景下，如何才能更加有效地推进"三农"工作呢？一个切实可行的办法就是确立一个重点、一个总目标，也就是"三农"工作的"总抓手"。把乡村振兴作为新时期"三农"工作的重点和总目标，其重要意义体现在为具体的"三农"工作实践确立了行动指南，从而为提高"三农"工作效率提供了政策保障。

乡村振兴战略为未来中国农村社会发展描绘了一幅宏伟蓝图。随着这一战略的实施，乡村社会的诸方面将发生巨大变化，而乡村仍将以现代化的面貌得以维续和发展着。

三、乡村振兴的实现路径

在新时代，实施和推进乡村振兴将成为"三农"工作的中心。为实现新时代的乡村振兴，需要走中国特色社会主义乡村振兴道路。按照乡村振兴的战略部署，重点的实施路径和策略主要包括以下几个方面：

第一，重塑城乡关系，走城乡融合发展之路。随着新型工业化、信息化、城镇化和农业现代化"四化"同步发展，通过以工补农、以城带乡，加强农村公共基础设施建设，改善农村基础设施；优先发展农村教育事业，促进农村劳动力转移就业和农民增收；加强农村社会保障体系建设，推进健康乡村建设，不断改善农村社会生活条件，逐步建立健全全民覆盖、普惠共享、城乡一体的基本公共服务体系，让符合条件的农业转移人口在城市落户定居，构建起工农互促、城乡互补、全面融合、共同繁荣的新型工农城乡关系。

第二，巩固和完善农村基本经营制度，走共同富裕之路。在坚持农村土地集体所有的基础上，保持农村基本经营制度的延续性和基础地位不变，维持和稳定土地承包关系。通过制度创新，使集体经济得以发展壮大，让农村集体资产得以保值增值，让广大农民从集体经济中受益。

第三，深化农业供给侧结构性改革，走质量兴农之路。新时代乡村振兴要实现产业兴旺，就需要走质量兴农、绿色兴农之路，农业需要从增产导向转向提质导向。实现农村产业兴旺，依然要夯实农业生产能力，确保国家粮食安全，同时又需要深化改革，逐步构建起农村一二三产业相融合的发展体系，培育起新型农业经营主体，促进小农户和现代农业发展有机衔接，推进"互联网+现代农业"，加快构建现代农业产业体系、生产体系、经营体系，不断提高农业创新力、竞争力和全要素生产率。

第四，坚持人与自然和谐共生，走乡村绿色发展之路。乡村振兴需要注重"绿水青山就是金山银山"的新发展理念，以绿色发展引领生态振兴和乡村振兴。在推进乡村生态振兴过程中，需要统筹山水林田湖草系统治理，加强对农村突出环境问题的综合治理。充分发挥市场化和多元化生态补偿机制的作用，把农村生态建设与社会经济发展统一起来，努力实现百姓富与生态美的统一。

第五，传承发展提升农耕文明，走乡村文化兴盛之路。乡风文明是乡村振兴的重要目标之一，在推进乡村振兴的实践中，需要弘扬和践行社会主义核心价值观，加强乡村文化建设，传承和发展乡村社会的优秀传统文化，培育良好乡风、良好家风、淳朴民风，不断提高乡村居民的文化素质。

第六，创新乡村治理体系，走乡村善治之路。为实现乡村治理有序，需要建立健全党委领导、政府负责、社会协同、公众参与、法治保障的现代乡村社会治理体制，健全自治、法治、德治相结合的乡村治理体系。乡村社会的善治，既包括有效推进和不断完善现行村民自治制度，同时也包括乡村社会的法治建设。良好的社会治理是让乡村社会充满活力的保障，也是维持乡村社会和谐稳定的基础。

第七，实施精准脱贫，走中国特色减贫之路。让农村贫困人口脱贫是乡村振兴的前提，要实现乡村全面脱贫，就要坚持精准扶贫、精准脱贫，提高扶贫、脱贫的质量。需要把扶贫同扶志、扶智相结合，瞄准农村贫困人口精准帮扶，聚焦深度贫困地区集中发力，激发贫困人口内生动力。目前，农村扶贫工作已进入脱贫攻坚阶段，需要采取更加有力的举措、更加集中的支持、更加精细的工作，才能打好精准脱贫这场对全面建成小康社会具有决定意义的攻坚战。

新时代的乡村振兴是一项长期的、综合的工程，在实施乡村振兴战略、推进农业农村现代化的实践中，还需要从实际出发。我国农村地区地域辽阔，各地需要根据当地的现实基础和发展需要，因地制宜地探寻切实可行的乡村振兴之路。

四、精准脱贫与乡村振兴

目前，中国进入全面建成小康社会的关键时期，实施乡村振兴战略是决胜全面建成小康社会和建设现代化强国的重要步骤。乡村振兴的前提是摆脱贫困，打好脱贫攻坚战也是乡村振兴的重要内容。2020年之前实施乡村振兴战略的重要任务之一，就是实现脱贫目标，即：确保按照现行标准下的农村贫困人口实现脱贫、贫困县全部摘帽、区域性整体贫困问题得到解决，做到脱真贫、真脱贫。要实现新时期的农村脱贫目标，需要在已有的扶贫开发经验的基础上，推进农村精准扶贫。所谓精准扶贫是指针对不同贫困区域环境、不同贫困农户状况，运用科学有效的程序对扶贫对象实施精确识别、精确帮扶、精确管理，做到扶贫对象精准、项目安排精准、资金使用精准、措施到户精准、因村派人精准、脱贫成效精准，以达到精准扶贫、精准脱贫的扶贫战略。农村精准扶贫要坚持大扶贫格局，注重扶贫同扶志、扶智相结合，深入实施东西部扶贫协作，重点攻克深度贫困地区脱贫任务。

在农村推进精准扶贫，关键任务有三个：

第一，建立精确的农村贫困瞄准机制。贫困瞄准机制就是在扶贫开发之前及过程中，要精确地掌握扶贫对象及其具体贫困状况的基本信息，同时有即时的跟踪和反馈系统。

贫困的瞄准机制是推进精准扶贫的前提和基础。只有准确把握农村贫困人群的具体信息，才能真正达到扶贫到户、扶贫到人的目的，才能实现扶贫的真正效果。建立和完善精准扶贫的瞄准机制，需要在已有的贫困人口建档立卡的基础上，结合基层申报和基线调查，把农村贫困人口的基本信息建成可操控的扶贫开发地理信息系统。通过这个系统，可以更加有效地把握农村贫困人口的状况、扶贫责任方、扶贫进展、面临的问题、扶贫效果等信息。

第二，制订精细的扶贫脱贫计划。在明确需要扶贫的对象及其具体信息之后，就需要针对贫困对象的特征和致贫原因，制订出详细、可行的扶贫方案或计划。

具体的扶贫方案需要落实扶贫责任者、必要的扶贫资源、扶贫资源的供给者、扶贫脱贫的措施和阶段等，此外，精细的扶贫脱贫计划还要精确到贫困户，即针对每一个农村贫困户都有具体的扶贫脱贫方案，方案的内容在扶贫开发地理信息系统中可以追踪到。

第三，实施精准有效的扶贫脱贫行动。精准的扶贫战略需要有效的扶贫脱贫行动作为支撑，与以往的片区扶贫开发战略不同，精准扶贫的基本目标就是要消除现有 3 000 万左右人口的农村绝对贫困，也就是要让这些贫困人口的生活得以改善，年收入水平超过 2 300 元。要在 2020 年之前实现这个目标，就必须有具体、切实有效的扶贫脱贫行动，也就是要针对那些已建档立卡的贫困人口，实施相对应的具体帮扶、支持、救助和保障行动，让这部分农村贫困人群确实能在限定的期限内摆脱贫困的生活状态。

由于农村贫困问题是复杂的社会问题，因此农村精准扶贫也不宜是单一性、专项性的，而必须具有综合性，也就是综合地推进农村精准扶贫。精准扶贫与综合性扶贫是相互统一的。综合性扶贫并非指笼统的、庞杂的扶贫措施，而是要求建立能够把多种力量、多种资源、多个主体、多种措施以及多种目的综合起来的有效扶贫机制，其根本目标仍在于能够更加有效地、更加精准地解决农村贫困问题，让农村贫困人群真正实现脱贫奔小康。同样，精准的扶贫并非指单一的扶贫措施，而是指要达到切切实实地解决每一个农村贫困户的实际困难这一目标。而要帮助和扶持每一个农村贫困户真正摆脱贫困，简单的扶贫办法和机制是难以奏效的，必须构建新的、综合的扶贫机制。

此外，农村精准扶贫并非仅仅局限于对现有绝对贫困人口的帮扶和脱贫，更不宜将精准扶贫和精准脱贫理解为只是为了实现阶段性的扶贫开发目标。扶贫开发工作的本质意义在于消除社会中的贫困问题。帮助农村现有贫困人群摆脱贫困，是消除农村贫困问题的第一步。要让农村社会告别贫困，全面迈入小康社会，还需要保障扶贫脱贫的效果保持可持续性。也就是说，在帮助贫困农村人口脱贫之后，还要尽可能防止部分贫困人口返贫以及新的贫困人群产生，同时还要为弱势群体继续提供帮扶和社会支持。因此，农村精准扶贫应该是可持续扶贫战略。

小　　结

社会变迁包含农村社会的变迁。农村社会变迁的突出特点是变迁的两重性：即变迁迟缓和结构简单。中国农村社会变迁分为改革开放前的农村变迁与改革开放后的农村变迁。发达工业化国家主要通过工业化和城市化实现农村现代化。中国农村现代化需要因地制宜，充分动员起自身的特色资源。社会主义新农村建设的基本目标是："生产发展、生活宽裕、乡风文明、村容整洁、管理民主"。新农村建设在路径选择上，主要有两种选择：一是发展路径，二是更新路径。新农村建设在具体路径和推进模式上则可以是多种多样的。随着中国特色社会主义建设进入新时代，乡村振兴战略将成为"三农"工作的行动指南。在乡村振兴战略的指引下，农业农村将得以优先发展，农村社会将出现产业兴旺、乡风文明、治理有效、生活富裕的新局面。

思考题

1. 当代中国农村社会主要经历了哪些重要变迁？主要有哪些经验和教训？
2. 中国农村社会的现代化与工业化国家的农村现代化有何不同？为什么？
3. 何为新农村建设？社会主义新农村建设有何重要意义？
4. 何为乡村振兴？如何实现乡村振兴？

思考题要点

阅 读 文 献

■ 马克思：《资本论》第 1 卷、第 3 卷，人民出版社 2004 年版。

■ 恩格斯：《法德农民问题》，《马克思恩格斯文集》第 4 卷，人民出版社 2009 年版。

■ 列宁：《论合作社》，《列宁专题文集　论社会主义》，人民出版社 2009 年版。

■ 习近平：《在中央农村工作会议上的讲话》（2013 年 12 月 23 日），《十八大以来重要文献选编》（上），中央文献出版社 2014 年版。

■ 习近平：《习近平谈治国理政》第 1 卷，外文出版社 2014 年版。

■ 习近平：《习近平谈治国理政》第 2 卷，外文出版社 2017 年版。

■ 习近平：《决胜全面建成小康社会　夺取新时代中国特色社会主义伟大胜利——在中国共产党第十九次全国代表大会上的报告》（2017 年 10 月 18 日），人民出版社 2017 年版。

■ 中共中央文献研究室、国务院发展研究中心：《新时期农业和农村工作重要文献选编》，中央文献出版社 1992 年版。

■ 中共中央文献研究室：《改革开放三十年重要文献选编》（上下册），中央文献出版社 2008 年版。

■ 中国共产党史中央委员会编：《关于若干历史问题的决议》《关于建国以来党的若干历史问题的决议》，中共党史出版社 2012 年版。

■《中共中央关于全面深化改革若干重大问题的决定》，人民出版社 2013 年版。

■ 中共中央宣传部编：《习近平总书记系列重要讲话读本》，学习出版社、人民出版社 2016 年版。

■ 中共中央文献研究室编：《习近平关于社会主义社会建设论述摘编》，中央文献出版社 2017 年版。

■ 费孝通：《社会调查自白》，知识出版社 1985 年版。

■ 冯尔康：《中国社会结构的演变》，河南人民出版社 1994 年版。

■ 王春光：《中国农村社会变迁》，云南人民出版社 1996 年版。

■ 费孝通：《乡土中国　生育制度》，北京大学出版社 1998 年版。

■ 黄宗智：《长江三角洲小农家庭与乡村发展》，中华书局 2000 年版。

■ 韩明谟：《农村社会学》，北京大学出版社 2001 年版。

■ 边燕杰：《市场转型与社会分层——美国社会学者分析中国》，生活·读书·新知三联书店 2002 年版。

■ 瞿同祖：《中国法律与中国社会》，中华书局 2003 年版。

■ 李培林：《农民工——中国进城农民工的经济社会分析》，社会科学文献出版社 2003 年版。

■ 陆学艺：《当代中国社会流动》，社会科学文献出版社 2004 年版。

■ 李强：《农民工与中国社会分层》，社会科学文献出版社 2004 年版。

■ 蔡禾：《社区概论》，高等教育出版社 2005 年版。

■ 风笑天：《社会学研究方法》（第二版），中国人民大学出版社 2005 年版。

■ 薄一波：《若干重大决策与事件的回顾》（上下），中共党史出版社 2008 年版。

■ 李强：《社会分层十讲》，社会科学文献出版社 2008 年版。

■ 郑杭生：《中国社会学 30 年（1978—2008）》，中国社会科学出版社 2008 年版。

■ 徐小青、郭建军：《中国农村公共服务改革与发展》，人民出版社 2008 年版。

■ 钟涨宝：《农村社会学》，高等教育出版社 2010 年版。

■ 陆益龙：《农民中国——后乡土社会与新农村建设研究》，中国人民大学出版社 2010 年版。

■ 萧公权：《中国政治思想史》，商务印书馆 2017 年版。

■ 陆益龙：《制度、市场与中国农村发展》，中国人民大学出版社 2013 年版。

■［法］孟德拉斯：《农民的终结》，李培林译，中国社会科学出版社 1991 年版。

■［美］杜赞奇：《文化、权力与国家——1900—1942 年的华北农村》，王福明译，凤凰出版传媒集团、江苏人民出版社 2010 年版。

■［美］孔飞力：《中国现代国家的起源》，陈兼、陈之宏译，生活·读书·新知三联书店 2013 年版。

人名译名对照表

[美]	巴特菲尔德	K. L. Butterfield
[美]	贝利	L. H. Bailey
[美]	比格尔	J. A. Beegle
[美]	卜凯	John Lossing Buck
[美]	布劳	P. M. Blau
[英]	布朗	R. Brown
[美]	杜赞奇	P. Duara
[英]	弗里德曼	M. Freedman
[美]	葛尔宾	C. Galpin
[美]	格尔兹	C. Geertz
[美]	格伦斯基	D. B. Grusky
[美]	亨特	F. Hunter
[美]	亨廷顿	S. P. Huntington
[美]	霍桑	H. B. Hawthorne
[美]	吉丁斯	F. H . Giddings
[美]	吉勒特	G. M. Gillette
[法]	孔德	A. Comte
[美]	孔飞力	Philip A. Kuhn
[美]	库利	C. H. Cooley
[美]	李丹	Daniel Little
[美]	鲁米斯	C. Loomis
[美]	罗杰斯	E. M. Rogers
[美]	罗斯福	T. Roosevelt
[英]	马林诺夫斯基	B. Malinowski
[美]	马斯洛	A. H. Maslow
[法]	孟德拉斯	H. Mendras
[美]	纳尔逊	N. C. Nelson
[美]	帕克	R. E. Park
[美]	帕森斯	T. Parsons
[美]	奇默尔曼	C. Zimmerman

[美]	萨姆纳	W. G. Sumner
[美]	桑德斯	I. T. Sanders
[美]	舒尔茨	T. W. Schultz
[英]	斯宾塞	H. Spencer
[美]	斯科特	J. C. Scott
[英]	斯密	A. Smith
[美]	斯莫尔	A. W. Small
[美]	索罗金	P. Sorokin
[英]	泰勒	E. B. Tylor
[德]	滕尼斯	F. Tonnies
[法]	涂尔干	E. Durkheim
[法]	图海纳	A. Touraine
[美]	威特	J. Witt
[美]	文森特	G. E. Vincent
[美]	沃德	L. F. Ward

后 记

《农村社会学》是马克思主义理论研究和建设工程重点教材，由教育部组织编写，经国家教材委员会审查通过。

在教材编写过程中，得到了国家教材委员会高校哲学社会科学（马工程）专家委员会、思想政治审议专家委员会以及教育部原马工程重点教材审议委员会的指导。同时，广泛听取了高校教师和学生的意见建议。

本教材由钟涨宝主持编写，董磊明、陆益龙任副主编。绪论，钟涨宝撰写；第一章，万江红撰写；第二章，陆益龙撰写；第三章，林聚任撰写；第四章，罗峰撰写；第五章，狄金华撰写；第六章，田北海撰写；第七章第一节，狄金华撰写；第七章第二节、第三节，第八章，董磊明撰写；第九章，陆益龙撰写。

2018 年 12 月 28 日

读者意见反馈

为收集对教材的意见建议，进一步完善教材编写并做好服务工作，读者可将对本教材的意见建议通过如下渠道反馈至我社。

咨询电话　400-810-0598

读者服务邮箱　gjdzfwb@pub.hep.cn

通信地址　北京市朝阳区惠新东街 4 号富盛大厦 1 座

　　　　　高等教育出版社总编辑办公室

邮政编码　100029

防伪查询说明

用户购书后刮开封底防伪涂层，使用手机微信等软件扫描二维码，会跳转至防伪查询网页，获得所购图书详细信息。

防伪客服电话　(010)58582300